湛庐CHEERS

与最聪明的人共同进化

HERE COMES EVERYBODY

男孩的思维方式大不同

The Wonder of Boys

What Parents, Mentors and Educators Can Do to Shape Boys into Exceptional Men

[美] 迈克尔 · 古里安 著
Michael Gurian

刘文玲 王若菡 译

天津出版传媒集团
天津科学技术出版社

上架指导：教育 / 教养

天津市版权登记号：图字 02-2020-180 号

图书在版编目（CIP）数据

男孩的思维方式大不同 / (美) 迈克尔 · 古里安著；刘文玲，王若菡译 . -- 天津：天津科学技术出版社，2020.10

书名原文：The Wonder of Boys

ISBN 978-7-5576-8344-3

Ⅰ．①男… Ⅱ．①迈… ②刘… ③王… Ⅲ．①男性－家庭教育 Ⅳ．① G78

中国版本图书馆 CIP 数据核字 (2020) 第 114971 号

男孩的思维方式大不同

NANHAI DE SIWEI FANGSHI DA BUTONG

责任编辑：刘　鸫

责任印制：兰　毅

出　　版：天津出版传媒集团 / 天津科学技术出版社

地　　址：天津市西康路 35 号

邮　　编：300051

电　　话：（022）23332377（编辑部）

网　　址：www.tjkjcbs.com.cn

发　　行：新华书店经销

印　　刷：天津中印联印务有限公司

开本 710 × 965　1/16　印张 20　字数 311 000

2020年10月第1版第1次印刷

定价：79.90元

GURIAN
迈克尔·古里安
全球最具影响力的
性别科学领域教育家
首屈一指的
男孩教育权威

最懂男孩女孩内在优势的教育家

迈克尔·古里安是一名社会哲学家、家庭咨询师、企业顾问和《纽约时报》畅销书作家，曾出版过 32 本畅销书，著作涉及育儿、教育、心理、商业等领域，先后被译为 23 种语言，在世界各地流传。

在教育领域，古里安曾就职于美国冈扎加大学教育学院，并在那里开启了人生中第一堂性别生物学课程。他的经典书系“男孩养育专家古里安优势教养系列”（《核心天性教养法》《男孩女孩学习大不同》《男孩的学习方式大不同》《男孩的思维方式大不同》《男孩的人生目标大不同》）传递出一种观点，即“核心天性与性别差异是给孩子带来决定性影响的两个关键因素”，这一观点曾掀起全美激烈论战。古里安制作的教养视频被美国已有百年历史的非营利性组织“大哥哥大姐姐”采用。作为性别科学领域的先驱人物，古里安的学术活动遍布哈佛大学、斯坦福大学、约翰·霍普金斯大学、加州大学和科罗拉多大学等世界名校。

MICHAEL GURIAN

近 40 年来，古里安一直从事大脑生物学和性别差异领域的研究，尤其在男孩教育方面颇有建树。他研发的 Core 模式，即同情心（Compassion）、荣誉感（Honor）、责任心（Responsibility）和进取心（Enterprise），“10 条价值观”工具及三重家庭体系，影响了无数男孩的成长。他还与合作伙伴凯茜 · 史蒂文斯（Kathy Stevens）一起，研发出了名为“男孩女孩学习方式大不同”的课程。目前，已有超过 2 000 所学校以及全美数万名家长、教师尝试了这些教育方法。

享誉全美的“人民的哲学家”

此外，古里安还被誉为“人民的哲学家”，因为他以超强的能力将人们的普通生活与科学思维联系在了一起，并积极倡导将神经生物学和脑科学的研究引入家庭、工作、学校和公共事务的管理中。曾在欧洲、亚洲、美洲和中东地区生活、学习和工作的经历，使古里安的哲学思想受到了多元文化的熏陶。

经过近 40 年对两性亲密关系的观察和科学研究，古里安指出：男性和女性的思维及行为模式存在明显差异，这导致他们天生彼此不和，即便是关系很好的夫妻也可能因过于亲密而疏离。因此，正确理解男性和女性之间的思维及行为差异，是维持幸福美满婚姻的关键。他把婚姻分为 5 个阶段：浪漫期、迷惘期、斗争期、觉醒期和亲密的分离期。无数美国家庭因此受益。如今，古里安和妻子盖尔，两个女儿加布丽埃勒和达维塔幸福地生活在美国华盛顿州的斯波坎市。

性别科学解读领导力第一人

1996 年，古里安创办了古里安研究所，之后相继推出了许多培训项目，旨在帮助更多人真正理解性别差异，并探讨如何最大化地利用男性和女性各自的优势，来提高工作效率。

古里安每年都会在大约 20 个城市的各种活动中发表主题演讲，并为社区、学校、公司、医院等机构提供咨询服务，他已成为北美地区最具活力的演讲者之一。古里安擅长基于科学的研究、务实的案例来阐述他的观点，为建设更好的领导力和市场营销团队提供性别科学方面的指导方案。古里安努力帮助与会者了解他们的领导能力和管理能力；了解性别差异可能造成的影响；理解在进行跨企业交易时，因性别差异造成的谈判风格上的不同；通过在两性之间建立信任关系，提高行政和管理团队的效率；通过改善沟通和解决冲突的技巧，提高男性和女性领导者的管理能力等。

古里安曾为谷歌、百事、NASA 等大型企业和政府机构提供咨询及培训服务。

男孩养育专家
古里安优势教养系列

献给

我的妻子盖尔（Gail），
我的女儿加布丽埃勒（Gabrielle）
和达维塔（Davita）

测一测　　你能够善用男孩思维解决养育难题吗?

1. 你 3 岁的儿子总是喜欢打人，为了教育他不能随便打人，以下做法错误的是？

A. 向他展示被打的人受到的伤害，让他体会到别人的痛苦

B. 事先约定好不许打人的规则，一旦违反规则就要受到固定的惩罚

C. 教育他不要打人时，语气要柔和，不能疾言厉色

D. 必要的时候可以用手打他的屁股

2. 你上小学的儿子喜欢去同学家玩，同学的爸爸会带着他们一起打游戏，这时你应该怎样做?

A. 禁止儿子再去同学家玩，远离同学爸爸的不良影响

B. 和同学的爸爸取得联系，交流彼此对孩子教育的观点，设法达成一致

C. 和学校的老师联系，请老师出面干涉

D. 自己学会打游戏，夺回儿子的关注，让儿子只在自己家里玩游戏，这样便于你来主动选择游戏内容

3. 你的儿子正处于青春期，似乎总是心情不好却又不愿对父母讲，下面的做法中错误的是?

A. 鼓励他谈论自己的情绪，每当遇到不好的事情一定要立即把自己的感受告诉父母

B. 为他设立一个特别的区域，告诉他心情不好的时候可以在这里打沙袋发泄情绪

C. 找出他面对的实际问题并帮助解决，他的情绪问题就会自然而然地消失了

D. 耐心等待，直到他想说的时候再耐心倾听

4. 你的儿子参加了学校的足球队，你应该告诉他的是?

A. 参加体育运动会影响学习，必须退出球队

B. 在比赛中要注意安全，如果有人摔倒了，应该立即上前表示关心

C. 不要太在乎输赢，重在参与

D. 竞争是好事，但如果觉得在足球方面受到了打击，他还可以在其他事情上找回自信

扫码下载“湛庐阅读”App，
搜索“男孩的思维方式大不同”，
获取答案。

THE
WONDER OF
BOYS
总 序

理解天性，激发孩子的优势力量

在我心中，中国的语言和文化占据着特殊的位置。我的女儿加布丽埃勒在美国和平队（Peace Corps）工作时，曾在重庆待了两年，并在那段时间里结识了她的丈夫，也是一位美籍华人。中国是世界舞台上的重要一员，我很荣幸自己的这几本书能被中国读者了解。感谢湛庐文化将这些书引入中国，带入中国的家庭、学校和社会。

20 世纪 90 年代中期，当这个系列的第一本《男孩的思维方式大不同》写成时，我和我的代理人根本找不到一家美国出版商出版这本书。编辑们看过写作计划后，纷纷回复道："读者想看的不是有关男孩的书，而是有关女孩的。""男孩已经享有特权了，他们什么也不缺，我们需要的是写女孩而不是写男孩的书。"

在那些年里，美国主流出版商的数量比现在更多，但全部 26 家美国主流出版商都拒绝出版这本书——直到我跟一位编辑说："如果有必要，我宁愿不拿一分钱。世界上有半数父母在养育着男孩，这本书一定会有读者喜欢的。"

对方终于答应下来。一年多以后，《男孩的思维方式大不同》出版了，并立即在世界各地找到了读者。接下来的几年间，全世界出版了很多关于男孩的新书，都大获成功，我的《男孩的思维方式大不同》及后续作品《男孩的学习方式大不同》《核心天性教养法》《男孩的人生目标大不同》《男孩女孩学习大不同》都获得了好评。我想这是因为这些书对人们有帮助。我一向希望针对人们的需求来写作。

和女孩一样，男孩同样需要大量的帮助，这种需求并不比女孩多或少。除非文明社会把注意力集中在如何教育男孩上，否则将会有无数男孩被我们丢下，陷入失败、动力不足、抑郁、物质滥用、暴力及其他各种各样的深渊。抚养和教育男孩是一项神圣的任务，是文明的根基。每个迷失的男孩都会成为一个迷失的男人，每个迷失的男人都可能会伤害到别人和他自己。

这个系列中的每本书都结合了神经科学和社会科学以及应用心理学和教育心理学的研究。"培养天性"（nurture the nature）这个概念是这套书的基础。我并不想直接告诉父母和教师应该做什么，而是希望帮助父母、教师、政策制定者和读者成为"平民科学家"。这样一来，在家里、学校和运动场上，你就能为自己负责照看的孩子做出正确的决定。我的任务就是把科学和策略交到你手上。

我的理论是"基于天性的教养"（nature-based theory），它来自这样一种观点：人类社会最初只是培养孩子的天性，而这就是最成功的教养方法。这也就意味着，我们必须了解孩子天性中的性别差异：男孩和女孩的学习方式是不同的，成长方式也有差别，每个孩子作为男性或女性所产生的人生目标感也大不一样。在解释了这些大脑差异之后，我们就能培养出每个孩子真正的天性。

在培养天性时，我们会鼓励孩子拥有高自尊和目标感，在这个世界上找到自己的人生角色，热爱教育，努力奋斗，满足人类爱与被爱的需要。我们会将女孩培养成坚强、自信、有爱心的女性，也会将男孩培养成坚强、自信、有爱心的男性。共情和社会情绪的学习是人类发展的两个重要因素，对于男孩和女孩来说，这两个因素在某些方面有相似之处，但也有区别。

在这套图书中，有些主题我有所涉及但并未深入展开论述，其中一个是关于数字生活、科技、社交媒体和电子游戏对男孩和女孩大脑发育的影响。今天，我们在世界各地都能看到父母让刚刚学会走路的孩子玩手机，老师则在上课时让很小的孩子盯着笔记本电脑或电脑显示器屏幕，时间长达 4 个小时甚至更多。虽然在一定程度上使用屏幕对孩子是有益的，但如果时间过长，就会对孩子的大脑发育产生负面影响。

在人生的舞台上，男孩和女孩面临着各自的不同挑战。对男孩来说，使用屏幕的时间过长会使他们更容易患上注意缺陷障碍（ADD）或注意缺陷多动障碍（ADHD）；对女孩来说，则会提高她们产生焦虑障碍的可能性；而无论男孩还是女孩，出现抑郁及其他类似问题的风险都会增加。男孩还有一个特殊倾向，即如果在学校和家庭中过度使用屏幕，包括玩电子游戏时间过长，他们将会学习动力不足。

还有另一个主题，你正在阅读的这套书中没有过多提及，但有必要引起重视，就是环境中的神经毒素对孩子大脑的影响，包括空气污染，农产品上的化肥及农药残留，扰乱内分泌系统的食品添加剂、洗涤液、护肤品等。这些神经毒素存在于生活的方方面面，影响着男孩和女孩的基因表达，导致男孩更容易患上大脑和学习障碍，女孩更容易患上焦虑和抑郁。

如今，男孩面临的问题和不良影响多种多样，其中之一就是我们都不希望看到男性暴力行为的增多。在抑郁时，男孩比女孩更有可能选择自杀或伤害他人。男性抑郁症如今已是一个重大的全球性现象，对此，这套书给出了帮助父母或养育者对抗孩子抑郁和学习动力不足的策略和方案。总的来说，我相信男性抑郁症是人类文明所面临的影响最深远的问题之一。

男孩和女孩都是妙不可言的。如果你在抚养、教育、指导孩子的时候，既能体会到他们的聪明可爱，又能感受到他们之间的些许不同，我希望你能在阅读这套书的过程中获得帮助，建立一个能够帮助孩子成长的长辈团体，激发出每个孩子的力量。这种力量就是孩子的“天性”。当培养孩子的这种力量时，我们不仅是在养育自己的孩子，也是在通过他们滋养整个世界。

THE WONDER OF BOYS

10 周年纪念版序

男孩的生命中充满了奇迹

10 年前，我 38 岁，是一名教师及心理治疗师。那时，我刚刚迎来生命中的第二个孩子，我的第四本书也即将面世。这本书讲述了在当今社会中男孩的需求，正是这一点让它遭到了 26 家出版商的拒稿。“我们想要的是关于女孩的书。”编辑们婉拒道。我很难责怪他们。当时有无数本探讨女孩问题的书成了畅销书，然而还从未有人尝试过出版一本完全相反的讨论男孩问题的书。从各个角度来说这都是一次冒险，可能在社会舆论方面招致批评和责难。不仅如此，这本书还有着很强的科学背景，主要是神经生物学方面，这又为它增添了额外的风险。因为还是头一次有人用有关性别的生物科学来解释儿童的发展问题。当时，无论是我还是编辑都无法预测，当这本封面上印有三个微笑的小男孩的书正式出版后，会收获怎样的评价。我们屏息以待。

很幸运，本书面世之后，我们的冒险有了回报。一些评论家立刻出于性别方面的原因对它展开了抨击，有些人甚至宣称男孩的问题根本不值一提。但与此同时，一些相反的声音也开始涌现。当时还没有电子邮件，父母们给我写信，向我讲述他们在当今社会养育男孩的故事。一位教师写道："眼下，男孩在学校里遇到的挑战和挣扎要比人们意识到的严重得多。"世界各地的人们也纷纷来信表示赞同，认为男孩同女孩一样，都需要给予悉心关注。

自这本关于男孩的充满冒险精神的小书首次出版以来，10 年时间倏然而逝。承蒙读者的厚爱，这本书如今已经进入了千家万户。在这 10 年间，与男孩相关的多个问题得到了持续的关注和研究，一大批颇具影响力的"男孩的书"也陆续面世，而这些年里在美国发生的多起校园枪击案则向我们展示了一个对男孩视而不见、疏于关怀的社会，将造就多么黑暗的男性灵魂。一个名为"男孩计划"（the Boys Project）的覆盖全美的智库开始出现在人们的视野中，它的主要使命是提醒研究者及政府加强对男孩问题的关注。

这些年来，我一直在撰写关于男孩以及女孩的书，也会不断收到与这项工作相关的信件，现在大部分都是电子邮件了。所有这些来信中都深深地流露出人们对孩子的关爱，他们是父母、祖父母、研究人员以及其他关心孩子的人。他们表示："男孩确实需要帮助。我们明白这一点，更关注这一点。"自从本书首次出版后，美国卷入了几次战争之中。这些事件在男孩生命中激起的连锁反应才刚刚开始被人们所理解。

本书面世后发生的另外一件影响深远的大事是互联网的迅速普及。无论是成年人还是孩子，网络已经成为人们生活中一个最具影响力的重要媒体。当孩子们在完全开放的网络世界里自由探索时，对他们的上网行为进行恰当的引导也变得越发重要。男孩每天要在网络上花费大量时间看电视剧或者玩电子游戏，有时甚至长达七八个小时，而且有些孩子从两三岁时就开始使用电脑了。因此，本书在第 8 章加入了一些相关的新内容。事实上，如今男孩的一举一动都需要引起我们的警惕，因为他们所热衷的许多新兴事物都可能会妨碍他们发掘生活中真正的乐趣。现在，无论走到哪里，无论演讲还是与社团组织会面，我都会发现人们对男孩问题的理解正在不断加深。对此我感到很高兴。

过去 10 年间，男孩对自身问题的应对和处理清楚地表明，他们从成年人身上继承到的不仅仅是勇气、柔情、雄心壮志以及事业成就，也同样继承了不安全感和尚未解决的矛盾。这些问题在一代代人身上不断传承、积累，最终汇聚成了几个难以回答的核心问题。

- 什么是男人？
- 男孩怎样才能成为男人？
- 男性应该如何表达爱，如何接受爱？
- 男性在生命中扮演了哪些重要的角色？

无论男孩还是女孩，男人还是女人，每个人都在寻找这些问题的答案，也在生活中践行着各自的回答。这些问题正是驱使我动笔写作本书并最终将其付诸出版的主要动力。写作这篇序言时，我已经快 50 岁了，我的孩子也都长成了青少年，而我仍然在努力尝试对这些问题做出回答。

我的一名读者，一位 80 多岁的老祖母，给我写了一封信："当我的孙女生下第一个儿子时，我给她买了一本《男孩的思维方式大不同》。现在我又给重孙女送了一本，她正怀着我的玄孙呢。"对一个作者而言，实在没有比得知自己的作品已经影响了几代人更好的消息了。

当我重读自己 10 年前写下的这些字句、研究以及故事时，不禁感到十分荣幸。从古至今，为了给男孩提供更好的帮助，人类文明从未停止过努力，而我何其有幸，能够为这永无止境的伟大事业贡献自己的一点力量，从帮助一户人家、一个社区开始，直到一代人。我要感谢读者对本书的阅读和信任，允许它帮助你更好地去爱、去照顾你的孩子。孩子值得我们冒真正的风险，这是任何一本书都无法与之相比的，毕竟，孩子是我们生命的延续。

能够写作这本书以及这篇序言，我深感荣幸。我希望当你阅读这本 10 周年纪念版时，体验到的不仅仅是作者的感觉、见解以及观察。我希望你能够对男孩的思维、需求、希望和梦想有更加深入的理解，因为他们的生命中都充满着奇迹，对此，我深信不疑。

THE WONDER OF BOYS

目录

理解男孩，是爱他们的最好方式

匹诺曹！噢，匹诺曹！
你是个小男孩！
一个真正的小男孩！

——老木匠杰佩托

当我还是个孩子的时候，曾经和成千上万的孩子一样，观看了迪士尼的电影《木偶奇遇记》。我看着老木匠杰佩托从一块木头中逐渐雕琢出了一个男孩。我看见蓝仙女从繁星点点的天空中飘然而落，向匹诺曹许诺，只要他勇敢、诚实、善良，就能变成一个真正的男孩。由此，我知道了勇敢能使男孩变得真实，诚实和善良会让他焕发生机。缺少了这些品质，他就不过是一个男孩的粗劣仿制品，并不真的存在。

我自己也迫不及待地想要变得真实，弱小的身躯渴望勇敢，稚嫩的灵魂希望变得诚实，我稚拙地四处探寻爱的踪迹，想要变得更加善良。我看着匹诺曹一次又一次地踏上冒险的征程，蟋蟀吉米尼一路上引导着他的良知。我看着这个木偶版的自己，虽然他并不清楚自己是谁，也不觉得自己有多伟大，但他在逃出鲸鱼肚子的过程中变得勇敢，在鼻子不断变长时学会了诚实，在不得不品尝恶行的苦果时懂得了善良。当蓝仙女最终把匹诺曹变成真正的男孩时，我不禁欢欣鼓舞。在他转变的那个瞬间，我和所有曾在匹诺曹身上找到了自我认同的孩子一样，感到自己距离想要成为的人又接近了一点点。我感到了真实。

在我长大成人的十几年里，也就是 20 世纪 50 年代后期和 60 年代，美国文化对待男孩的态度开始发生转变。我会如此强烈地认同匹诺曹这个简单的故事，部分原因就在于当时的我正充满困惑，不明白人怎样才能长大又为什么要长大。造成这些困惑的根源正是当时混乱不堪的文化环境。当我终于成长为一个青年时，社会对待我的态度已经完全调了过儿，而且这种逆转曾不止一次地发生。我并不是唯一一个有这种遭遇的人。几乎所有人都被这股时代的风潮裹挟其中。

在那些充满混乱的年月里，教导男孩的方式就像钟摆一样摇来摆去，日复一日地变化着。许多家庭摒弃了以往男孩需要遵守的严苛的规矩，转而开始尝试较为宽容的教育方法。有时我们需要的是同情和理解，等待我们的却是严厉的惩罚；而当我们应当承担后果时，得到的却可能是纵容和原谅。

随着离婚潮的到来，人们心目中最适合男孩成长的家庭类型也发生了变化。虽然我们这代人的父母曾竭力维持婚姻，但还是有很多孩子心怀恐惧地退缩到自己的小天地里。

价值观的一大功用就是指导孩子如何在复杂的世界中找到生存的价值，但此时，价值观已经变得极度个人化了，我们在自家学到的一套观念可能与邻家孩子学到的完全不同。

与此同时，流行观点几乎完全扼杀了对男孩和女孩的不同生物性倾向的讨论。男孩和女孩之间的生理差异是天生就被“设定”好的，而且已经存在了数百万年之久，这意味着他们需要有针对性的、适合其性别特点的照顾。西方人的祖先一直都很清楚这一点。然而，我们的父母和社会却不敢承认如此显而易见的事实，很多养育男孩的常识都没能传承下来。

当我成长为一个青年时，仍然不清楚勇敢、诚实、善良究竟是什么样子的。大多数年轻人也同样懵懂无知。战争曾经塑造了无数年轻男性，现在它却变成了耻辱而非勇敢的象征。诚实则是古板乏味的老头子的代名词，年轻人所熟悉的诚实已经经过了简化和消解，变成了天真的同义词，而天真对社会进步没什么帮助，在成家立业、养育后代时也换不来钞票和社会地位的提升。传统道德已经变成愚弄人、桎梏人的监牢，而不再是守护善良的堡垒。

在种种矛盾的角力中，社会文化终于不堪重负，在 20 世纪 70 年代末、80 年代初分裂成两派。其中一派仍在满怀激情地寻求建立新的规范，如果贴个标签，我们通常称这些人为自由派或者激进派，因为他们总是激情澎湃；另一部分人则被称为保守派或反对派，他们大声疾呼：“真相显而易见，过去 30 年间发生的一切简直是在倒行逆施！”这两股文化势力正在争斗不休，在学校、法庭、监狱，在家庭内部和街头巷尾，在书刊、电影以及报纸中。无论你转向何处，当下的文化都形同一场闹剧，一场甚至比《木偶奇遇记》还要浅薄的闹剧。而观看这场闹剧的男孩们，有些兴致勃勃，令人悲哀地沉迷其中；有些悲观绝望，几乎到了病态的程度；有些担心被社会抛弃，终日惴惴不安；有些被彻底忽视，只有通过叛逆来引起注意；还有一些对这个世界愤恨不已，眼神里充满了报复的渴望。

匹诺曹之旅

如果我们不去教导男孩勇敢、诚实和善良，他们就难以体验到真实。他们的感受是麻木而僵化的：在与亲密伴侣的交往中，他们会显得缺乏自信；在与家人及朋友相处时，他们不会轻易吐露心声，而是小心地把真实感受隐藏起来；当他们进入社会时，会表现得缺乏道德，甚至带有一定的反社会倾向。应当做些什么来帮助男孩感受真实呢？如何才能让他们感觉到自己是活生生的，完整、充满爱心、明智且拥有力量的呢？应该怎样引导他们挖掘自身的这些品质，阻止他们陷入西方文化自我嘲弄、自娱自乐的偏激思想中去呢？在这类偏激的观点中，一个极端是"真理不存在"，这会让男孩失去判断力和警惕心，任由各种思想涌入他们仍不成熟的心智之中，其中一些思想甚至非常危险；而另一个极端是"真理只有一个"，这会让男孩畏首畏尾，裹足不前，只能依靠过去的残羹冷炙生活。

在如何养育男孩这个问题上，本书将尝试吸取前人的真知灼见，并与当代前沿理论相结合，告诉你应当怎样向男孩传授健康的性知识、规则和价值观，怎样教育男孩尊重他人、建立亲密关系以及自尊自立。这将是对你的一次挑战，看看你作为父母、教育者或社会的一员，能不能通过日复一日的努力，培养抚育出更加健康的男孩，进而改善身边的文化环境。这些年来，我曾经以治疗师、社区顾问、男性发展方向的教师、研究者以及父亲的身份，与世界各地的许多男孩和成人一起工作过，本书关于男孩的理念正是由这些人的观点汇聚发展而成的。无论我走到哪里，都能听到人们说："养育男孩的参考书出版再多，男孩难以教养的言论说得再多，都是不够的。我们需要的是一个全新的视角。"

本书将提供一个这样的视角。我将向你展示一幅"如何爱男孩"的崭新图景，但它包含的某些元素其实非常古老，已经被人们遗忘了很久。这幅图景不仅汲取了西方的文化，同时也闪耀着其他文明的智慧之光。它呼吁整个社会和文化都应需而变，不仅仅是父母构成的核心家庭，还包括学校、媒体、企业、社区等。只有做到这一点，男孩的身心才能够健康地成长。

本书的部分内容可能会引起你的抗拒和不安，因为它要求你在很多方面做出调整，如某些生活方式、思想观念、自己和孩子需要遵守的规则、与男孩打交道的方式，甚至对待儿子的态度。阅读这本书有时感觉像是一场艰苦的旅行，但我希望当你到达终点时，能够意识到它的目的是出于善意的，艰苦跋涉也是值得的。本书最深刻的根源和基础是对男孩始终如一的爱，但在过去的几十年里，我们却未能把这份爱勇敢、清楚、完整地传达给孩子们。

跨越迷思

在我成长的过程中，在我还是那个天真懵懂地看着《木偶奇遇记》、不断探索成长之路的小男孩时，就不停地听到人们说，性别迷思是多么腐朽陈旧，必须加以摒弃。很多读者应当也曾听过类似的言论。直到进入大学后，我才理解了这些话的含义，并自豪地参与戳穿了以下迷思。

- 女人就应该待在家里，生儿育女，操持家务。
- 担任相同职务的男性理应获得比女性更高的报酬。
- 女性在智力上处于劣势。
- 男性有权享有比女性更大的社会权力。
- 应该允许男人打老婆。

但在我努力想要纠正这个社会对女性的歧视的同时，也促成了一些新迷思的诞生。

- 所有女性在女权主义方面所认可的主张是完全一致的。
- 在这个世界上，男性拥有的特权天生就比女性多。
- 男性特质是万恶之源，而女性特质则是救赎之光。
- 只有男性才会带来危险。
- 男性和女性之间的差别完全是由社会化过程造成的。

虽然对古老的父权迷思早就有了清楚的认识，但直到职业生涯的后期，我才逐渐开始看清新的性别迷思的真相。10 年前我才察觉到某些最新兴起的错误观点会在男孩的人生中埋下多么巨大的隐患；5 年前我才发现，真正深入男孩生活中的实证研究实际上少得可怜。我意识到，在过去的二三十年中，人们针对女性做了大量的研究工作，这极大地弥补了以往的欠缺。然而令人遗憾的是，在科学技术和社会文化高速发展的近 30 年间，却几乎没有什么顶尖研究是关于男孩的。这一失误所造成的最直观的后果就是，很多男性被关进了监狱、加入了黑帮团伙，还有很多男孩，虽然渴望变得真实，渴望成长为真正的男人，却迷失在了成长的道路上。

我希望本书能够带你深入理解男孩的生活，让你不仅可以重新审视那些上了年头的错误观点，也能游刃有余地对近年来关于男孩和男性气质的迷思做出判断，这也会让你在指导男孩时变得更有成效。下面列出了一些当下正大行其道的迷思，本书将逐一进行反驳。

新的迷思告诉我们说，女孩的人生要比男孩艰难得多。但深入的研究显示，男孩和女孩各有各的麻烦和苦恼。说女孩的生活更加糟糕无异于自欺欺人。在本书中，我们将历数男孩面临的各种困难，这并不是要否认女孩受到的限制和不公平待遇。然而，如果想要真正对男孩有所帮助，就必须注意以下事实。以美国为例。

> 父母对男婴讲话的频率、拥抱他们的次数以及采用母乳喂养的比例都要明显低于女婴。男婴的死亡率比女婴高 25%。男孩患自闭症的概率是女孩的 2 倍，被诊断为多动症的概率是女孩的 6 倍，出生时伴有缺陷的可能性也超过了女孩；大部分精神分裂症患者都是男孩；在智力发育迟滞的儿童中，男孩占了大多数；情绪失调的男孩的数量是女孩的 4 倍；在学习困难的儿童中，男孩和女孩的比例是 2∶1。男孩遭受身体虐待的风险是女孩的 2 倍，由于父母或照料者的虐待而死亡的男孩数量也是女孩的 2 倍。
>
> 在 9 岁之前，绝大多数男孩已经习惯了压抑除愤怒以外的所有基本情绪。对很多男孩来说，愤怒成了他们表达情绪的唯一途径，被压制的痛苦、恐惧、

忧伤和悲痛全部以怒火的形式发泄出来。在另外一些男孩身上，情感压抑最终导致了自杀。男孩实施自杀的可能性是女孩的4倍。另外，即使把强奸等特殊情况考虑在内，男孩成为暴力受害者的比例也达到了女孩的3倍。如今，一个走在城市街头的非裔美国男孩死于枪击的可能性甚至比越战时冲锋陷阵的非裔士兵更高。在奔赴越南的几百万“男孩”中，5.9万人失去了生命。就是在这场战争中，数百万男孩成长为“男人”。然而自战争结束以来，超过6万名退伍士兵选择了自杀，这个数字已经超过了战争中阵亡的人数。还有更多老兵开始酗酒，甚至染上了毒瘾。这些男孩成了情感上软弱无力的男人。

最后，男孩从高中辍学的比例要高于女孩。随着年龄的增长，女孩在接受高等教育方面似乎获得了比男孩更多的机会和支持。近年来，大学本科和研究生录取的女性数量已经超过了男性。

男孩过着“更加优越的生活”，这类印象是刻板而流于表面的。如果真的关心男孩，就应当意识到，社会的进步取决于我们能否认清并摒弃这些错误的观点。更加准确的图景应当把男孩和女孩都包含在内。女孩拥有更加成熟而丰沛的感情、无微不至的人身保护和更长的寿命，这些优势是男孩不具备的；而男孩拥有更加强壮的身体、更加丰富和多样的工作机会，这些特权也是女孩所奢望的。

在过去的几十年里，西方社会的目光一直聚焦于女性遭受的种种压迫。这种关注使得我们在提升公众意识、改进国家政策以及改善个人生活方面取得了巨大的成就。如今，镜头也必须聚焦在男孩身上。每有一个男孩在家庭中或邻里间感到自信而充满力量，就有另一个男孩表现得茫然而不知所措。每一个耀眼的球星背后，都存在着成千上万个男性吸毒者、酗酒的青少年、辍学的高中生以及少年犯。男孩们正在经受痛苦。

新的迷思还说，男孩并非生来就是男孩，而是被塑造出来的。这些迷思宣称，几乎没有科学证据表明男孩和女孩生来就有所不同。

实际上，这样的科学证据多如繁星。这是一些最有趣也最引人深思的研究材料。本书很大程度上就取材于这类研究。我希望本书提供的证据能够向你证明，男孩生来就拥有某些特定的天性，这使得他们理应被当成男孩来对待。如果能够尊重男孩，能够按照他们原本的样子来理解和指引他们，就可以更有效地帮助他们成长为理想中的男性。如果还是一味地坚持社会化才是塑造男孩的关键，强迫他们“改变”，最后就只能因那些“无法改变”的男孩而深感挫败。

新的迷思还试图让人们相信，在男孩成长的过程中，几乎所有重要的抚养工作都应当由父母独自承担，这是为人父母不言而喻、无可推卸的责任。如果一个男孩表现出任何问题，那都是父母的错。

实际上，西方文化是地球上唯一试图在“真空”中抚养男孩的文化，几乎完全无视了其他社会成员在这个过程中的责任和作用。本书将向你展示男孩生活的另一幅景象。

> **正如养育匹诺曹是他一路上遇到的许多指引者的共同责任一样，出现在男孩生命中的每个成年人也都有其相应的义务。**

人类学家普遍认为，养育一个孩子需要全村人的共同参与。绝大多数情况下，男孩所受到的最强大的影响最初主要来自父母，之后，“部落”中的其他人也必须发挥同样重要的作用。设想一下，如果这幅图景能够成为现实，你和孩子的生活将变得多么不同。社区会更和谐、更安全；媒体会更可靠、更负责任。这本书将向你提出挑战，看看你能否为“抚育男孩”这项任务建立一种团队精神和合作氛围。你将看到一些发生在身边的范例，一些团体设法让整个“部落”都参与到抚养男孩的工作中，这种做法在男孩身上取得了成功。

新的迷思还向人们宣扬，男孩是天生就有缺陷的生物。他们会犯罪，是掠夺者，只想从女孩那里得到生理上的满足，过于争强好胜，不懂得倾听，太过暴力，缺乏感情。在几年前的一次晚宴上，我和《亲爱的妈咪》（*Mommie Dearest*）一书的作者克里斯蒂娜·克劳馥（Christina Crawford）[①]之间爆发了一场激烈的辩论。这次争执的起因是她的一句话："基本上来说，男性是破坏性的，而女性是建设性的。"我对于克劳馥在帮助家暴受害者方面所做的工作怀有深刻的敬意。然而，当类似上面的观点通过女性运动中某些派别的领袖之口说出来的时候，当它受到政治家和学者广泛认可的时候，当妻子、丈夫甚至孩子也接受了这种观点的时候，就意味着整个美国社会都达成了一个不成文的共识。

> 男性是破坏者，女性是创造者；男性阻碍了精神价值和社会价值的正向发展；男性生来暴力。

本书将向你证明，在男性思维特质的核心中不存在任何天生的缺陷。男性并非生来就有瑕疵。那些惧怕男性特质的人通常会把自己的恐惧转化为憎恨而非理解，但整个文化对于男孩的看法不应该被这部分人左右。

过去30年间的女性研究和社会思考不仅正确地勾勒出了男性权力的过度泛滥，也清楚地揭露出在某些男性主导的社会组织中仍然存在着宣扬暴力的危险倾向。在本书中，我所要质疑和驳斥的并非此类观点，这是男性社会必须面对的问题。我难以苟同的是某些思想家为这一问题开出的药方。批评男孩的自然倾向，贬低男性的天生特质，将男孩和成年男性隔离开来，甚至把男孩的成长和发展完全托付给转型中的女性文化，这些做法不仅对男孩没有好处，最终也将伤及全社会。

随着本书的逐渐展开，我们将会深入探究新的性别迷思究竟有多么危险。这种危险不仅仅是针对男孩的，也潜伏在全社会之中。我们还将看到许多积极的、令人鼓舞的事实。因为男孩像女孩一样，都是伴随着祝福而生的，如果加以合适的培养，他们将回报给这个世界不屈的精神、谦逊的希望、勇敢的爱和源源不绝的力

---

① 电影明星琼·克劳馥（Joan Crawford）的养女，也是同名自传式电影的编剧。——译者注

量。如果父母能够精心抚养，导师能够适时引导，教师能够因材施教，那么男性特质将成为一个人生命中最为肥沃的土壤和最能激发创造力的源泉，这是无可置疑的事实。

如何爱男孩

“为什么我的儿子会如此沉迷于体育运动？”

“为什么我的儿子总是闷闷不乐？”

“我要怎样做，才能让我的儿子学会更好地倾听？”

“为什么我儿子最近好像有些讨厌他的父亲？”

当一个男孩出现在你的生命里，他将给你带来美妙而艰苦的挑战。翻开这本书时，我希望你能够带着这些挑战进行阅读。在这个过程中，你将为以下实际问题找到一些实用的回答。

- 为什么男孩之间的冲突会迅速地演变为暴力？
- 如果我打算离婚，怎样才能让儿子更好地适应这件事？
- 我用尽千方百计，男孩就是不愿意玩娃娃，为什么？
- 为什么我班里的男生永远不能老实坐着？

你将会学到许多关于睾酮的知识以及它在男孩身上造成的影响。你还将一探男性大脑的奥秘。

- 对于不同年龄段的男孩，最有效的规则有哪些？
- 向男孩传授性知识时，有什么特别有效的方法吗？
- 如何判断一个男孩是否遭到了性虐待？在某个年纪，大多数男孩都会在彼此间进行一些性嬉戏，不是吗？

本书将会提出一系列艰难的问题，并尝试做出回答。对于其中某些答案，你或许难以认同。但只要我们的目的是齐心协力地抚育男孩，那么不同意见也是其中不可或缺的一部分。我希望你能够将这些意见写信告诉我，因为我远远没有掌握所有的答案。愿你从本书中获得足够的信息，当你有不同的看法，或者在生活中遇到本书没有涉及的问题时，能知道去哪里寻找答案。

在一次家长联合会的活动中，一位拥有两个男孩的母亲向我提出了以下问题。

“你们男人总是热衷于关键和要点，”她有些挑衅地说道，“所以我请你给出要点。请用不超过 25 个词概括回答：男孩都有哪些需要？”这个要求把我弄了个措手不及，因此我采用了一个教师们常用的小把戏。“你们都是聪明人，”我同样半开玩笑地反击道，一手指向活动的参与者们，“不如由你们来告诉我吧！”

在一段漫长而富有成效的讨论之后，我们得出了结论，男孩的需要包括以下这些：

1. 负责任的父母或照料者；
2. 家族或者“部落”；
3. 精神生活；
4. 重要的工作；
5. 导师和角色榜样；
6. 知晓规则；
7. 学习如何领导、如何追随；
8. 一次冒险以及可以一起去冒险的好朋友；
9. 大量的体育运动；
10. 在生活中承担一个重要角色。

这份列表提供了一个不错的开头。联合会中的一位父亲最后补充道：“这有点像是过去童子军的格言：男孩应当确定目标，清楚规则，并且知道谁说了算。”

简单的要点并不足以囊括这个问题的所有方面，但这些要点中蕴含着大量智慧。如果你继续阅读下去，将会发现本书的诞生同样也应归功于许多热心人士的建议。这些人中有男孩自己，还有男孩的父母、祖父母、照料者、导师以及教师。他们像你一样，在生活中学会了如何教导男孩，并无私地同我分享了他们的智慧。

THE

WONDER OF

BOYS

第一部分

男孩想什么：

天性中的 7 大思维特质

Boys are who they are,
and we need to love them
for who they are.
Let's not
try to rewire them.

男孩就是男孩，
我们需要爱他们，
但不要尝试重新塑造他们。

THE WONDER OF BOYS 01

生理机制决定思维方式

凡属过去，皆为序章。

——莎士比亚，《暴风雨》

在以色列的一次社交聚会上，我遇见了一位来自印度的移民医生。他的一席话让我一直铭记于心。

在得克萨斯农工大学完成学业后，贾格迪什·库拉纳普尔（Jagdish Kulanapoor）医生回到了印度，并在金奈（Madras）工作了一段时间。在那之后，他和家人搬到了以色列的海法（Haifa）。在海法的那次聚会上，我和他并肩而立，一起回忆起有关印度的种种往事。当我还是个孩子时，曾在印度住过一段时间。我们谈到了天性和教养的问题，这让他开始大谈仪式的重要性。他说，仪式是孩子学习以及成年人蓬勃发展的途径。当我把话题引到男孩的仪式上时，我们一致认为美国与男性有关的仪式过于强调物质成功和社会化教育，这对男性的精神成长造成了损害。

他说："美国当然会是这样，因为美国人完全无视生物机制的决定性作用，自欺欺人地认为，人类社会才是决定人类这种动物如何成长的首要推动力，而非自然遗传。美国人宣称人类和人类社会拥有巨大的力量，能够将男孩和女孩塑造成他们应有的模样。怀着这样的信念，又怎么会需要系统化的仪式呢？毕竟仪式的用途就是帮助人们更好地遵循自然进程。”

他接着说：“在我成长的文化里，人们不会如此傲慢。我们知道男孩和女孩生来就非常不同。甚至在孩子出生之前，我们就已经开始了解并尊重他们的差别了。我们相信，如果不这样做，就会给自己招来麻烦。针对每种性别与生俱来、难以改变的天性，我们设立了两套完全不同的精神仪式。”

这段对话发生在 20 世纪 80 年代的头几年。在那个时期，我和绝大部分同行一样，认为后天教养，也就是“人类和人类社会”，是男孩之所以成为男孩、女孩之所以成为女孩的主要原因。而强调“天性”的观点，即生理机制决定了男性和女性的不同行为方式，则是女性在几百年来遭受压迫的帮凶，这在美国几乎是公认的事实。

于是我对库拉纳普尔医生报以礼貌的微笑，随后转向了其他话题。

然而 10 多年之后，我终于意识到库拉纳普尔是多么富有智慧，不仅仅因为他具备健全的常识，承认男孩和女孩在天性上有所不同，更在于他能够将生理机制和精神特征联系起来。对于男孩来说，无论他是出生于部落时代还是文明时期，这种联系都至关重要，它是男孩能够成长为健全成人的关键。而在美国当今的家庭、学校乃至整个社会中，这种联系已经消失无踪了。

男孩的天性与当下的教育

约翰斯·霍普金斯大学的研究者卡米拉·本博（Camilla Benbow）和朱利安·斯坦利（Jullian Stanley）对 10 万名儿童进行了研究，密切观察他们在学习和生活方式上存在的性别差异。20 世纪 80 年代末期，两人将研究结果公之于众。本博说："我们花费了 15 年的时间，试图为这些性别差异找到环境变量上的解释，结果却一无所获，我放弃了。"本博在脱口秀节目上大受欢迎。但是当她在其他场合展示自己的证据，试图向人们证明大脑的生物遗传和不同激素模式才是控制两性行为方式的根本因素时，得到的却是普遍的质疑。

20 世纪 90 年代中期，本博和许多持有类似观点的研究者终于得到了"平反"。以罗杰·戈尔斯基（Roger Gorski）为代表的研究人员发现，两性大脑在生理结构上存在非常显著的差异。宾夕法尼亚大学的研究者使用脑扫描设备测量了男性和女性在处理一系列不同的刺激时，分别使用了哪些脑区。许多令人惊叹的事实被逐一揭示出来，我们将在本章中一探究竟。

时至今日，只有特别善于自欺欺人的人才能继续坚持我在 20 世纪 80 年代早期抱持的观点：男孩和女孩的不同主要是由环境力量造就的。更加接近事实的观点是，**我们会成为什么样的人，主要取决于体内的化学物质、大脑差异和激素水平，而文化则通过各种社会化的过程来影响这种先天倾向。**

社会文化可以选择对抗天性和遗传能力，也可以选择对其进行有效的教育和引导。我之前所坚信的"环境是第一驱动力"的观点，如今已被证明效果适得其反，这在美国男性身上表现得尤为明显。尽管人们付出了几十年的努力，但就整个群体而言，男孩并没有发生什么改变。不仅如此，有些男孩甚至表现出了更强的攻击性和更危险的反社会倾向，而这些男性特质恰恰是数十年前，人们想要通过压制男性文化、宣扬女性文化来消除的。

本章中列出了支持以下观点的相关证据：男孩会成为怎样的人，很大程度上是由先天因素决定的，这种天生的倾向很难被改变。但是，我们可以教导他如何充满自信地发展自己的天性，并引导他走上有益于社会的道路。

> 家庭和学校的教养活动最好围绕以下核心展开：帮助男孩了解自己的身体和精神，教导他们如何以适合自己的方式来利用和宣泄能量，而不是强迫他们成长为符合我们“想法”的“应当成为”的样子。

这并不是要否定环境和社会因素在男孩成长中的重要性，它们确实具有举足轻重的作用。我们也没有否认人格特点会对男孩的人生产生重大影响，人格首先是由基因驱动的，然后在个人经历中得到打磨和发展。然而，正如我将在本章以及本书其他部分反复指出的那样，我坚信，想要帮助男孩更好地成长，想要促进社会的进步，就必须对男孩的天性有一个概括性的认识，同时也要将社会和环境的因素考虑在内。

如果在养育男孩时，能够重拾关于他们天性的常识，就能和他们一起努力，更好地为他们提供迫切需要的秩序、规则和智慧。能够做到这一点，我们就不会制造出更多的个人暴力，而是确保暴力变得更少；也不会再任由男孩成长为欺压女性的男人，而是减少他们对女性的侵害。作为父母、导师以及教育者，我们将不再感觉自己必须同男孩及男性特质对抗，而会开始学着如何与其更好地合作。最后，家庭、学校、社区以及个人生活都会变得非常不同。

激素让男孩成为男孩

马蒂有一个现在已经成年的儿子阿蒂，她回顾了这个男孩过去的一些表现。对此，许多参加育儿研讨会的母亲都深有感触：“无论我怎么做，阿蒂就是比他的姐姐更有攻击性。当阿蒂四五岁时，我曾经尝试给他玩娃娃。他确实会去玩，但不是以我希望的那种方式。他会挑选其中最大的一个，假装那是一支枪，然后朝着其他娃娃开火！”

《小男孩的书》（*The Little Boy Book*）的作者希拉·穆尔（Sheila Moore）和

罗恩·弗罗斯特（Roon Frost）记述了一位母亲的评论。

在我女儿们的生活中，现在最重要的两件事情是芭比娃娃和指甲油……而乔纳森不同，他走起路来像绿巨人一样横冲直撞，吃起东西来狼吞虎咽，还会和遇到的每个人扭打在一起。他只有3岁半而已啊！

唐·艾里姆（Don Elium）和珍妮·艾里姆（Jeanne Elium）在他们合著的《养育儿子》（*Raising a Son*）一书中，记录了一个10岁男孩的父亲萨姆的一段话。

我的儿子安静而敏感，对和其他男孩一起打打闹闹不感兴趣。但是一旦打开电脑，他就会变得像个疯子一样。

在睾酮的支配下，攻击性与身体上的冒险倾向被根植于男孩的身体之中。“攻击性”与“暴力”必须区分开来。就像心理学家亚伦·基普尼斯（Aaron Kipnis）所说的：**“暴力不是男孩的天性，暴力是后天习得的。攻击性才是与生俱来的。”**

攻击性可能会表现得非常明显，就像阿蒂和乔纳森展露出的一样；它也可能暂时藏起锋芒，直到某种活动将其引发出来，例如辩论或是电子游戏，萨姆的儿子就属于后一种情况。攻击性行为在男孩身上出现的频率和形式取决于他的年龄以及他所接受的教育是如何教导他宣泄攻击性的。患有精神疾病或注意缺陷障碍、基因类型为女性、大脑偏女性化、同性恋者，或是那些被父母形容为“多愁善感”的男孩，攻击性会与“普通男孩”不同，可能更高，也可能更低。然而无论如何，培养和照料男孩的最佳方法之一是关注其攻击和冒险行为，这是他在睾酮控制下的先天倾向。

睾酮在一个20世纪的男孩身上造成的影响，实际上已经有数百万年的历史了。远在400万年以前，为了能够繁衍后代，男性所需的睾酮水平就高于女性。此外，睾酮还使得男性拥有更多的肌肉和更少的脂肪，同时也增强了他们的攻击性。在当时，这些更像是睾酮引起的一种副作用。而时至今日，无论是就平均水平而言比女性更强的性冲动、更高的肌肉比例还是更强的攻击性，都已经成为睾酮针对男性的主要功能。

男性在一生中能够制造出几万亿个有生殖能力的精子，但他们必须与人类女性结合才能够繁衍后代。而女性一生只能排出几百个有生殖潜力的卵子，从青春期开始直到死亡或是停经期到来之前，每个月大约只能排出一枚卵子。就这种两性差异而言，人类与大多数灵长类动物并没有什么不同。几百万年以前，为了实现繁衍后代这一最高生物本能，男性必须持续地与女性交配。那时，他们知道的全部事实就是女性在排卵期会有“发情”的表现。即使是现在，女性准确的排卵时间仍然难以确定。卵子准备就绪的时间转瞬即逝，男性却无从判断准确的时机，也难以确定在某次射精中是否有精子成功地与卵子结合。除此之外，为了获得女性的卵子，他还需要同其他男性及其精子竞争。男性之间的精子竞赛、对性的需要，都要求男性具备更强的性冲动。

这就需要高水平的睾酮来实现。

自从第一批人类出现在非洲大草原上以来，情况并没有发生太大的改变。男性仍然在为了女性而相互竞争。为了获得与女性发生性关系的机会，也为了得到她们的爱意，男性会用尽各种方法。而女性则会选择那些在竞争中脱颖而出，能够赢取她们芳心的男性。男人需要凭借更高的睾酮水平，从而具有比女性更强的性冲动。睾酮还决定着一个胚胎最终将发育成男性还是女性，它的影响甚至比精子和卵子的基因融合更为强大和持久，如果一个男孩的染色体类型为男性，但在胚胎成长过程中没有足够的睾酮让他发育出男性应有的生理结构，那么当他出生时，看起来会是一个女孩。

以下是睾酮的作用机制。

首先，精子和卵子的基因融合产生了一个染色体意义上的男孩，即 XY 型。然后，在怀孕早期，睾酮的分泌达到了第一个高峰，作用于这个男性胚胎，使它发育出男性的外生殖器。接下来，在怀孕中期的几个月里，睾酮水平会再次升高，使男孩发育出男性化的大脑。如果在怀孕期间，某些事件抑制了睾酮的分泌，如母亲经历了应激事件，那么当这个性染色体类型为 XY 的男孩出生时，可能并不具备男性的生殖器官，或是没有男性化的大脑。他也可能成为一个天生的同性恋者，但这一点要等他长大以后才会表现出来。有许多外部因素，如母亲经历了创伤性应激事件、摄入了药物或酒精以及许多内部因素，都会对怀孕期间的睾酮分泌造成影响，对于这些因素的确切作用机制，神经生物学家尚未确定。

睾酮与攻击性

如果有一个“正常”的男孩，也就是说，他拥有 XY 型的性染色体，而且在恰当的睾酮分泌高峰的作用下，身体和大脑也顺利变得男性化，那么接下来，塑造了他的身体的性激素还将支配他的行为。

在婴幼儿时期，平均而言，男孩会表现出比女孩更强的攻击性倾向。在一项研究中，测试人员训练 6 个月大的婴儿拉动绳子来获取一个令人愉悦的刺激，如屏幕上的笑脸图像。当婴儿学会这一行为之后，测试者便不再呈现笑脸，结果发现，男孩还是会持续不断地拉动绳子，表现得更加固执，更有攻击性；而女孩尝试了几次之后，就会丢下绳子，大声哭泣，希望能获得帮助。

这一特点也同样表现在男孩的身体运动中。从婴儿期开始，男孩的动作就比女孩更加活跃，但他们每次运动的持续时间较短，动作的峰值也会更早出现。例如，男孩会猛地伸出胳膊，然后又迅速地收回，而女孩在伸展胳膊时则会表现得缓慢而平稳。

同样从婴儿期开始，男孩就更易怒。男孩出现孕期并发症或出生并发症的风险更高，这可能进一步加剧了这一天生的倾向。

平均而言，小男孩会比小女孩更频繁地把玩具当成枪或剑来玩。他会更多地拳打脚踢，更想要胜过别人。对于他人的痛苦，他的第一反应常常不是同情，而是兴奋。他通常会比姐妹们更加争强好胜，尤其是在那些他自认为占有优势的活动中。他会基于对自己人格、才能以及技巧的认知，来评估取胜的可能性。他会寻求比较粗野的游戏，但如果认为自己的身体不够强壮，他就会寻找其他途径来发泄攻击性。稍后我们将探讨如何帮助和引导男孩寻找一些健康的方式，在朋友或男孩群体中恰当地表达攻击性，从而降低他们对兄弟姐妹的过度攻击。

睾酮与独立性

男孩，尤其是学步期之后的男孩，在独立性上的发展和表现通常与女孩不同。其中部分原因与睾酮有关，这一特点将贯穿男性的一生。一位名叫玛丽·贝丝的母亲曾经问我：“在凯西 5 岁以前，我和丈夫还没有分手。凯西在大概 2 岁的时候就已经很独立了，而且之后一直如此。这一点也不像他的姐姐，女儿一直都很依赖我。后来我和丈夫离婚了，凯西变得非常黏人。哪个才是‘真正的’凯西呢？独立的那个，还是黏人的那个？”

像玛丽·贝丝一样有着离婚经历的母亲常常会说自己有一个“很独立的儿子”，但在婚姻破裂后，孩子的独立性便发生了改变。在睾酮的支配下，男孩通常比女孩更加迫切地想要获得独立，但只有当他们觉得安全，并确信自己不会因此失去父母的爱时才会这么做。如果父母误解了这种关系，迟迟不肯放手，对男孩施加了太长时间的情感控制，或是因为离婚之类的事件破坏了男孩的安全感，那么他原本在睾酮和天性的驱使下寻求独立和探索世界的冲动将会被破坏。

单身母亲经常会发出一些感慨，如：“我喜欢离婚之后儿子时刻黏着我的这种状态，这让我觉得自己对他的影响会变得更强。但与此同时，我也明白他还在经历一些其他变化。”单身母亲们非常明智地察觉到，当男孩突然丧失独立的信心时，反应是非常复杂的。她们往往会发现，恰当的爱，最好还有来自离异父亲的帮助，能够使男孩重新找回独立的自信。

我们对睾酮在男孩生命中的作用研究得越多，就越能理解他们的攻击行为、游戏模式、冒险倾向、危险行为、对独立的渴望以及父母眼中的“问题”行为。当然，我们所讨论的一直是一般状况。也有些父母会说：“你在开玩笑吗？我的儿子很容易带。女儿才要把我逼疯了呢！”

睾酮与青春期及以后的人生

当男孩进入青春期时，睾酮对其身体和大脑的影响会变得更为广泛。他的睾酮水平会上升至女孩的 10 ～ 20 倍。他的生殖器官会长到以前的 8 倍大小。他的身体每天都会经历 5 ～ 7 次睾酮分泌高峰。你可以预见他会有更强烈的生理需求，走路时不停地撞到东西①，变得更加情绪化、更有攻击性，每天需要大量的睡眠，常常乱发脾气，急不可耐地向刚刚鼓起勇气交往的对象提出性爱要求，等等。而这些只是他在青春期的变化。

当他成年后，你可以预期他会比一般的女性更具攻击性，更加争强好胜，但是请记住，我们仍然是在讨论平均情况。在职场中，他会表现出更强的野心；在谈话时，他会倾向于占据上风。他会更加迅速地对外部刺激做出身体上的反应，当感觉到威胁接近时，他更有可能做出反击。他更喜欢粗鲁的游戏、竞争性的运动和各种涉及身体动作的活动，通过这些行为，他可以释放压力、满足冒险欲望以及展示自己的竞争力。通常他只会对着自己展示优势，这对他来说已经足够了。他也更可能在公司的晋升阶梯上努力攀登。

① 这里可能是指青春期四肢迅速生长而导致的肢体不协调。——译者注

睾酮对攻击性乃至自信都有非常巨大的影响。研究发现，女性接受睾酮注射后，在这两方面的表现都有所增强。她们会尝试更多冒险，对自己的生活和工作更有野心，在日常生活中也会感到更加自信。

睾酮与压力

睾酮同样影响着男孩、男青年以及成年男性释放压力的方式，并进而影响到男性生活的方方面面。对此，唐·艾里姆和珍妮·艾里姆在《养育儿子》一书中做出了精彩的论述。

> 猎人完成猎杀，橄榄球运动员长传成功、触地得分，一笔大额销售订单终于敲定，这些都是男人梦寐以求的瞬间，从史前时代到今天一直如此。这些瞬间的核心是一个强有力的能量循环，它是男性不可或缺的一部分：首先是一段短暂的压力积累，然后这些压力被迅速而果断地释放出去，并带来一种满足感。凭借这种短期的、能够提供即时满足的能量循环，男性身体做好了行动的准备。

只有在理解了男性能量运作方式的前提下，我们才能更好地爱男孩。这种能量是由睾酮激发的，并且受到男性大脑特殊结构和运作方式的引导。它是造成以下三种行为模式的主要原因，你可能已经注意到了它们的存在。

1. 寻求即时或迅速的满足。不论是狼吞虎咽地进食、从一个活动跳到另一个活动，还是迅速的性满足，都体现了这一倾向。
2. 喜欢尽快开始解决问题，即使自己正处于非常复杂的情绪体验之中。
3. 倾向于寻求那些能够积累身体紧张感的活动，如体育运动或其他需要集中注意力、目标单一的任务，然后把累积的压力一口气释放出去。

从男性的性行为中，我们可以清楚地看到这种“紧张 - 释放”的能量循环。与需要怀胎十月的女性不同，男性在繁殖活动中的任务就是将精子注入女性的身体，然后寻找下一个可交配的女性，不断重复这一过程：这涉及性冲动的迅速积累和释放，而且要尽可能频繁地反复发生。当然，我们应当教导男孩在两性关系中更多地付出，但他们的身体反应仍然是由性生理机制决定的。

在本书接下来的内容中，我们将探索各种遵循男孩天性的教养方法。通过这些做法，我们能够帮助男孩以一种健康的、适应社会的方式来释放压力，获得满足和快乐。我们也将讨论如何教育男孩不仅仅释放压力和获得身体上的满足感，还要做得更好。但在实现前一个目标之前，我们不会急于跳到后一个。试图教育男孩“超越即时满足”“变得更像女孩”“更加敏感”“不要过分沉迷体育运动”，却不先教会他们如何以一种既能促进个人发展又被社会所接受的方式来进行这些行为，只会搬起石头砸自己的脚。男孩不会相信那些不理解他们的成年人。

男性大脑结构下的男孩思维

安妮·莫伊尔（Anne Moir）与戴维·杰塞尔（David Jessel）在《脑内乾坤》（*Brain Sex*）一书中写道：“我们是谁，我们如何生活，很大程度上是由激素信号决定的，正是它们塑造了大脑。”

几个世纪以前，甚至是仅仅数十年之前，当人们谈到“男性大脑”或“女性大脑”时，通常是想证明其中一种性别优于另外一种，往往是男性优于女性。例如，当人们发现男性大脑的重量和体积比女性高 15% 时，社会思想家立刻说道：“你看，男性拥有更大的大脑，因此男人更加优秀。他们更聪明，更能胜任大部分重要的工作。”以类似这样的方式，大脑“科学”曾被用来压制女性。由此导致的结果就是，在过去的几十年中，人们开始避免讨论男性大脑和女性大脑的不同，甚至认为这个话题是“危险的”。神经科学退出了政治和社会讨论，但这在消除一种风险的同时，又使得人们陷入了另一种危险。在 20 世纪末的美国社会里，人们会特别小心，避免针对男孩和女孩的性别来选用不同的教养方式。在这种“一视同仁”的风气中，育儿方式缺乏必要的相应调整，因此，无论男孩还是女孩，都因为各自不同的大脑运作模式而受到了苛责。

尽管存在种种不利条件，尽管社会不停变迁，但大脑研究始终没有停下脚步。如今，已经有无数证据表明，男性大脑和女性大脑确实有所不同，要想正确地对待孩子，任何负责任的父母、导师、教育者以及社会思想家都不能无视这一点。幸运的是，大脑研究已经超越了“男性的大脑比女性的聪明”这一过度简化的阶段。时至今日，当我们研究男孩和女孩大脑的差别时，已经不会再简单地断言“这说明男孩能做的事女孩不能做，女孩能做的事男孩不能做”了。

研究大脑并不代表生理特征有着决定性的作用，而只是意味着存在一种先天倾向。

> 人的大脑是一种非常神奇的装置，只要具备了动机、知识技能以及正确的指导，每个人都几乎可以做到任何事情。无须根据一个人的生理或心理性别来限制其机会。与此同时，由于生理机制决定了先天倾向，因此在孩子幼年的时候，我们必须竭尽所能，保证男孩和女孩都能够自由地发展其独特的行为方式。

否则，就相当于在告诉孩子，在他们的核心自我中存在着先天的缺陷，而且这种缺陷很难被后天的社会文化所弥补。以这种方式抚养长大的孩子，总有一天会让我们尝到恶果。

大脑的结构差异

如果我们有一副X光眼镜，用它来看一看孩子们的大脑，会发现哪些不同呢？

加州大学洛杉矶分校的脑科学研究员劳里·艾伦（Laurie Allen）指出，在男性和女性大脑中，至少有 7 个部位存在结构上的不同。

我们会看到体积上的差异：男孩的大脑至少比女孩大 10%。

我们还将注意到，**在女孩较小的大脑中，存在着比男孩更大的胼胝体。**胼胝体是一束神经纤维，将大脑左右半球联系在一起。穆尔和弗罗斯特总结了该差异的发生机制。

> 在胎儿的大脑和神经系统逐渐形成的过程中，女性大脑皮层的发育要早于男性。负责控制思维的左脑发育要略晚于负责处理空间关系的右脑，在男性身上，左脑的发育延迟表现得更加明显。一位神经学家解释道："其结果就是，当大脑右侧半球已经伸出了起联系作用的神经纤维，准备好与左侧进行连接时，男性大脑的左侧半球中还不存在与之相对应的神经细胞。因此这些神经纤维又退回了右侧，并转而在右半球内部产生连接。这使得右半球的神经连接最后变得极为丰富。"

这种大脑结构上的差异导致的结果之一，就是男性大脑对空间关系和空间活动更加关注。相比小女孩，小男孩会更加频繁地摆弄积木一类的物体，想要搞懂它们是如何占据空间的。

女性大脑皮层的发育速度比男性更快，因此她们能够发展出更大的胼胝体，而借助更加粗壮的神经纤维束，女性大脑得以在左右半球之间进行更多信息交流。**男孩在阅读上的表现通常不如女孩，其中一个原因就是他们的胼胝体比较小。**擅长阅读的大脑能够同时从左右半球提取大量的信息，这是阅读活动必需的一项能力。另外，**根据面部表情来准确判断他人的情绪对男孩来说也更加困难，其根源之一也在于胼胝体。**因为这项任务的顺利完成同样需要许多脑区的共同参与。

如果我们能增强 X 光的功能，来看看大脑内部更加细微的构造，将会发现一种叫作 5- 羟色胺的神经递质。5- 羟色胺能够对攻击性行为产生抑制作用，而女孩大脑中的 5- 羟色胺水平要高于男孩。5- 羟色胺会与下丘脑分泌的睾酮等激素协同发挥作用。男孩大脑分泌的睾酮比女孩更多，但 5- 羟色胺水平低于女孩，这进一步加剧了男孩的攻击性，降低了女孩的攻击性。

如果“透视”大脑的旅程继续下去，那么我们将和宾夕法尼亚大学的鲁宾・古尔（Ruben Gur）一样，发现男孩和女孩在完成相同的任务时，使用的大脑结构却是不同的。古尔借助脑扫描仪来绘制活跃状态下的大脑图像。他将大学生以上年龄段的男性和女性被试与仪器连接起来，然后要求他们完成一系列测试。扫描仪绘制出的大脑图像有不同的颜色，代表着特定的大脑活动水平。最后呈现出的图像很像我们小时候学习过的等高线地图，不同的海拔高度分别用特定的颜色进行标识，山脉、平原、沙漠、海洋各有不同的颜色。

当要求男性和女性被试完成一项空间任务，例如找出合适的角度，将两个三维物体在空间中拼接起来时，在男性被试右脑的扫描图像中，绝大部分脑区呈现出一系列不同的颜色，表明它们得到了不同程度的激活，左脑中产生强烈激活的区域则要小得多。而在女性大脑的扫描图像中，两侧半球呈现出的颜色和激活强度几乎是相同的。这种使用“X 光眼镜”观察大脑的先进手段给我们提供了非常直观的视觉证据，让我们能够清楚地看到，为什么几乎所有年龄段的男性在空间任务中的表现都要好于女性，从儿童时期搭建积木到成年时期设计建筑都是如此，只有年纪特别大时除外。男性大脑的结构使得他们非常擅长空间任务，而女性大脑则不具备这种优势。

此外，古尔的研究也揭示了为什么男性大脑天生就不擅长言语，而女性大脑则有较好的表现。当测试言语技能时，男性大脑中的活跃区域明显少于女性，而女性大脑左半球的激活强度比男性有更加明显的升高。

总之，对大脑进行的研究表明，女性大脑中处于工作状态的区域几乎总是多于男性，反应机制与男性大脑不同。

> 可以借助一个比喻来进行说明：男性大脑就如同一台机器，启动，完成任务，然后关机；而女性大脑则一直处于开机状态。

当然，这种说法有一定的夸张成分，因为男性大脑中同样有一部分始终都在运行，但是当古尔对静息状态下的两性大脑进行对比时，一直“开机”的女性大脑和在“开 / 关”之间切换的男性大脑表现出的差异达到了令人惊讶的程度。

这种差异在很大程度上解释了为什么男性表现出特别明显的“任务导向”，他们同时处理几个不同任务的能力比不上女性；这也解释了为什么当思考过程受到干扰时，男性更容易产生被冒犯的感觉，不仅如此，他们还会产生一种由睾酮激发的、比女性强烈得多的攻击冲动。

男女大脑差异如何影响孩子

有一次，我正在给一个学校团体做一场关于大脑差异的演讲。在演讲中，一位有一个男孩和两个女孩的母亲萨利向我提问。

> 我儿子桑迪和他爸爸简直一模一样。他会把东西摊得满地都是，占用的地方比他的姐妹们大得多，就好像有一头巨型恐龙住在家里。他的妹妹可以在桌子上画画，同时把桌面保持得整整齐齐，桑迪可做不到。看他的举止，就像是整个世界都属于他一样。这些关于空间的行为和他的大脑运作方式有关系吗？

萨利抓住了关键。**男孩倾向于占据比女孩大得多的空间。**当我的女儿还在上托儿所时，托儿所的看护人员曾向我抱怨过自己照看的三兄弟。他们的年龄为 5 ～ 9

岁，总是精力充沛，乱扔东西，“难以控制”。我建议这位看护人员多把他们打发到户外去。当我提出这个方法时，她马上意识到这其实来自一条众所周知的常识。实际上，这个方法也曾掠过她的脑海，但她并没有采取相应的行动。“我就是希望他们能够听我的话而已。为什么必须给他们提供特殊待遇呢？”

而且她的托儿所空间非常有限。然而她后来还是设法为这些顽皮的男孩腾出了更多空间，在室内提供了一个“男孩专用”的地下室；此外，她让所有孩子都更频繁地去户外活动，当然是在有人看护的情况下。在这之后，她发现困扰自己的规则问题大大地缓解了。

就像这几个男孩表现出的调皮捣蛋一样，男孩的大脑总是在向我们呐喊：“给我更多空间！”

两性大脑都试图在外部世界展现和发展各自的天生优势，这使得男孩和女孩偏好不同的游戏类型。男孩喜欢创造性的游戏，喜欢篮球、足球等体育运动，这类活动通常要占用较大的空间，能够促使男性大脑更好地发展在空间中移动物体的能力。女孩则喜欢在游戏中模拟特定的情境，如布置娃娃屋、过家家，或是模仿社会生活中的某个场景。这些活动会用到大量的言语技能，需要扮演者之间进行频繁的一对一交流，还会涉及非常复杂的与情绪相关的行为。

以下是男孩和女孩之间的其他一些行为差异，它们的源头也在大脑。你可能已经注意到了这些差异的存在。

> 从婴儿期开始，男孩注视物体的时间就比女孩要短一些，但他们的注视行为通常更为活跃，而女孩集中注意的时间比男孩长。这种倾向会伴随男孩的一生。

父母经常抱怨男孩不够专心，其实导致他们容易分心的部分原因是与生俱来的。如果父母想要男孩在某个活动或主题上集中注意力，一个行之有效的做法是把目标活动与运动的物体结合起来，这些物体可以出现在比赛中、电脑屏幕上或体力劳动中。

男性所接收到的感觉信息，或者说身体“周边”的信息，也要少于女性。他们闻到的更少，尝到的更少，听到的更少，看到的更少，从触觉中得到的信息和安慰作用也弱于女性。

以听觉为例。女孩们抱怨男孩不懂得倾听，女人们抱怨男人听而不闻，人们总是觉得自己的声音难以真正传到男性的耳朵里。这一现象在生命刚刚诞生时就已经初露端倪，其根源也在于大脑。通常情况下，男性一侧耳朵的听力要好于另外一侧，而女性双耳的听力则没有什么差别。女性能够听到的信息一般也要多于男性。纵观人类的一生，总是女性倾诉得多，男性聆听得少，这在两性关系中制造了很多棘手的麻烦。有报告发现，从很小的时候开始，男孩就会比女孩更加频繁地忽视声音，哪怕这些声音来自父母。在某些情况下，他们只是单纯没有听见而已。男孩在觉察背景噪声上的表现也不如女孩。他们不仅更少听到背景噪声，而且无法清楚地分辨其中的细节。男孩的父母和身边的其他人经常会反映，在跟男孩讲话时不得不提高嗓门，而同女孩讲话时则不必如此，其中一个原因就在这里。

下次，当父母或教师觉得自己的话没有被男孩听进去时，理解男孩大脑的工作方式将有助于消除一部分挫败感。如果男孩没有听见，那么就试试利用其他感觉方式，尤其是视觉，通常情况下，这是男孩最灵敏的一种感官。也可以通过故事、游戏、运动的物体等手段来向他传递信息。但你也可以先搞清楚他听力较好的耳朵在哪一侧。

相比男性，女性更喜欢长时间的身体接触，或许这对于所有人来说都已经是常识了。这是由大脑决定的。当男孩被强行拥抱时，会产生强烈的抵触情绪。特别是随着年龄的增长，这种倾向会变得愈加明显。与此同时，如果女孩没有得到足够的身体接触，就会觉得缺少他人的爱和关注。这种差别是印刻在两性的大脑中的。

当视觉信息被呈现于男孩的左眼视野中时，他们能够更加详尽地描述这些信息，在处理相关视觉问题上的表现也会更好。这是因为左眼会把接收到的信息传递给右侧大脑，这是男孩的优势半球，也是专门负责处理空间关系的半球。而无论将视觉信息呈现给女性的哪只眼睛，她们的表现都没有明显的不同。从婴儿期开始，男孩注视母亲的时间就只有女孩的一半。母亲们经常会觉得自己在抚养儿子时似乎有什么地方出了错，或者觉得儿子不爱自己，因为他不愿意长时间地看着自己的脸。然而，造成这种现象的真正原因在于男孩的大脑，它要求视线在物体之间来回移动，因此男孩会注视母亲一小会儿，然后很快就把目光投向房间中的其他物体。

电视、电子游戏，乃至整个计算机文化在很大程度上都是男性大脑的产物。它们采用了视觉为主的交流方式，其中包含大量的活动图像和在视觉空间中穿梭移动的物体。当然，过度沉迷于电视和电脑会对男孩其他感觉的发展造成损害。但是我们必须意识到，当男孩不停换台而女孩希望他能在一个节目上多停留一会儿时，当一个男孩只有在电脑前才变得活跃起来时，最好的做法不是暗自盘算“我们需要改造一下这个孩子”，而是想着“利用他的这些长处，我们可以帮助他更好地发展自己”。

男孩遇到的阅读困难比女孩多三倍。学龄前男孩的言语发展通常会落后于女孩大约一年的时间。反过来，男孩在数学测试中的平均成绩比女孩好。大脑是造成这些差异的关键。数学是一门抽象的学科，其中涉及大量的空间问题，这些都是由大脑右半球负责的，因此男孩常常有着较好的表现；而言语技能则主要来自左半球，女孩在这方面占据了优势。

在男性和女性的一生中，大脑的这些差异都将表现得非常明显。女性会倾向于采用相互联系的方式解决问题，喜欢可以相互沟通的人，偏爱那些能够充分发挥言语和情感技巧的工作，这些工作能让她们感到游刃有余，轻松自在。虽然在激素和情绪的影响下，当性爱的冲动占据了上风时，女性也常常会选择那些不太善于交谈、也不怎么温柔体贴的人作为伴侣，但是在大多数时间里，女孩还是会选择与女孩交往。基于同样的原因，男孩也更喜欢和男孩待在一起。

这并不是说浪漫关系或其他类型的社会生活不足以让男性和女性学会另一性别的技能，也不意味着父母和教育者不能向孩子以及成年人教授另外一种大脑的特长，当然也不是说不同性别的孩子相互之间的交往在某种意义上违反了正常的神经机制。这些表述都属于过度解读。充实的社会生活意味着与尽可能多的人建立有益的联系。关于大脑的知识将帮助我们构建更加科学的儿童培养体系，在这个体系中，男孩和女孩在很大程度上通过与他人的交往来认识自我。这些人也许是同龄人，也许更加年长，但一定更有可能是他们的同性；因为同性会让孩子们觉得放松和自在，这是他们在本能上更加亲近的性别。

大脑差异是如何产生的

在前文对睾酮的讨论中，我们曾谈到人类的男性和女性祖先是如何适应生存，并将特殊的激素模式一代代传递下来的。人类大脑也存在类似的情况。

大约一万年以前，人类迈入了农业社会，而在此之前，我们的祖先曾在狩猎和采集工作中度过了数百万年的时间。女性负责孕育婴儿，除此之外还要照顾家庭、管理本地事务、从附近的自然环境中“采集”食物和建筑用的材料。男性则负责使女性受孕、建立地区间的联盟和外出狩猎。这样的活动一直持续了几百万年。在这期间，女性大脑为了满足生存的需要而不断演化，使得女性越来越擅长完成自己的工作，男性大脑也发生了类似的变化。

从这个角度来看，女性大脑更擅长处理感觉信息就不足为奇了。女性的听觉、嗅觉、触觉、味觉和视觉都必须比男性更灵敏、更准确，因为有关孩子的感觉信息要比狮子或鹿更加微妙，而采集植物根茎的活动也需要女性能够准确地判断出哪些是有毒的，这同样对感觉的灵敏程度提出了要求。

另外一件意料之中的事情是，女性大脑在处理情绪信息时表现更好。狩猎要求猎人专注于单一任务，而非在多种任务之间频繁切换。相比大型的团体狩猎或者单独一人的狩猎行动，照料孩子和应付社交生活都对情绪加工能力提出了更高的要求。

与此相对应，男性大脑发展出了更强的空间认知能力，这也是合乎情理的。狩猎活动需要对三维空间、深度以及距离做出准确的判断。

毫无疑问，男性大脑也发展出了更强的抽象技能。打猎，晚些时候还包括建设大型的人口聚居区和修建高大的建筑，都需要精确的抽象设计能力。

另外，考虑到男性在日常生活中经常需要杀死动物，在战争及其他防卫活动中还会难以避免地杀死同类，也就不难理解为什么男性大脑会弱化情绪及言语技能，并对共情能力进行限制了。

正是由于大脑进化出了这些差异，人类的祖先才得以生存和繁衍。这样的大脑仍然存在于我们的身体之中。在未来的漫长岁月里，它们也不会在生理和结构上发生太大的改变。正确地训练大脑将不仅有助于生存，还能够促进精神上的繁荣。大脑对男孩天性中的许多方面都发挥着强大的影响，通过对这些方面进行深入理解和精心培育，可以更好地指导男孩的人生。

那些意识到大脑差异具有演化基础的人经常会有另外一层担忧：如果按照男孩大脑和激素的运作特点来培养男孩，我们总有一天会承认："男孩永远都是男孩。"他们担心这种立场会催生更严重的暴力和更多破坏行为，损伤男性与配偶、子女之间的亲密关系，进一步加强性别刻板印象。这类印象不仅将女性排除在建筑、工程、警察等行业之外，也让男性在从事社工、幼教等工作时感到顾虑重重，让父亲不愿充当子女的主要照料者。然而，这些结果并非必然情况。大脑演化的知识已经向我们表明，人类社会有能力创造出亲密而有益的人际关系，不仅能够培养女性大脑的长处，也能够最大限度地激发男性大脑的优势。错误不在于允许“男孩成为男孩”，而在于在这个过程中，没能给予他们恰当的关怀、足够的爱和明确的规则。

当我们对大脑差异的认识变得日渐丰富，并尝试将这些知识应用于教养行为和日常生活之中时，还必须注意如何定义人与人之间，特别是男女之间的亲密关系。对男孩来说，最重要的影响可能来自他们对父母之间亲密关系的看法。在当代文明中，对女性大脑的理解定义了理想的亲密关系应该是什么样子的：绝大多数的自助读本都在批评男人们过于冷漠、难以亲近；女人是维持亲密关系的专家，而男人却往往是门外汉。**这些书籍采用的大多是女性大脑的判断标准。**如果在建立规则时能够同时兼顾两性大脑的特点，我们的婚姻生活将会更加和谐，养育孩子的方式也会随之变得更加合理和有效。

男性特有的 8 种情感模式

在我为“大哥哥大姐姐”计划（Big Brothers and Big Sisters）所做的一次培训中，一位社会工作者同我分享了这样一个故事。她曾经与一位单身母亲共事过，那人的儿子是个“小哭包”。这是这位母亲对自己儿子的称呼，就因为这个男孩像所有小男孩一样，会在受伤时躲进母亲的怀抱中哭泣。但当他长到七八岁时，就很少再掉眼泪了。“他变了，”这位母亲说，“他以前总是向我倾吐自己的感情，但到了 8 岁左右，他开始把感情埋在心底。他变得有些好斗，经常想跟人打架，和我的关系则有些疏远了。有一次他甚至说，我对他来讲一无是处，只会唠唠叨叨，不让他干这个，不让他干那个。”

许多母亲注意到自己的儿子在 5 ～ 10 岁时，处理情感和满足情绪需要的方式都发生了改变。这位母亲看到的结果令她感到痛苦，但这种变化是非常正常的。即使把这对母子生活中的其他外部因素也考虑在内，包括父亲离开了家庭、母亲回归工作、哥哥离开他们跟父亲一起生活，这个 8 岁男孩仍然发展出了一种典型的、将伴随其一生的情感加工方式。

> **男性的大脑和激素模式赋予了男孩一种天生的倾向，使他们偏爱采用非常“男性化”的方式来处理情绪和情感。通常在 10 岁左右，最晚到青春期开始时，这一特点就会明显地表现出来。**

大众文化对男孩处理情绪的方式存在很多误解，同时，针对男孩应当如何处理情绪也存在着大量的文化期许。虽然表达方式有所不同，但男孩同样是“敏感”和“富有同情心”的。这一点毋庸置疑，因为这是所有人类都具备的能力。通过恰当的训练，男孩可以变得更加敏感，更善于理解和体会他人的感受，这也是毫无疑问的。但是，睾酮水平和大脑决定了男孩的天性，使他们倾向于采用男性特有的方式来处理和表达感情。强迫一个男孩改变自己的情感加工方式可能会对他造成严重的创伤。情感是只属于他一个人的，与其他任何人都没有关系，他需要以自己的方式来处理。

以下是男性偏爱的 8 种内部情感加工方式。当你开始阅读时，会发现它们与我们之前提到的睾酮和男性大脑的特点之间存在一种内在的逻辑关系，这些方法正是在激素和大脑的影响下发展起来的。

1. **动作释放。**男孩会通过一阵迅速而外显的能量爆发来加工和释放情绪。他们常常会对人愤怒地大喊大叫，大发雷霆，摔门而去，怒砸桌子，或是将自己沉浸在电子游戏等活动中，对别人不理不睬。这时，他们是在通过行为动作来对情绪感受进行加工和释放。有时我们会觉得自己遭到了拒绝，因为他们处理情绪时采取的行为看起来是要将我们隔离在外，甚至好像要伤害我们。

2. **压抑 - 延迟反应。**男性天生就有一定的延迟反应倾向。男性大脑很大程度上是为了解决问题而生的，会为了更好地处理问题而推迟情绪反应。当男孩在学校里遇到麻烦时，可能不会马上告诉父母，而是在一周甚至更久之后才去寻求帮助，这是很常见的。在事情刚刚发生的那个星期里，他会表现得有些烦躁或是“不在状态”，之后才会让我们帮他分析究竟是什么造成了困扰。在开始组织语言、进行叙述的过程中，他可能才恍然察觉，原来自己的烦恼之源是这件事情。在很多时候，男孩甚至根本没有意识到自己正在经历情绪上的痛苦或是创伤。看到一个男孩正处于“压抑－延迟反应”阶段时，最佳对策就是耐心等待，让他知道有人一直在他身边。我们需要让他看到，始终有一个安全的秩序体系在支撑着他，不管他的内心正在发生怎样的惊涛骇浪或是疑虑纠结，他的生活仍然能够继续下去。

3. **转移－物化。**假设我身边有个气呼呼的男孩，不肯开口谈论自己的情绪。这时，我们恰好路过了一辆汽车，车身坑坑洼洼的。我借机说道：“我敢说，那辆车被砸成这个样子，它一定非常生气。看看它的镀铬曾经多么漂亮，肯定还有人给它细心地打蜡，现在这一切都被某个混球给毁了。有时候我也会有这种感受。我觉得自己已经竭尽所能，但最后总是白费力气。我知道你有时也会有这种体验……”

这一策略利用了男孩的一种天生倾向，即他们会想象物体和人类具有类似的情感，将情绪投射到外部空间中，把情绪反应从最初的源头转移到更加安全的无生命物体上去。如果能让男孩把他的情绪体验同某个故事结合起来，如电影情节、神话传说，或者是身边某个物体的拟人化故事，那他就更可能开口倾诉。这通常比干巴巴地对他说“告诉我出什么事儿了，我就坐在你对面，跟我讲讲吧”，效果要好得多。在他看来，这种对话好像在说“我只有几分钟时间，所以快点开口吧”。相比女孩，男孩通常需要人们给予他们更多时间，还需要将他们的感受同外部世界的物体联系起来。

4. **身体表达。**平均来说，相比女孩，男孩会更多地通过身体来体验、表达以及发泄情感。当然，这对所有人来说都不足为奇。为了促进这种表达方式的发展，我们必须给予男孩足够大的个人空间、足够多的可供随意处置的物品，还要教导他们宣泄情绪时的行为底线在哪里。一位父亲在地下室里放置了沙袋，并且告诉儿子："这是你的地盘了。当你需要独处的时候，可以来这里待一会儿；当你需要发泄的时候，也可以来揍揍沙袋。"他的做法是非常明智的，因为他给儿子提供了宣泄情绪的对象和空间。与此同时，父亲还必须教育儿子：虽然他可以击打沙袋，可以一个人待着，但这并不意味着他可以毫无顾忌地攻击其他人或其他物体。恰恰相反，通过提供空间和宣泄对象，这位父亲向儿子展示了情感宣泄的合理界限。他告诉儿子："当情绪快要压垮你的时候，把它们带到这里来，然后留在这儿。这样，当你回到人群中去时，你就能够带着合适的情绪去面对他人，因为你的感受在这里得到了净化。"

5. 藏入洞穴。男孩处理情绪的速度通常没有女孩那么迅速。社会人类学家詹妮弗·詹姆斯（Jennifer James）曾给我讲过一项研究，该研究表明，男性加工"困难情绪信息"，也就是会引发复杂情绪反应的刺激所需的时间，可能比女性多出 7 个小时。母亲的情绪爆发，或者姐妹们对于感情喋喋不休的倾诉，常常会使男孩不堪重负。他们经常需要离开一会儿，把自己的卧室当成洞穴或者城堡，在里面度过一段时间。这是他们逃避这类刺激的一种方式。

对于那些经常"藏入洞穴"的男孩，照料者应当在他们走出洞穴时逮住他们，要求他们对自己的感觉加以说明，这是非常重要的。也就是说，在试图让男孩加工自己的情绪信息时，如果允许他暂时离开一会儿，一定要首先与他约定，一旦完成情绪加工，他就会带着自己的见解和感悟回到家庭和同伴中来。男孩需要知道藏入洞穴是被允许的，当他走出洞穴时将感觉良好，他的领悟会使自己受益，我们也会在等待着重新接纳他，这一点至关重要。

6. 谈论感觉。大多数父母都曾注意到，当男孩长到七八岁或更大一点的时候，想要让他通过倾诉来处理感情会变得非常困难。稍后再询问他的感受会容易很多，因为在事情刚刚发生的那一刻，他往往并不清楚自己的感觉。如果这时强迫他开口谈论自己并不知道的事情，会让他觉得受到了侵犯。

由于在男性大脑中，连接左右半球的神经纤维束胼胝体比女性要小，我们可以预期相比女性，男性在表达感觉时通常会更加困难。对男性来说，信息流不太容易从右半球流入负责言语的左半球。在生命中的前10年里，大脑逐渐发育成熟，之后，青春期的激素分泌又对两性大脑做出了不同的调整。在这个过程中我们可以看到，相比女孩，男孩变得越来越难以将感受和言语联系起来。因此，谈论感觉在男孩身上产生的效果通常不如女孩。

然而，我们必须不断地尝试。可以选择一个合适的时间来询问："你有什么感觉？""你觉得那段经历怎么样？"挑选时机是最关键的。我们可能需要等男孩到达一个他觉得情绪上很安全的时间点再提问；也可以先问一次，等一小会儿，然后不再纠缠，让他按照自己的步调主动来找我们。如果照料者频繁地询问男孩的感受，可能会让他们在一段时间内感觉良好，因为这说明有人非常关心他们；但如果在他们不情愿的情况下仍然不断催促他们谈论自己的感情，将很快引起反感。

7. 问题解决。当男孩遇到比较容易的问题时，他们投入的情绪能量往往比我们设想的要少。对男孩来说，随着问题的解决，由此引发的情绪能量也就烟消云散了。当然，在男人身上，情况常常也是如此。这就是为什么男性通常会尽快着手解决问题。毫无疑问，这种行为倾向的部分原因在于他们受到了这样的教育，但其主要根源仍在于激素和大脑：他们遇到了问题，问题引起了困扰，而一旦问题得到解决，他们立刻就会觉得轻松多了。

8. 哭泣。在描绘男孩童年的经典故事《小王子》中，安托万·德·圣-埃克苏佩里（Antoine de Saint-Exupéry）写道："泪水的世界是多么神秘啊。"对男孩来说，尤其是等他们长大一点之后，眼泪的确是非常神秘的。

进入学龄期后，只有在很紧张且很有安全感的情况下，男孩才会哭泣。随着大脑逐渐发育成熟以及睾酮对身体的支配作用变得越来越强大，男孩在哭泣时会感觉到不安，尤其在他们进入青春期之后，这种感觉会变得更加强烈。这是一个男孩最脆弱的时候，而这种脆弱和他的本能天性格格不入，让他觉得非常可怕。这不仅仅是因为社会文化教育他不能轻易哭泣，还因为对男孩来说，要想哭出来，必须以一个非常迅速而令人混乱的速度来加工那些困难的情感信息。与女性不同，男性大脑天生就不擅长这类工作，这会让他们感觉迷失了自我。

之所以从四五岁时开始，男孩就不再像女孩一样容易哭泣，部分原因当然在于我们的教育。然而很大程度上，这种教育本身就是千百年来对男性大脑的理解和认同带来的结果。男孩会选择其他方式，如采取行动、解决问题、转移情绪等来处理自己的大部分感受，而极少会采用哭泣的方法。我们应当尽量帮助他们完善这些方法，因为对他们来说这才是更加自然的做法。

与此同时，我们必须意识到在男性的生理机制中，存在着一种对情感进行压抑的危险倾向。男性可能会说："我不知道自己有什么感觉，我真的不知道，帮帮我吧。"对男性来说，这是一个非常严重的问题。因此，美国社会为了帮助男性更好地感受甚至更多地哭泣而付出的努力，绝大部分都是值得肯定的。然而，相比那些试图让男性谈论感受和"该哭就哭"的敏感度训练，教育他们如何更好地利用男性特有的情感加工方式或许会更有成效。无论对男孩还是男人来说，谈论感受和哭泣通常都是不自然的。

从生理机制到社会文化

无论我们转向哪里，都能看到男孩的生理机制在发挥作用。

我们开车经过公园，看见男孩们正在玩橄榄球：他们需要以一种高度组织化的方式，在空间中操纵物体，同时其动作行为必须遵守一套非常复杂的规范，通过这种活动，他们的自我形象得到了发展。

我们走过街头的篮球场，看见男孩们光着上身，挥汗如雨，互相讥笑打趣：他们以一种竞争的方式在空间中操纵物体，同时试图在言语上压过对方。

我们路过一栋建筑，见证了男人们是如何从零开始，一步步将其建造完成的：先是将三维空间抽象化，然后在图纸上进行设计，最后组织一队人马，开始动工修建。终于，熟悉的街景中矗立起了一座崭新的建筑。

我们进入了信息时代，电子邮件、电脑、电视、可视电话充斥着人们的生活，而视觉与空间导向的男性大脑正在电子屏幕上大展身手。

我们还面临着由男性施加的日益严重的反社会暴力。由于缺乏必要的训练和规则，男人们在男性大脑和睾酮的驱使下，正在给这个世界造成越来越严重的破坏。

无论转向哪里，都能发现男性的生理机制在发挥作用。但通常情况下人们会暗自嘀咕："又是男孩的那一套：组织小团体，构建男孩文化。看看他们是怎么融入社会的吧。要是能改变这一切就好了。"人们说："男性文化必须终结。它教唆男性，让他们整天盯着电视，沉迷电子游戏，到处惹是生非，还把女性都赶出职场。"人们还说："男性文化和女性文化永远都合不来。必须改造其中的一种。"

应该怎样评价男孩文化？我们应该对它做些什么？或者换个更有建设性的问题，我们应当为它做些什么？无论喜欢还是厌恶，我们都无法抹杀它的存在，因为男性大脑总是会将它再次创造出来。作为父母、导师以及教育者，必须回答的问题是：是选择引导男孩文化，还是带着恐惧和困惑远远地逃开？

THE WONDER OF BOYS 02

男孩的 7 大思维特质

我的父母和老师一点儿都不理解我。他们从不肯在这上面花一丁点儿时间。他们把我硬套在一个小框框里：他是个男孩，要么成为总统，要么一无是处。

——洛伦，14 岁

图森市的卡罗尔曾给我的报刊专栏写过这样一封信。

我是一位单身母亲，有 3 个儿子，他们中年纪最大的 14 岁，最小的才 8 岁。我还有一个 11 岁的女儿。在男孩的成长过程中，我发现他们很迷茫，而我自己也充满了困惑。我那个 14 岁的儿子喜欢和 4 个男孩“混”在一起。当人们看到他们走在路上，穿着松松垮垮的牛仔裤，不停地互相讥笑打趣时，你可以看出人们充满了担忧。我的儿子，就因为他率领着一个由男孩组成的小团体，在人们眼里突然变成了罪犯。

我 10 岁的儿子内森有一天放学回家，告诉我老师说他总有一天会进监狱。我儿子是个好学生，循规蹈矩，成绩优秀。我给老师打了电话，而她不以为然，说："那只是个玩笑而已，我只是想告诫内森要多加小心，注意自我约束，不要跟着男孩的小团体学坏了。"

我 8 岁的儿子现在仍然喜欢拥抱妈妈，不过他已经开始有点儿疏远我了，我也放手让他这么做。但我自己的困扰却随之而来：虽然我知道这是男孩必经的发展阶段，但还是忍不住为他们担心。我并不怎么担心女儿，因为我能搞懂她。我清楚女孩是怎么处理事情的。但是男孩就不一样了，他们的生活中充满了风险。虽然我爱我的儿子，但不得不承认我经常会对他们横加干涉，有时嫌他们没有男子气概，有时又觉得他们太过男性化了。

我甚至不清楚自己到底想问什么问题，可能就是想找人倾诉一番养儿子的费心耗力。我觉得自己知道应该对男孩采取什么样的态度，但又并不肯定。几年前，我还确信给男孩玩娃娃是个挺不错的主意。这一招在我大儿子身上的作用大概维持了 30 秒，然后他就把那个娃娃扯个了七零八落，而我对于"男女一个样"的信念也随之瓦解。在过去的十几年里，我和丈夫都想弄明白男性思维到底是什么样的，不过现在可能只剩我一个人仍然对此感兴趣了。那么你呢？你已经找到答案了吗？

我给卡罗尔的回复是："我也仍在找寻答案的途中。一起努力吧，总有一天我们会搞清楚的。"这封信以及多年来寄到我手中的许多类似信件，激励着我开始了本书的写作。当我与父母、男孩以及各种社团组织一起工作时，不得不费力应对一件事，那就是人们经常对男性思维及其所带来的文化抱有一种两极分化的态度。热爱它，又憎恨它；尊敬它，有时又害怕它。我们时常把男性文化中的暴力因子视为一种娱乐，直到这种暴力出现在自己的家庭里。最重要的是，我们都希望它变得与现在不同。有些人耗费了毕生的精力，试图改变男性思维的核心特质；而另一些人，如约翰·施托尔滕贝格（John Stoltenberg）和安德烈娅·德沃金（Andrea Dworkin），则呼吁人们应该彻底终结男性思维所带来的文化。

然而直到最后，持类似主张的人都没能撼动男性文化分毫。事实上，从古至今，男性的思维方式从未有过任何显著的改变，因为它是由男性的生理特征决定的。在开始探讨男性文化之前，有两种截然相反的前提假设摆在我们面前：一种认为男性文化具有天生的缺陷，必须加以弥补和修正；另外一种则认为男性文化的本质是不应该被改变的，必须更好地引导它、培育它，而不是妄加批评、肆意改动。如果从第二种立场出发，我们就能够制定更加完善的教养策略，更好地爱护男孩。这类策略在今天显得尤为重要，因为在过去的几十年中，人们一直忽视了在充分培养男性文化和妥善保护整体文化之间存在的相互依赖的关系。

男孩生来就需要一种文化，它应当具有自己的规则和秩序，可以为男孩提供特别的指导。如果这种文化没有得到足够的尊重，如果我们试图改变它的核心特征，破坏它的内在秩序，那么我们就不仅仅在“爱男孩”这件事上犯了错，还将整体社会文化都推向了日益严重的暴力、性别歧视以及其他危险的边缘。

哪怕这种假设在你看来难以接受，我还是希望你能够继续往下读几章，把男孩看作这样一种生物：具有特定的生理硬件，需要社会文化通过适当的软件来加以训练。本书的全部目的就是为男孩编写一个这样的软件，并把它安装到文化、家庭、社区乃至整个社会中去。很多年来，我一直在观察和帮助男孩，阅读过的研究文献多达数千页。我学到的一切都在告诉我，在西方流行的“社会化造就男孩”的理论是一个从未有过任何成功先例的社会实验。西方社会的傲慢信念在其中暴露无遗：我们竟然相信人类有能力创造出一个不受自然驱动的社会！据我所知，西方文化是世界上唯一一个抱有这种观点的文化，而且这一观点也仅仅流行了几十年。如今，这层思想的迷雾终于开始散去，现实再次清楚地展现。

自始至终，文化都是由人类的生理构造产生的，是大自然的造化之工。在我们的生活中，各种社会化影响相互交织，构成的网络可谓极度复杂，但这也只是人类的生理特性催生的产物罢了。我们为男孩创造了体育活动，男孩自己成立了帮派，从事科学事业的男孩比女孩多，男孩在讲话时使用的是男性特有的言语风格……如果历数男孩独特的“文化”模式，可以列出一个非常长的清单，但几乎其中所有的条目，也包括男性的暴力行为在内，其根源都在于男性的大脑和激素给他们带来的思维特质。

因此，我将采取更加现实的方法，或者像库拉纳普尔医生所说的那样，更加注重“精神”的方法，而这意味着保持谦卑：我不相信任何人有能力改变男孩的天性，或者能够让男性思维的基本特质发生一丝一毫的改变。但我们可以引导男性文化，让它结出最丰硕的果实。只要父母、导师以及所有的教育组织都不再将力气浪费在改变男孩的任何天性上，而是让其发挥原本的作用，帮助男孩成长得真实而健全，我们就能够更好地指导他们、监督他们，构建他们的生活秩序，约束他们的能量，并以他们需要的方式来爱护他们的社会和文化。

男性文化的基石是几项特殊的思维特质。接下来我将证明，如果能够正确地引导这些特质，而不是将其视为洪水猛兽，它们中的大部分都是有益于男孩的。

竞争思维：只有通过竞争，才能获得价值感

男孩需要通过竞争和良好的表现来获得价值感。男性思维的这一特质可以应用到哪些方面呢？对一个男孩来说，如果没有人传授他技能，没有人向他示范如何在竞争中赢得胜利，也没有人赞赏他的成功的话，他将感到迷惘而无助。

男孩与竞争

在男性的自我形象中，通常有很大一部分是通过贬低别人建立起来的。一方会以类似的戏谑开场：“嗨，混球，最近怎么样？”另一方则会回击道：“还不错，猪头，你呢？”妈妈们经常向我提起她们有多么痛恨这类对话。但她们也非常清楚，自己对此几乎无能为力。有一位妈妈曾经对我说：“如果不互喷脏字儿，我 15 岁的儿子和他的朋友们简直就无法讲话了。当我在旁边的时候，他们还会稍微收敛一点，我猜因为我是个成年人，或者因为我是女性。但是我的天啊，我无意中听到的那些对话简直让我惊呆了。”

男孩们会在言语和身体上展开竞赛，并以此为基础来构建和发展他们的部分关系。对男孩来说，竞争是一种有益于成长的行为。在他们构建的文化和语境中，自我形象必须通过类似的策略才得以建立。我们可以很有把握地做出预测，男孩反驳他人的可能性通常要高于女孩。我们也可以预料到，在男孩的生活中将会涌现出各种隐形的“等级”系统，在这类体系中，男孩们会为了更高等级的“座次”而互相争斗。我们也可以期待他们能够相互合作，只要在他们看来，这种合作关系是安全的，比如他们可以确定某次合作中存在一定的秩序，保证自己不被别人占便宜。

通常情况下，体育运动和比赛能够很好地展示男孩是如何聚集到一起，通过相互竞争逐渐成长起来的。站在场外旁观的男孩不太可能被男性玩伴邀请参加比赛，而旁观的女孩受到同性伙伴邀请的可能性则要大得多。但男孩会花更多时间密切观察场上的情况，寻找可以加入的机会。这会让他显得更像是被“抛弃”了。如果他拥有健壮的体格或娴熟的技巧，又或者基于跟同一群孩子相处的经验，他知道自己具有某种社会性优势，就会径直加入比赛。但如果他在任何方面都不占优势，就会选择静静地等待。

良性竞争对于男性的发展和自我形象来说至关重要。研究表明，如果一个男孩参与了有组织的体育运动，那么他吸毒、加入帮派、表现出反社会行为的可能性都将低于那些没有参加体育运动的男孩。

> 男孩必须以各种方式相互竞争，而且必须取得令自己满意的表现。如果这种需求得不到满足，如果社会没有给他们提供足够的竞争机会，那么男孩将同社会本身进行斗争，而这不仅会伤害到社会，最终也将伤及男孩自己。

当然，竞争本身也可能遭到滥用。有些父亲过分地沉迷于此，在他们眼中，儿子只不过是一部用来比赛的机器。有些男孩直到长大之后，还对其他类型的人际关系一无所知。玛丽亚姆·米德济安（Myriam Miedzian）对男性暴力进行了深入的研究，正如她在《男孩就是男孩》(*Boys Will Be Boys*)一书中指出的那样，竞争会滋生各种形式的暴力。

但是这些负面作用只会出现在少数男孩身上。绝大多数男孩不会滥用竞争，而只是把它当成生活的一部分。无论是渴望在体育比赛中拔得头筹，想成为班里最聪明的人，想要在国际象棋比赛中获得冠军，还是跟兄弟姐妹们永无休止的对抗，或者希望在绘画或演奏乐器的技巧上胜过所有人，对于每个想要理解男孩、改善男性文化的人来说，首要任务之一就是帮助男孩找到一个竞争的舞台。

竞争、攻击性与愤怒

在竞争和攻击性行为之间存在确定无疑的相关关系，而这二者又都和愤怒情绪有关。古代文化对此有着非常深刻的理解，训练士兵就利用了这一原理。例如，在古罗马文化中，士兵的愤怒被认为是其力量的一部分，怒火燃烧得越旺盛，士兵在战斗中就会越勇猛。遵循同样的道理，当罗马文化引导男孩迈向成年时，长辈、父亲和老师会教育他应当在何时何地、采用何种方式来恰当地表达愤怒。换句话说，男孩不仅习得了男性文化中的竞争和攻击性行为，也学会了“愤怒管理”。

当我们参与到男性文化中时，应当对其中的竞争活动进行适当的监督，并且对男孩发起的攻击性行为加以约束和控制，构建出一些秩序，这一点至关重要。如果我们不能充分利用这些经历，抓住其中每一个机会向男孩传授管理愤怒的技巧，他们就会肆意发泄自己的力量，而这意味着我们面临的个体暴力将变得越来越严重。

在本书的第二部分，将会讲到可以通过给男孩提供一些可丢弃或无生命的物体，让他们学会如何更好地控制自己的怒火。例如，鼓励他们利用沙发、球棍、床这类事物来宣泄愤怒，并告诉他们，对有生命和无生命的物体发泄怒火是截然不同的两种行为。类似训练对于高睾酮水平的男孩来说尤为重要，你可以通过行为表现分辨出这些男孩，他们通常比一般男孩更加争强好胜，也更有攻击性。

如今，这类教育显得越发重要，因为随着社会价值观的变迁，从小就被当成战士来训练的男孩已经越来越少了。在我们祖先生活的时代，人们认为男孩总有一天会成为战士。这个男孩身处的文化会负责把他教养成人，他将自然而然地成长为一个富有牺牲精神的人，会毫不犹豫地为了多数人的利益献出自己的生命。从婴儿期起，他所接受的就是男性文化和女性文化共同的教导，向他传授各种知识技巧，带他认识精神生活的真谛，教他控制和管理自己的情绪，其中当然也包括了愤怒情绪，这是他作为生命的保护者所必须具备的素养。他懂得哪些事情是重要的，哪些生命值得保护以及应当在什么时候做出牺牲。

在当代西方社会中，绝大多数男孩都没有接受过这种教育，也缺乏愤怒管理方面的训练。随着军事体系逐渐失去支配地位，成年人必须意识到竞争行为的教养作用，在向孩子教授愤怒和竞争管理方面的技巧时，不要忘记把这一点也传递给他们。

当男孩想要宣泄情感时，通常不能把有生命和无生命的物体很好地区分开来。因为他不懂得前者具有不可取代的价值，而后者只有单纯的用途。实际上，出于对男性能量的恐惧，很多人教育男孩不要对任何东西发火，哪怕只是无知无觉的物品。但这对男孩来说是行不通的，无论是他们的生理“硬件”，还是文化“软件”，都和这种教导难以兼容。

想要理解竞争在男孩生命中的价值，有一个非常实用的做法，就是去观察日复一日的竞争性活动对他造成了哪些影响，如体育运动、象棋比赛、学习成绩、他和朋友们的口舌大战。在这些活动中，他是收获了自信还是受到了打击？他在言语或身体的对抗中是否逐渐占据了上风？他的技巧是否变得越来越纯熟？如果答案是肯定的，那么不用担心，他正在稳步前进。如果答案是否定的，他就迫切需要成人的帮助：帮他找到合适的组织、环境以及水平相当的朋友，以免他被对方的高超技艺打压得毫无还手之力；帮他发现自己擅长的运动，磨炼技能，提供必要的器材装备，让他有条件跟人一争长短；当然，还要教他认识到，在言语对抗和社会竞争之外，还有其他方式可以获得自信。

力求卓越

对个人卓越感的探求根植于男孩的身体和文化之中，只有通过竞争能力的不断提升，他们才能切实地获得这种感觉。理解这一点非常重要。

> 男孩需要去竞争、去战斗，需要感觉自己经受住了物质世界和人际社会的考验。我们的任务是帮助他们更好地认识和满足这种需求，而不是去压制它。

然而这种理念常常令人感到恐惧，因为它容易让人联想到战争，而战争意味着孩子们会被死亡夺走，地球将变得伤痕累累。但我们不该以狭隘的视角来看待每个男孩心里都居住着的“战士”。的确，这个“战士”可能被训练成一部战争机器，但是，只要有恰当的引导和教育，他也可以掌握其他各种各样的技能，在别的竞争中一展身手，这个“战士”拥有无限的可能性。我们应当和男孩分享竞争性的活动，例如，和他们一起进行体育锻炼，或者同他们来一番唇枪舌剑，以此帮助他们建立起更加积极的自我形象。否则，男孩就会在其他地方宣泄自己的能量，而通常情况下，他们选择的方式都是我们不希望看到的。

转变受害者思维

想要理解男孩社会对竞争和行为表现的热忱，就必须停止用受害者思维来评判社会和各类人际关系。受害者思维的核心观点是：“我生来就是一个受害者，因此其他所有人都应当接受教育，确保他们不会来伤害我。”当人们宣称“女性生来就受到男性强权的欺压，因此必须利用一切机会来消灭男性的特权”时，遵循的就是类似的逻辑。这种“我受到了伤害”的思维模式将会限制我们的能力，让我们在养育男孩时束手束脚。它忘记了我们每一个人，不管男性还是女性，都应当对自己负责，都有义务学会保护自己、照顾自己。尤其是在一个人长大的过程中，并不会有其他人来对他负责。

如果我们对待男孩的态度完全受到“受害者标准”的摆布，就只会把竞争和战斗看成有害的事。如此一来，在教育男孩的问题上就难免一错再错，而男孩也将为此进行报复。如果我们说：“竞争和对抗是不好的，会有人受到伤害。我不想看到我的儿子受伤，而且我们还必须保护女性免受男性的欺压，所以不要再向男孩宣扬竞争和战斗了。”男孩就会奋起反驳：“你不懂。对我来说，爱往往存在于艰苦和磨砺、规则和竞争之中；它意味着冒险，意味着一次次被打倒，再一次次爬起来；它是身体和心灵上的伤痕，是断裂的骨头和破碎的心。我之所以能够成长，是因为有人在不停地驱策我，他们因为在意我才同我竞争。如果你不愿意正视我的这些需求，固守着自己的养育模式不肯改变，那么我的成长之路将会是扭曲的，你也将自食其果。”

参与竞争活动

深夜篮球、青少年体育协会、各种校内运动、空手道以及其他类型的武术……送你的儿子参加这类积极向上的竞争活动，将为他构建健康成长的秩序。与此同时，你和周围的人也应该花更多时间陪伴他一起练习，帮助他在自己的项目上做到最好。飞盘运动可能让你深感无聊，但你仍然需要一次次地扔出那个盘子。男孩会在竞争活动中遇到严酷的考验，如果你把他领进了这些活动的大门，然后就把他抛诸脑后，让他独自面对这些挑战，他的自我形象很可能受到威胁。

调整交流风格，更多地引入带有玩笑性质的竞争，可能会对你身边的男孩有所帮助。对男孩的嘲弄有时会过火，或者被成年人当成打压男孩的手段，对其精神造成打击；不能反唇相讥也会让男孩感到痛苦。但是你大可以无伤大雅地捉弄儿子一番，用略带挑衅的玩笑来刺激他做得更好，而不是干巴巴地反复说教。例如：“你就这样出门吗，同学？你臭死了。你难道是在垃圾堆里长大的？”这种交流方式会让男孩感觉自己很受尊重，你或许觉得这很奇怪，但它确实会让男孩感觉更加强大，更有力量。

相比直接对话，通过收集邮票、搭建模型、演奏圆号或是打篮球等能够磨炼技能的活动与男孩交流，可以让你更加顺利地接近一个问题男孩。

> 男性的生理和文化推崇以“并行”的方式进行人际交往，这也被称为“肩并肩的接触”。无论什么年龄的男性，当他们站在一起，为了一场比赛或一个项目共同奋斗的时候，感觉是最好的。

尤其当一位男性产生情绪困扰的时候，这种做法将会给他极大的帮助。

一位单身母亲告诉我，她决定改变和儿子诺亚之间的相处方式，用她的话来说就是，“建立一种更加肩并肩的关系”。她和 11 岁的诺亚常常为了一些鸡毛蒜皮的小事发生冲突，尤其是诺亚最近变得很沉闷，经常心事重重，而她无论如何也没法让儿子开口谈谈自己的烦心事。在一位咨询师的建议下，她决定邀请诺亚和她一起跑步，这是她每天早上的例行活动。开始时诺亚拒绝了这个要求，但有一天他决定试一试。当两人肩并着肩，一起向前迈步的时候，母亲发现儿子变得乐意讲话了。诺亚开始享受跑步的技巧和挑战，这一幕让母亲感觉到“好像有一扇新的大门为诺亚、为我们打开了”。

理性思维：任务当前，同情心没那么重要

男孩同样是富有同情心的，只是表达方式与女孩极为不同。**在紧急情况下，男孩的第一反应常常是调动全身的能量来应对事件本身，**除非事态已经恶化到了非常严重的程度，迫使他们必须将“同情”提到首要位置上来。你可以在身边的比赛中观察到这一点，例如，看看那些玩街头曲棍球的男孩是怎么做的。开球时，两个男孩的球棍猛地冲撞在了一起。被打中的男孩痛呼出声，这让拿到球的男孩回头张望，在短短的一瞥间，他对同伴的伤势做出了评估，判断自己是否必须放弃射门得分的目标，先去照顾这个受伤的朋友。如果他认为同伴的伤势没有严重到必须中断

比赛的程度，就会继续向前突破防守，寻找射门得分的机会，这才是他目前的首要任务。在任务中，特别是当任务涉及表现评价时，男孩对小小危机的第一反应通常不太可能是同情性的，无论这一危机是发生在街头、家里、学校中还是车库内。

反之，当男孩认为同情性的反应有助于问题解决时，也会在第一时间对他人的身体创伤或情绪压力表达关怀。如果队员的伤势已经影响到了比赛的正常进行，那么毫无疑问，他们会优先进行伤员的护理工作。如果怀有一种更加崇高的社会信念，或是某条在男孩看来至高无上的真理，如保护他人、帮助他人、为了某个理想而奋斗等，也会影响男孩的行为。他们必须做出抉择：要么继续完成某项特定的任务；要么放弃任务，转而去关怀照料他们所负责的对象，也就是说，他们应当保护、帮助的人，或是和他们怀有共同理想、并肩战斗的同伴，这时他们就会放弃任务，选择给予这个人同情。男孩也经常会利用同情来达到某个特定的目的，在他们看来，这是一种没有恶意的操纵他人的手段。如果男孩认为，向握有某项资源的人表达同情能够提高自己获取这项资源的可能性，他们就会先向这个人表示慰问和关心，而把成绩和表现暂时抛在一旁。

如果男孩认为同情行为既不能促进问题解决，也不具备任何社会意义，对自己来说也没有丝毫好处的话，就不太可能向受伤的人伸出援手。相反，他们会略带挑衅地想要激发伤者的斗志："兄弟，站起来，你伤得没那么重。"当然，并非所有男孩都是这个样子。一位母亲曾经对我说："我的儿子比女儿更有同情心。他会热心地帮助每一个人，哪怕那人并不真的需要帮助。"尽管存在这样的例外情况，但如果有人想要更好地理解男孩和男性思维方式，我还是建议他去看一看男孩是如何把同情和任务联系在一起的，比如照看妹妹的任务、照顾爸爸妈妈的任务、打猎的任务等。如果这个男孩受到了良好的教育，那么当他完成猎杀时，会为自己杀死的这头动物感到同情，还会为自然界的骚动和不安感到同情，这是由他的猎杀行为引发的直接后果。男性一直充当着"保护者"的角色，不仅人类如此，其他动物也是如此。其中一个主要原因或许就在于，通过"保护他人"这样的任务，男人可以用一种有规则、有秩序、有目的的方式来表达同情。

当男孩和女孩一起玩时，男孩的同情行为会变得更加复杂。以下两句话是从同一个男孩的口中说出来的。

“站起来，兄弟。你伤得没那么重。”

“你没事吧？来，让我帮你一把。”

第一句话可能是他在比赛中对一个跌倒的男孩说的，而如果伤者是个女孩，他就更可能说出第二个句子。斯坦福大学的埃莉诺·麦科比（Eleanor Maccoby）在这方面做了许多开创性的工作，她注意到，男孩在跨性别的文化背景中所展现出来的同情远远超过了他们在男性文化中的表现。她认为这种倾向是“基于性别的”，也就是说，男孩对于女孩抱有更高水平的同情。但是，这一原则也有着非常有趣的例外。如果保护某人是男孩的任务，那么无论对方是男性还是女性，男孩对这个人表现出的同情程度通常是相同的。或者当男孩发誓要维护某位男性在组织中的领导地位时，也会倾向于对他施以更多关怀。这又一次验证了本节一开始就提到的那项基本特质：**男孩的同情行为取决于他是否把同情看作任务中至关重要的一部分：保护他人、追随领袖、履行自己在组织中的职责。**

想要知道“共情训练”或“敏感度训练”能够在男孩身上产生哪些效果，就必须意识到，只有当同情成为任务中不可缺少的一部分时，男孩才会优先做出同情性的行为；男性的生理和文化特性极大地限制了他们的同情心，这与女性非常不同，对于女性的生理和文化来说，表达同情是一件极为自然的事情。

因此，当一个男孩目睹他人受伤时，应当教他做些什么呢？我们当然可以训练男孩变得更加敏感，但也可以鼓励他用其他方式来表达关怀。尤为特别的是，男孩不习惯马上表示同情，换句话说，他们倾向于在比赛结束或任务完成之后再做出反应：“你在第三节摔的那下可够狠的，现在感觉怎么样？”又或者，他们会给伤者提供一些其他帮助，乍看起来似乎和受伤这件事没什么关系：“喂，兄弟，要我载你一程吗？”

大多数面向男孩的共情训练都有一个共同的缺陷，那就是试图让男孩在意外发生的那一刻立刻做出反应："天哪！我很抱歉，你没事吧？"男孩思维的核心特质之一就是无法说出这样的话。无论是男性的生理还是文化，都不允许其所参与的竞争性任务或整个系统仅仅为了一个磨损的齿轮就停止运转。当我们想要让男孩"像女孩一样有同情心"的时候，相当于在要求他为了处理一个微不足道的故障而打断整个系统的正常运行。毫无疑问，他们会拒绝这种做法，并站到我们的对立面去。更为可取的策略是教导男孩认识同情的本质，并且让他们知道可以采取无数种方法来向他人表示关心，其中也包括了"不那么及时"的同情和与任务相关的同情。

可以这样教育男孩："如果有人受伤了，你至少应该在比赛结束后关心一下他的伤势。如果连这一点都做不到的话，那可就称不上是一个好朋友了。"男孩可以很快掌握这种方法，并乐于付诸实践，因为他在这样做的时候不必勉强改变自己的核心倾向。"如果某人受伤了，而你对此负有一定的责任，那么你要确保在今天结束之前为他做点什么。"这种做法给了男孩处理的时间，让他可以更好地决定应当如何补偿受伤的伙伴。这比简单地责备他不够敏感效果要好得多。

> 与其勉强男孩改变第一反应，不如引导他们把同情看作一项任务，一项甚至带有几分神圣性的任务，且他们有足够的时间和能力来完成这项任务。

这绝不是在否认男孩有责任去救助一个重伤的人，每个男孩都应当具备基本的同情心。但施以紧急援助、评估伤害的严重程度并给予有助于解决问题的及时帮助，这些本来就是男孩的本能。我们应当设法影响他们的文化，不仅适当地培养这种天性，同时也巧妙地向他们传授一些更加复杂的、男孩特有的同情反应。

群体思维：偏爱同伴群体，创造广泛社交圈

在社会学中有一条被反复证实的真理：**男孩更喜欢在大型群体中进行社交活动，而女孩则偏爱三两好友之间的交流。**人们甚至在灵长类动物身上也观察到了类似的倾向，证明该倾向具有一定的生物学基础。随着这种倾向衍生而来的其他社会学现象也已经得到了德博拉·坦嫩（Deborah Tannen）等语言学家以及以维克多·特纳（Victor Turner）为代表的人类学家的广泛研究。

在赞比亚的恩登布（Ndembu）部落中，特纳再次发现了他在其他许多部落中都曾注意到的现象：男性和女性文化会采取非常不同的方法来构建各自的性别团体。例如，当人们引导男孩进入生命的下一个阶段时，整个仪式都是在大型集会中完成的；而女孩的启蒙过程则更加私人化，通常只由某位女性长辈单独负责。特纳把这种差异表述为男性文化的“集体性”和女性文化的“个体性”之间的差别。

德博拉·坦嫩在其著作《你只是不懂》（*You Just Don't Understand*）中指出，北美的男性和女性也具有类似的行为模式。男性的语言和社交风格更像是日益扩张的社会团体的产物；而女性则发展出了更多“一对一”式的人际关系，讲话风格也更适合这种交往模式。

男孩的社会生活带有强烈的集体主义色彩，这是和他们的生理特征相适应的。大型群体意味着男孩能够创造出更大的能量循环，能够在更广泛的人际范围内产生影响。在这个过程中，男孩也可以更加充分地满足他们对于空间以及频繁的体育活动的需求。对于不擅长快速加工复杂情绪信息的男性大脑来说，大型群体无疑是一个更为适宜的环境，允许大脑根据需要“关闭”或者“打开”，而一对一的二元关系则需要大脑的情绪功能一直处于运行状态。此外，大型群体还可以为男孩提供更加丰富多样的竞争机会。男孩得到的关注越多，就会感到越有力量；除非和对方之间存在更深入的关系，例如亲子、师徒或者伴侣，否则他不会满足于一个人的注视和支持，哪怕这个人德高望重、有权有势。他更喜欢成为众人瞩目的焦点。

男孩会被大型群体吸引，并以此为基础来构建自己的文化。没有“同伴群体”的男孩是迷惘而无措的。男孩加入帮派组织的理由可能千差万别，但其中一个重要原因就在于他们对群体的渴求。在这里，他们可以放松身心，可以获得目标；成为群体的一分子不仅让他们感到自己充满力量，还可以使他们免受情绪刺激的不断侵扰。

当我向人们讲授男孩的这些特点时，有时会遇到听众的反驳：“你这是在给男孩设限。你把他们框得太死了，男孩不止如此。”这毫无疑问是正确的，但我们必须承认，男孩确实具有上述倾向。在过去的几十年里，人们一直试图向男孩的生活中注入更多个人主义，但男孩常常对此感觉不舒服。正如一个 16 岁男孩描述的那样：“我只想和伙伴们待在一起。我妈总是想要占用我的时间，还有姐姐、阿姨也是一样。她们想让我坐下来，同她们聊天，而我只想躲得远远的。”

在第 3 章，我们将会清楚地看到，为什么整个社会必须更加紧密地团结起来，以实际行动表达对男性文化团体构建方式的尊重。尤为关键的一点是，如果想要帮助塑造更加健康的男性团体，那么作为成年人，我们就需要对男孩本能性的群体行为进行更好的监督和引导。

有一个名为“环绕式关怀”（Wrap Around Care）的心理服务项目，对男孩思维的集体主义特征有着非常深刻的理解。如果一个男孩或女孩在学校中遇到了麻烦，表现出危险的性行为、抑郁、过于好斗，或者在生活中制造了太多的冲突和压力，父母可以向该项目的心理咨询师寻求帮助。在“环绕式关怀”项目中受训的咨询师很少做那种每周一次、每次一小时的例行家庭访谈。虽然这也是备选方法之一，但他们最主要的工作是帮助父母在邻居和朋友之间建立一个社区同盟，或者说一个扩展家庭。咨询师将帮助父母营造一种群体的氛围，让朋友和家人更多地参与到孩子的生活中来，甚至在父母还没有意识到的时候，这些人就已经准备就绪，等待着随时施以援手。咨询师不仅将这些人联系在一起，甚至还会教他们如何才能更好地帮助这个家庭。

这类项目满足了家庭对于社会帮助的需要，尤为特别的是，它满足了男孩生理和文化中对于群体的偏好。

独立思维：努力寻求自由和责任之间的平衡

一位父亲曾经对我说过这样一番话。

> 我非常努力地想要和自己的父亲有所不同。他几乎从不拥抱我，我这一辈子，能记起的拥抱可能只有两次。母亲曾说："从你出生的那天起，他就认为你可以一个人生活，甚至独自征服整个世界。"虽然不想说逝者的坏话，但父亲从来都不理解我。因此，当我跟自己的儿子相处时，总是乐于拥抱他，无论任何计划和活动都不会将他排斥在外。然而最近，我注意到他发生了一些变化。他 8 岁了，不像以前那么喜欢抱抱了，会更加频繁地躲开。有时我觉得，我正在把自己的意愿强加给他。当我向男性朋友们提起这件事时，有些伙计对我说："可能你太想避免变成你父亲的样子，做得有些过头了；可能你儿子就想一个人待着。"

几乎每个养过儿子的人都会注意到，没过几年，男孩就从一个软乎乎的抱抱熊变成了一截硬邦邦的木头。随着年龄的增长，男孩会逐渐变得疏离而冷淡，这是很多因素共同作用的结果。或许你的儿子直到 18 岁仍然和你很亲密，但他同样很可能在未来某个时间点发生改变。这不仅仅是一位父亲想要同儿子保持亲密关系而用力过度的问题，其中有更加强大的生理和文化需求在发挥作用。

对男性文化的研究展示了男孩是如何通过塑造文化生活来满足其生理需求的。他们不仅需要可供表现自己的大型群体，同时也需要一些空间作为舒适区，在那里可以感到加倍的放松而不会受到威胁。男性之所以会把马上转向性爱视为表达亲密关系的方式，且在性爱前后羞于搂搂抱抱和长时间的亲密对话，其中一个原因就在于性行为的弱点：快速直接、流程固定、一气呵成。对于男性来说，把亲密关系变成一件需要耗费两三个小时的事情未免太危险了。

有许多著作对这种“男性对独立的需求”进行了深入的探讨和分析，如莉莲·鲁宾（Lillian Rubin）撰写的《亲密的陌生人》（*Intimate Strangers*）一书。顺带一提，这可真是一个颇具讽刺意味的名字！独立自主的需求起源于男性的身体，并得到了文化的进一步强化。男性文化会这样教导其成员：“如果不想有人对你颐指气使，动手动脚，你完全可以把他推到一边去。”相比女性文化，男性文化会给予男性更多这样的权利，而他们也更善于利用这一权利。珍妮·科基尔（Jeannie Corkill）是一位婚姻与家庭关系方面的咨询师，她曾经对我说过这样一番话：“有一次，我接待的来访者是一位单身母亲，她不知道怎样才能让男人尊重她的需要。我告诉她去看一看自己的儿子是如何设立界限的。男孩在很小的时候就开始划定界限、争取独立自主的权利了。”

这个建议中蕴含着丰富的智慧。想一想有多少男孩早早开始了反抗，拒绝按照别人的要求做事，“不让任何人骑到自己的脖子上”。想一想当一个男孩受到大孩子的欺负时，他是如何拒绝寻找援手，决定“自己搞定这个问题”的；想一想男孩为什么会在加入团队之后的某一天，突然抛下一句“见鬼去吧，我要走了”，然后转身离开。当然，也有很多非常独立的女孩和不够独立的男孩，科基尔有些过于一概而论了。然而，男孩确实会更快地意识到，成为团队的一员并不意味着必须放弃独立的权利，结成亲密伴侣也是如此。

当然，男性渴望独立的生理和文化倾向也可能在发展中超过正常的限度，或是走上歧路。**不恰当的教育会让男孩相信“独立”意味着“不用承担责任”，这对男孩本人和社会来说都非常危险，**一些文化对此一直小心提防。例如在土耳其东部，当男孩迈入成年时，人们会教育他如何在“自由”和“责任”之间保持平衡。他可以自由地做一个男人，但在获得这份自由的同时，也必须承担起相应的义务。大部分男性祖先也是通过类似的方法学会了独立和相互依存之间的关系。在这个过程中主要有三股力量在发挥作用：男性本身、他所处的社会以及定义了男性角色的文化典籍。

在当代西方社会中，由男性生理控制的男性文化仍然赋予了男孩更多“独立自主”的权利，鼓励他们展开独立的冒险之旅；然而当今的文化不再拥有典籍的指引，男人和女人无法通过传统学会男性在自由中应该承担的责任。男孩不仅失去了引导，通常也缺乏足够的榜样和示范，因此，他们一天天地迈向独立，却不懂得如何在人际交往中做到坦诚而亲密。他们经常会成为不负责任的成年人，无法与伴侣结成稳固的亲密关系。

几十年来，男性文化中的这个问题一直困扰着人们。我们试图向女性文化求援，希望她们能够告诉我们，对男孩来说，独立、依赖以及相互依赖究竟意味着什么，男人们又应当为此做些什么。这种做法产生了一定的效果，然而很多时候，“女性是受害者，男性是加害者”的论调占据了上风，非但没有帮助男孩成长，反而让他们背负了更加沉重的羞愧感和负疚感。如果男孩接受的教育告诉他，他最重要的任务就是保护弱小的女性免受他自己的侵害，那么用不了多久他就会意识到，这种教育早就断定他是一个有内在缺陷的人。然而在内心深处，他知道这种判断是有失公允的。

近年来，社会讨论中再次出现了男性思维方式的身影。促成这种变化的一个原因在于女性重新开始寻求男性的帮助。母亲们已经清楚地看到，男孩在成长过程中需要更多男性文化的参与。很多母亲曾向我诉说养育男孩是一件多么困难的事，特别是对那些不得不独自抚养儿子的单身母亲来说，处境更是艰难得多。这些女性已经意识到，她们无法帮助自己的儿子成长为真正的男人。正如一位母亲说的那样，她们无法“与男孩身体中的男性部分展开对话，这部分的他总是会远远地逃开”。

在一种没有借助大众公认的文化典籍来定义男孩生活和男性责任的文化中，想要帮助男孩驾驭自由和责任是非常困难的。在人类历史的大部分时间里，男性一直依循着故事和书籍的教导而生活。这些典籍为男性文化提供了传统、规则、人生目标、衡量承诺的标准以及精神上的确定性。今天，在大部分男孩成长的社会背景中，它们已经不再被男性文化奉为圭臬。因此，既要引导男孩对于独立的渴望，又要让他们学会相互依存，并迫使他们在必要的时候放弃独立，这种自相矛盾的任务无疑是非常困难的。

在今天的美国社会中，那些能够主动适应男性思维方式、敢于正视男性特质的人正发挥着举足轻重的作用，其重要性甚至超过了他们在土耳其东部的同仁和古代的先辈们。这些人中间不仅有父亲和男性导师，也包括了母亲和女性导师。这些无所畏惧的父母、导师和教育者不仅仅致力于抚养、教育孩子，还担负起了为男孩提供规则、人生目标和精神上的确定性，引导他们去探索力量和名声的真谛的任务。他们非常清楚，人们必须接纳男孩，用规则约束男孩，给他们做出示范，正视他们追求独立的生理和文化倾向，尊重他们在群体中的个人自由；如果缺乏这样的教育，男孩就会把情感淡漠当成独立，把不负责任看成自由，男性的沉默寡言也不再意味着灵魂的独处，而是可悲的孤寂。对于如何教导男孩掌握这其间的平衡，本书的第二部分提供了明确而实用的具体方法。

冒险思维：只有通过牺牲和奉献，才能找到自我

艾伯特·派克（Albert Pike）曾说过："为自己所做的都会随着死亡而消逝，为他人和世界所做的则会永垂不朽。"自我牺牲的精神存在于每个人的天性之中，同时也是男性思维的一项基本特质。在某个需要付出巨大代价的任务中，共同的承诺会把男人们紧紧地团结在一起。当他们执行这项任务时，得到磨炼的可能是个人的能力，获得赞赏的或许是单独的个体，但这并不妨碍他们彼此之间马上形成一种同伴的情谊，每个人都会感觉到自己是有用的，甚至是至关重要的，是人类精神和生命延续过程中的一分子。

1901 年，美国前总统伍德罗·威尔逊（Woodrow Wilson）写下了《当男人直面自己》（*When a Man Comes to Himself*）。这是一部极富洞察力的著作，今天，如果一个人想要知道哪些事情对于男孩来说是最有价值的，仍可以从这本书中汲取到一些智慧。威尔逊总统建议人们把男孩培养成有深刻觉悟的人，用他自己的话来说："他就是自己在同伴中扮演的那个角色。男人们热爱权力和名誉，但是，如果他们只是为了自己的利益而使用权力，其中没有无私的奉献，只是为了牟取个人的功名利禄，只是因为喜欢操纵和摆布别人；那么当离开这个世界时，他们将会觉得自己渺小、不安、一贫如洗，灵魂永难升华。"

威尔逊说出了男性文化中的一项古老传统，它教育男孩，个人的冒险必须在一定程度上和自我牺牲的任务联系起来。男孩可以自由地追求属于自己的权力，但与此同时，必须意识到这种力量绝不是仅仅为了个人的利益服务的，也应当成为集体的能量源泉。只有这样，社会才能欣欣向荣，整个世界才会变得更加美好。

亚拉巴马州的男孩卡里·贝克（Kahlil Baker）因为在"预防伙伴项目"（Partners in Prevention，PIP）中的杰出工作而获得了斯威勒人道主义学生奖（Swearer Student Humanitarian Award），这也让他从一个少年蜕变成了一个男人。在该项目中，年龄较大的黑人学生志愿者会担当年龄较小的黑人青少年的教练和导师。同成千上万个男孩一样，贝克为了集体的利益做出了自我奉献，这种行为使他发现自己获得了足以改变世界的个人力量。

和男孩打交道时，如果能够为他提供同等分量的冒险和使命，将使双方都获益良多。男孩需要把生命当作一场探险，他们会反复试验，想要发现自我的真谛。只有通过这个过程，他们才能把自我的能量"挂上挡"，才能获得人生的动力。与此同时，男孩也必须找到自己的使命，它会成为男孩和同伴之间的纽带，将他们紧紧地维系在一起，让他们更加清楚地认识自己，和自己所属的文化、部落、国家更加紧密地拥抱彼此，看到自己与天地万物之间的联系。

无论我们是否意识到了这一点，男孩几乎每时每刻都在准备着为了自己坚守的原则而做出牺牲。甚至当他们加入黑帮团伙，为了某些在我们看来非常无谓的原则而付出生命的时候，遵循的仍然是这样一种精神。这些原则就是：对同伙忠诚、保护地盘、招兵买马。作为父母、导师、教育者以及政策制定者，应当如何引导男孩这种自我牺牲的原始力量呢？或许每个人都应当仔细地看一看身边的男孩是如何生活的，并思考一下如何向他们的冒险欲望中注入必要的使命感。向他们示范如何将使命视为自身的冒险，就可以把这二者联结起来。我们可以不时地给他布置一系列小任务，比如丢垃圾或者修剪草坪，但要将这些琐碎的工作置于更有意义的背景之中，让男孩认识到自己正在完成一项重要的使命：让家里变得更舒适。把这种使命感、这种背景刻入男孩的大脑，而不要局限于家庭琐事本身，会让男孩更乐于合作。这种任务也可以是找一份课余的兼职，为此，男孩必须减少玩乐的时间。这里的使命是帮助维持家庭生计。那些生来就拥有一切、总是坐享其成的男孩既不懂得什么是个人的奋斗，也不了解使命的意义。

对很多男孩来说，战争和军旅生活以一种非常戏剧化的方式将冒险和使命、个人奋斗和集体利益联系在了一起。它会告诉男孩："你的人生将因为牺牲而获得永恒的意义。"今天，大部分男孩并不是通过这种方式学习和成长起来的。在短短的几十年间，战争这个社会文化中原本举足轻重的要素已经失去了昔日的辉煌，但是男孩对类似精神的追求却始终如一。这就是今天的影视和游戏作品仍然极度热衷于战争题材，体育文化中也经常硝烟弥漫的原因之一。

除了体育比赛，恐怕没有一种社会活动能够像战争、探险和征服一样，将冒险和使命如此紧密地联系在一起。尽管体育比赛在秩序结构上与战争存在相似之处，但只有战士的使命能够赋予男孩神圣感，这是射门或投篮得分的任务永远无法企及的。

我们必须在家庭和社区中找到一系列合适的任务，从修理家用器具这样的琐事，到"预防伙伴项目"之类的社区服务工作。把这些任务交给男孩时，要向他们解释为什么这些工作既是个人的奋斗，同时也是一项使命。我们需要教育男孩:“当你做某某事的时候，就以某某方式获得了力量，或是所谓的‘名声’。找到一项有益于社会的使命，你也将在精神层面获得奖赏。我想你已经长大了，可以明白精神的意义。”

当男孩懂得牺牲不只意味着失去，同时也代表着收获的时候，就自然而然地理解了这种关系。简单地告诉他“你必须按照我说的做，否则我会让你后悔”，或者“你必须这样做，因为我告诉你这样才是正确的”没有用。男孩需要看到，只有通过牺牲和奉献，人们才能真正地找到自我。

榜样思维：渴望男性榜样的指引

如果没有男性榜样，男性文化就会失去方向，人类的整体文明也会陷入危险之中。西方文化已经忘记了父亲和其他男性榜样的重要性，这或许是西方社会有史以来犯下的最为严重的错误。一旦失去这二者的帮助，人性中的很大一部分就面临着消失的风险。

针对这种社会现状，许多作品做出了颇为深入的探讨和分析。在作品的字里行间，在新发表的文章中，在报纸杂志上，我们都能够看到，美国文化正在重新发现男性榜样对于人类生活的必要性。

如果没有思想活跃、经验丰富的年长男性从旁指导，男性文化就会更像是一个帮派，而很难称得上是一种文化。年长的男性可以给男孩文化提供必要的约束，为其指明方向，成人和年轻人之间的代际互动将会产生神奇的效果。

年长的男性会教导男孩如何尊重女性。“什么样的男孩才会打女孩？”他会严厉地指责某个不负责任的男孩，从他口中说出的话比较容易被男孩接受。当男孩看到拳打脚踢对女孩造成的伤害时，也可以通过共情意识到自己的错误，但如果没有年长者的当头棒喝，他就不会懂得，打人并不等同于强大。年长者的声音正是男孩试图在年轻的自我中构建的那个低沉声音的回响。

年长的男性会教导男孩，如何在与女性交往时把握合理的界限。接受过这种教导的男孩不会一边对女性言听计从，一边又对她心生厌憎，直到某天突然弃之而去。“真正的男人懂得倾听他人讲话，其中当然也包括女人，”年长者会这样教育男孩，“他不但听得进去别人的意见，同时也乐于发表自己的观点；他会争取自己的权利，但这不是通过压制女性来实现的。他想要寻求的是双方的共识，而非控制。他既不会被女性控制，也不会试图控制女性。”

年长的男性还会教导男孩如何适应身体、心理以及精神上的变化。他会帮助男孩找到人生的使命，帮助他们积累冒险的技能。他会教导男孩自我牺牲和自我毁灭之间的区别，并告诉他们，只有前者才是对社会有所贡献的。

想要为男孩提供更好的成长环境，女性文化就必须同男性文化冰释前嫌，主动递出和解的橄榄枝。很多男人没能承担起身为成年男性的责任，其中一半固然是由于他们自己的疏忽，另一半却应归咎于女性的阻挠和干涉。如果离异的母亲能够把儿子和女儿交到父亲手中，如果父亲能够主动争取养育子女的权利；如果母亲愿意帮助儿子同其他男性建立联系，如果男人能上前一步，主动同男孩建立这种联系；如果女人能够摆脱受害者的角色，如果男人能够摆脱加害者的角色，那么孩子将从这种改变中受益无穷。因为首先，男人自身的状态会因此得到改善，身体和精神都将变得更有活力，得以重新担负起那项艰难而奇妙的工作：呵护男孩长大成人。

男孩经常会向我们传递一些难以识别的“榜样暗号”。例如，一个男孩某天回家之后，说了这样一句话：“我的生物老师克兰先生是个挺牛的人。”这时他真正想要表达的可能是：“我认为克兰先生是个不错的榜样。但我很害羞，又容易紧张，帮我更好地接近他吧。”我们应当及时分辨出这些暗示，并采取相应的行动。可以给克兰先生打个电话，和他聊聊儿童教育方面的心得，聊聊如何给孩子们树立榜样；也可以和他交流一下彼此的价值观；如果可能的话，邀请他参与到孩子的家庭生活中来。几十年之前，每个家庭仍然同邻居乃至整个社区紧密地联系在一起，无须父母插手，男孩就可以很容易地在自家附近找到一个榜样，可能是某个朋友的父亲，也可能是叔叔、祖父，或者同一个小镇上带他工作、教他技术的师傅。男孩可以同这些人建立亲密的纽带。如今，这些原本天然存在的榜样人物已经越来越少了，因此我们必须更加留心帮助男孩找到他们。

当然，也有一些男性榜样是“坏”的、不健康的、消极的，我们必须始终提防这类角色对男孩造成影响。然而我们也应当意识到，阴暗的榜样并非男性文化的常态，更为关键的是，如果能够帮助男孩找到更多“好”榜样，尽管他们可能并不完美，但这样一来，男孩就不太容易受到那些负面人物的吸引了。不管哪种文化都避免不了阴暗角色的侵扰，他们始终都牢牢地占据着自己的一席之地。

成就思维：运动是男孩实现自我的最佳途径

“加入这个队伍，你就是我们的一分子了。”当男孩听到这样的话时，会产生一种强烈的归属感。并非所有男孩都喜欢或是擅长运动，但他们中的大多数都或多或少地参加了校内校外的某些体育活动。在美国，有超过 2 000 万的孩子在校外机构参与体育运动，包括棒球小联盟、青少年足球等，其中大部分参与者是男孩。据估计，还有更多孩子参加了无正式组织的“街头”运动，包括篮球、网球、足球、橄榄球以及其他自发组织起来的队伍。除此之外，还有很多男孩旁观朋友打球，渴望着自己也成为其中的一员，这些孩子的数目是难以估量的。同样超乎想象的还有著名的迈克尔·乔丹、乔·蒙塔纳（Joe Montana）、肯·小葛瑞菲（Ken Griffey, Jr.）等体育巨星在男孩身上造成的影响。

男孩会把生活变成一项运动，同时也让运动占据生活的很大一部分，其投入和专注程度时常令旁观者感到惊叹。心理治疗师特里·特鲁曼（Terry Trueman）是两个男孩的父亲，他对我说的一番话让我至今记忆犹新："男孩生命中有一个特殊的阶段，在这个时期，他的身体会决定精神，精神也会反过来影响身体，而这一切都是通过体育运动实现的。"特鲁曼认为，运动是一种综合性的体验，不仅是身体上的，同时也是心理和精神上的。

前文曾经提到过，男孩需要不断磨炼在三维空间中操纵物体移动和进攻的能力。父母、教练以及男性榜样有责任为男孩的攻击性找到一种有秩序的宣泄方式，向他们传授进攻的技巧和目标。那些很少得到成人帮助的男孩只能自己寻找宣泄攻击性的机会，比如参与街头的体育运动。

体育比赛中凝聚和寄托了男性思维太多的追求和价值取向：强壮的肉体、坚韧的心志、情绪上的快意、自我形象的提升以及体育运动特有的精神魅力，这让它成了美国娱乐生活中最有代表性的活动之一。这种影响力也造成了一定的负面效应。很多男性在参与和观看体育比赛上花费了太多时间，而且体育运动反而提高了许多男性的攻击性。还有，巨额的社会财富不公平地流入了少数几个体育巨星，也就是"那些只会玩球的家伙"的口袋。

有太多的父母、导师和教育者过分执着于男孩在体育竞赛中的成绩。《胜者为王：兼论其他类型的美式迷思》（*Winning Is Everything and Other American Myths*）一书的作者、心理学家托马斯·塔特科（Thomas Tutko）以生动的笔触描绘了这一令人不安的社会现象："一个优秀的运动员在15岁就已经伤痕累累、身心俱疲了，只因难以满足父母、教练、支持者们的殷殷期待，也无法实现他们自己的个人追求。"

整个体育系统都是以竞争为基础的，因此必须得到妥善的指导和监督。很多父母和教练都未能担负起这份责任，或者忽视了情绪和精神上的训练，或者将成人的计划安排强加给孩子，或者缺乏基本的洞察力和同情心，不能及时发现孩子的困扰。无数男孩饱受比赛挫败感的折磨，自尊下跌到远远低于参加体育运动之前的水平。他们开始逃避体育活动，学会了蔑视权威，变得敌意十足。

尽管体育运动存在某些固有的负面影响，但在男孩的生活中，它仍然是最有力也最有效的社会化力量之一。南希・拉佩尔有两个儿子，大的 16 岁，小的 14 岁。她曾对我说道："男孩需要的只是聚在一起，然后就能自己搞明白很多事情。这就是游泳比赛真正的意义。它的目的不在于培养奥运冠军，而在于给男孩提供一个发现自我的机会。"我曾无数次地听到男孩说，体育运动给他们带来了多么美好的感觉，让他们感到多么自信。在运动中，他们的身体得到了夸赞，竞争能力受到了挑战，自我意识有了发展的机会，他们对一个庞大的集体产生了归属感，在组织中获得了一席之地，明确了目标，在必要的时候，他们会为了队伍的利益而拼上自己的身体，甚至愿意放弃自己的位置。如果队伍中有教练，那么他们还获得了与一个潜在的榜样和导师建立关系的机会。

在体育活动中，男孩可以找到另一个家庭。15 岁的埃里克是独生子，他对我说："橄榄球给了我一群兄弟。我有时喜欢他们，有时又很讨厌他们。我猜这就是真正的兄弟带给你的感受。"11 岁的蒂姆在一支少年足球队中踢球，他是这样说的："有时，踢球会让我感觉良好，甚至比和家人在一起的感觉还要好。"体育运动让男孩们走到了一起，构成了一个团队，甚至是一个大家庭，这种归属感会成为男孩的坚实后盾，让他们更加顺利地成长。

体育运动还为情绪发展提供了空间，为参与者提供了表达同情和关怀的机会。在这里，你可以找到每个人都在找寻的"知己"，可以交到一群谈天说地的伙伴，和这些人在一起的时候，你可以毫无顾忌地用男孩的方式讲话。在男孩成长为男人的过程中，体育运动担负着一部分的引导责任。它为男孩提供了发展的框架，支撑着他们走向成熟。如果导师足够优秀，体育活动还将使男孩懂得，成长既意味着欢乐，也代表着责任。

至此，我们已经对男孩的 7 大思维特质进行了探讨，然而还有更多特质未曾涉及，我对此颇感惭愧。但我希望这些讨论能够抛砖引玉，启迪你的思考。你可以自己动笔，列出你在男孩思维中注意到的其他特质，并把这些特质先放到成年人的世界中做一番实际考量。接下来，你可以同身边的男孩开诚布公地谈一谈他身处的男性文化，将这些知识和智慧传递给他。即使做不到这一步，你至少会对男性思维的优点和缺陷有一个更加清楚的认识，可以更好地扬长避短。在对男性思维进行研究时，我希望你能够始终保持客观和接纳的态度，不要因为它的某些特征令人恐惧就去贬损它、否定它，或是抛弃其中负面的部分。男孩不会欢迎这样的态度，作为报复，他们会对你所有的努力都表示拒绝。

曾经有一个家庭处理问题的方式给我留下了非常深刻的印象。这家的儿子想在高中入学时加入学校的橄榄球队。他是个很有运动天赋的小伙子。父亲对这个决定没什么意见，但母亲表示坚决反对，最终，她的拒绝让这个男孩受益匪浅。虽然开始时她只是出于对伤病的担忧才没有点头答应，但她给儿子列举的反对理由中并非只有恐惧。她劝说道："想一想吧，你也可以打篮球或是踢足球。你也很喜欢这些运动。橄榄球并不能带来额外的好处，你在橄榄球中能得到的，在其他运动中也同样能得到。"而她的儿子则争辩说，在学校里，只有橄榄球运动员才能获得特别的关注。他们在这个问题上反复争论了将近半年。做母亲的始终坚持自己的观点，但也一直在耐心地倾听儿子的主张。然后选拔期开始了，这时，父亲开始站到妻子的一边，而男孩的决心发生了动摇。最终，时间解决了余下的问题。这个男孩确实更喜欢篮球了，而通往橄榄球的大门也正在缓缓地关闭。他最后选择了篮球和足球，并靠着足球奖学金升入了大学。

在做出最终决定之前，这对父母就一个关键的人生问题和儿子进行了充分的沟通和商讨，他们向这个男孩表明，他们尊重他的身体和灵魂，但与此同时，也想帮助他找到更加合适的人生道路。如果我们能够用同样的方式来对待体育运动，那么它将成为男孩灿烂人生中浓墨重彩的一笔。

男孩生命中的两大重要阶段：童年期和青春期

在讨论男孩的生理学和文化时，我们统一使用了“男孩”这个词，似乎暗示着无论什么年龄的男孩，其行为表现都是完全一致的。然而事实并非如此。让我们先暂停讨论，强调一下理解男性思维在人生旅途中的作用时，考虑不同年龄阶段特点的重要性。不同的发展期不会从本质上改变男孩的生理特点，从来到这个世界的那一天起，他的行为就受到了睾酮的影响，头骨中运转着男性化的大脑，基因类型是男性。但是在某些特定的时刻，他的内在特征受到了文化的接纳还是拒绝，将对他的成长产生深远的影响。说得更具体一些，只要能够让父母、导师以及教育者们懂得应该对不同年龄的男孩抱有哪些期待，就足以使他们摆脱愧疚和困惑的折磨了。

在男孩逐渐跨越各个生命阶段的过程中，一个值得关注的关键问题是他如何与父母、导师、教育者建立亲密的依恋关系，又如何同他们分离。虽然他似乎逐渐变得冷淡、疏远、难以相处，但你或许应该注意到这些行为下隐藏的更加深层的事实：心理上的分离是为了更好地实现独立，在内心深处，他仍然眷恋着你。

0 ～ 10 岁，至关重要的童年期

当男孩还是个婴儿的时候，似乎并不像女儿一样亲近你，因为他的眼睛不会总是停留在你的身上，注意力很容易被其他事物吸引。但实际上，他对你的依恋同样强烈，也同样需要亲密的爱抚行为。父母对男婴的爱抚通常不如对女婴多，主要原因就在于男婴与父母的视线接触较少，身体动作则更加活跃。但男孩也需要安全感，哪怕被毯子紧紧地裹起来。他也希望能经常被人抱在怀里，其需求程度可能超出了大多数人的预期。西方文化认为，男孩通常不像女孩那样需要爱抚和搂抱，但事实并非如此。

大脑前额叶是负责大部分社会功能和认知功能的脑区，而男性大脑前额叶成熟

得比女性更慢，也就是说，男孩前额叶的发育水平要低于同龄的女孩。这给了我们更充分的理由来反对社会试图灌输给人们的观点：让小男孩一个人独处。有研究者认为，男性婴儿大脑的这一特点使得他们在情绪上比女孩更脆弱，因此需要更加小心照顾。

婴儿研究已经达成了一项共识：你不可能惯坏一个小宝宝，只有当他长到 18 个月左右时，才能真正开始理解规则的意义。在此之前，任何严格的约束或是故作冷淡的对待都只会给成长中的大脑造成混乱乃至损伤。

在大约 2 岁的时候，男孩火力全开，开始了颇富戏剧性的个体化过程。这是他出生以来，第一次试图与主要照料者分离，寻求独立自主。这时，照料者应当给他更多的情绪空间和身体上的自由，不要以为他是在“生妈妈的气”或者“讨厌爸爸”。这个孩子正在试验独立。如果父母阻挠他的试验，让他对自己试图脱离父母的行为感到内疚，表现得对他的独立缺乏信心，或者以其他形式来发泄自己害怕被孩子抛弃或不能成为合格父母的担忧，都会对孩子核心自我的发展造成冲击。

> 一个人的核心自我包括人格、气质以及其他先天倾向。在 2 ～ 5 岁时，孩子的一部分自我会非常清晰地表现出来。如果父母和照料者试图改变孩子的这些特点，会增加这个孩子患上人格障碍的风险，对其整个人生造成毁灭性的打击。

这里所说的改变并不等同于约束管教，而是指试图扑灭孩子对于独立的渴望，想要转变他内向或外向的人格类型，想要让这个男孩的关注一直停留在自己身上，妨碍他和世界上其他可亲可敬的人建立亲密关系以及看着这个孩子的天赋一天天地显露而试图去扼杀它。

当男孩到了上幼儿园的年龄时，他将再次朝着个体化的方向迈出一大步，变得更加独立，能长时间地离开父母。如果父母既懂得适当地“放手”，同时也不忘向孩子表明，自己会一直在他身边，陪伴他、支持他，如果父母能把耐心和关爱一直维持到青春期之后，那么孩子将从父母的这些行为中获益终生。研究发现，如果男孩在 10 岁之前经历过持续的创伤、父母离异，或者父母的教养方式发生过明显的改变、前后矛盾，那么当他进入生命中的第二个十年时，就更可能反叛父母的价值观，或者表现出反社会倾向。

10 ～ 20 岁，并不可怕的青春期

显而易见，男孩生命中的另一次巨大转折开始于青春期到来之际。对很多主要照料者，通常情况下也就是母亲来说，青春期是一个麻烦不断的阶段，因为男孩开始变得非常疏远，而他们热衷的同伴群体和男性文化又往往显得既难以理解，又危险重重。然而，男孩的疏远是一种正常的独立行为，应当得到适当的鼓励和支持。我在《王子与国王》（*The Prince and the King*）一书中详细探讨了父亲和成年男性文化在男孩成长为男人的过程中发挥的作用。本书的第二部分也将对该过程的一些实际细节展开更深入的探讨。

母亲对儿子“放手”，并不意味着母子之间的爱变得淡薄了。它只是表示母亲开始给予双方心理上的解放，让儿子不再依附于母亲，母亲也不再依附于儿子。放手并不是一件容易的事，特别是对于某些单身母亲来说，这个过程更是显得尤为困难。有些单身母亲身边缺少情绪稳定、心理健全的成年男性，有些对前夫或其他男性怀有不切实际的情感幻想和社会期待，这让她们不能放心地看着自己的儿子进入男性文化的领地。在《养育好男人所需要的勇气》（*The Courage to Raise Good Men*）一书中，奥尔加·西尔弗斯坦（Olga Silverstein）分析了带儿子的单身母亲的艰难处境。西尔弗斯坦解释道，有些单身母亲找不到可靠的方式来给予儿子自由，在她们的生活中，缺乏有爱心、有智慧、有能力的男性提供的帮助，因此不得不将儿子牢牢地捆在身边，试图凭借一己之力来引导他度过青春期。每一个紧抓儿子不肯放手的母亲都在埋下危险的种子，她的儿子可能会在青春期的成长过程中给母亲制造各种麻烦，也可能会暂时顾及母亲的感受，但在以后的成年生活中向其他

女性乃至整个社会展开报复。

在本书的第二部分，我们将一起探索如何缓解男孩的青春期给西方文化造成的巨大痛苦。如果能够成功做到这一点，那么对于男孩本人、父母，乃至整个社会来说，青春期将会成为一段快乐的时光。**被我们称为“青春期”的这个阶段并非注定伴随着猛烈的反抗。**根据我的观察，西方是唯一一种持有这种假设的文化：“他是个青少年，这代表着他将要反对我，憎恨我，这是必定会发生的事情。”然而，从生理发育的角度来看，男性青少年并不像他们时常表现出来的那样，需要不断反抗周围的世界。无论对父母、对他们自己，还是对其他人来说，他们都不必然成为一种潜在的危险。如果一种文化默认反叛是男孩度过生命中第二个十年的必经之路，那么它实际上相当于抛弃了这些踏入青春期的孩子，不给予指导，也不提供必要的秩序和规则。

无论男孩正处于生命中的哪个阶段，他们始终都是男孩。他们会成长为什么样的人，很大程度上取决于我们如何组织各种社会关系、安排并实施了哪些教育计划、在青春期为他们构建起了怎样的亲友系统。在男孩的生命中，青春期是很多人都深感畏惧的一个阶段。

从对男性文化的观察以及与其共事的经历中，我所学到的最为重要的一课就是：采用更适合男孩的方式来养育和教导他们，在很大程度上决定了整个人类文明的未来。

绝大多数的犯罪行为是由年轻男性实施的，91% 的暴力犯罪者是男性。针对这一严峻的事实，西方文化的反应就是对青年男性施加更多限制。就像医疗中的伤害控制一样，该措施的确具有无可争辩的优点。然而这种严防死守的做法忽视了男性犯罪行为所传达的更深层信息。男孩之所以寻衅滋事、不服管教，是因为无论社会还是他们的父母都没有提供足够的榜样、机会和智慧，让他们能够自在地融入社会，感受到自己所享有的权利。

男孩们叫喊道："我们想要得到更多。我们值得父母更多的爱护，需要导师、媒体以及社会更多的关注。如果你们不能满足这些要求，我们就自己来夺取。生理特征赋予了我们攻击的倾向，而我们会让它变成现实。你们要么接受这一点，要么就学着做得更好。"

对于男性思维的研究让我懂得了一点，即存在缺陷的并非这种思维本身，而在于我们对待它的方式。在本书的第二部分，我们将看到一些更好的处理方法。

THE WONDER OF BOYS

第二部分

男孩要什么：
成长中的 4 大独特需求

When our boys
become adults,
we become
their inner situation.
We become inner voices
they often hear
in their work, relationships
and spiritual practice.

当男孩长大成人，
我们就成了他的内心世界，
成为他在工作、人际关系和精神实践中
经常听到的内心的声音。

THE WONDER OF BOYS 03

成长环境：为男孩打造一个“部落”

教养孩童，使他走当行的道，就是到老他也不偏离。

——《旧约·箴言》22:6

20 世纪 50 年代，我出生于夏威夷的檀香山。我是两个男孩中的老二，母亲是人类学家兼家庭主妇，父亲则是社会学家和作家。生活在夏威夷就像同时生活在 15 种不同的家庭系统中：西式的、夏威夷的、萨摩亚人的、日本的、菲律宾的、非裔美国人的、东南亚的，等等。在夏威夷出生只是一段漫长冒险的开始，接下来的日子里，我还将经历各式各样的家庭、部落以及宗族体系，永远无法预料下一个会是什么样子。这要归功于我的父母。童年时代，他们带着我不停地东奔西走，我们在印度以及美国的威斯康星州、怀俄明州、科罗拉多州，还有许多其他地方都生活过一段时间。这段经历丰富了我的阅历，我深刻地体会到，一个男孩的生活会因为文化背景而大不相同，受到的抚养和教育方式也常常天差地别。

例如，20 世纪 60 年代早期，当我生活在印度的时候，是被自己的父母和“扩展家庭”的其他成员一同抚养长大的，有艾娅、马哈茂德，还有许多其他叔叔阿姨，他们待我就像对待自己的亲生孩子一样。在印度，由父母独力抚养小孩、其他所有人都靠边站的这种核心家庭的观念会被认为是在发疯。这段被众人合力抚养的经历永远地改变了我和哥哥的童年生活。也是在那个时候，父母收养了我的妹妹，这件事同样对我们兄弟俩的人生造成了深远的影响。

在印度的大城市海得拉巴（Hyderabad）生活了一段时间之后，我和家人搬去了美国威斯康星州的一座小城拉克罗斯（La Crosse）。从那里我们又回到了檀香山，然后又搬到了怀俄明州的拉勒米（Laramie）。在那段时间里，我既享受了大城市的优势，又体验到了小城镇的长处，可以说是二者共同塑造的产物。在此之后，我们又搬去了科罗拉多州的杜兰戈（Durango），因为我父亲要在新墨西哥州北部的南尤特印第安保留地开展工作。那时，我刚刚成长为一个青少年。我在拉勒米见过的家庭体系都非常独立，其中大部分堪称核心家庭的范本；而保留地的家庭情况则与印度更为相似，包含了更多父母以外的影响。不仅如此，很多土著家庭还对青春期少男少女的特殊需要予以特别关注，提供了有针对性的指导和启蒙。

父亲开始了他在保留地的工作。这时，在我的童年生活中已经形成了两种模式，常常令年少的我困惑不已。其中一种模式是在小城镇和大城市之间频繁迁徙；而另一种模式则不像前一种那么显而易见，那就是在强调扩展家庭和强调核心家庭的两种文化之间来回往复：从夏威夷到明尼苏达，再从明尼苏达到印度；从印度到威斯康星州的拉克罗斯，然后又从拉克罗斯回到夏威夷；从夏威夷到拉勒米，再从拉勒米去往南尤特印第安保留地。

成年之后，我开始把大部分人生都投入到对男孩生活的探索和研究之中。直到此时，我才清楚地认识到这两种模式如何贯穿了我的整个童年。在那之后的很多年里，我体验了以色列集体农场的生活，研究了土耳其的村庄，探索了世界各地的部落。综合这些经历和我的临床工作，我得出了如下结论：**男孩需要三重家庭的共同抚养。一个家庭的力量是不够的。**

三重家庭组成的天然部落

如何去爱一个男孩？对于这个问题，我的回答最后总会回到这样一个基本观点上来：想要将一个健康的男孩培养成健全的男人，单凭一个家庭的单打独斗是远远不够的，需要三重家庭的共同努力。

- 第一重家庭：主要是指孩子的亲生父母或养父母，同时也包括参与照顾孩子的祖父母，即核心家庭。
- 第二重家庭：扩展家庭，包括有血缘关系的亲属和没有血缘关系的朋友、托儿所的保育员、教师、同伴以及导师。
- 第三重家庭：文化与社会，如媒体、政府、其他组织机构以及有影响力的公众人物。

这三重家庭联合起来，就构成了一个男孩的“部落”。

如果三重家庭不能齐心协力，不能共同打造一套相互协调的价值观，也没有将教养孩子看成整个社会的头等大事，孩子们就会觉得缺乏关爱和安全感，男孩们将因此发展出各类亚群体，恰如当下的美国社会呈现出来的那样：其中一个亚群体囊括了各种反社会人群，如暴力犯罪者、帮派成员和性侵害者等；另一个人数众多的亚群体的共同特征是难以维持稳定的伴侣关系；还有一类亚群体缺少必要的情绪技能，无法将子女培养成身心健康的成人。这些亚群体的存在意味着一大批男性都活在浑浑噩噩之中，既没有明确的人生目标，也缺乏坚定的精神追求。

在核心家庭中，父亲、母亲或父母双方通常因为外出工作的原因不得不离开孩子，单凭他们自己的力量很难将男孩培养成对社会、他人和自己都能够承担起必要责任的成人。这样的男孩长大后，往往不能很好地实现 4 个基本的人生目标，即对社会有所贡献、与伴侣互敬互爱、为子女尽职尽责以及持续的精神成长。

这一基本观点构成了本书第二部分的基础。在接下来的章节中，当我们讨论如何管教男孩，如何赋予他们丰富的精神生活，如何教导他们认识性与爱以及诸如此类的问题时，所关心的不仅仅是身为父母应当怎样做，还有三重家庭中的所有人员和组织应该在教养孩子的工作中担负起哪些责任。我们会为三重家庭分别提供一些切实的方法，帮助其更好地履行自己的职责。本书后面的所有章节都会深入探讨三重家庭的优越性，及其在实践中的应用。我相信，读完本书之后，你一定会赞同在三重家庭之间进行分工是一种富有智慧甚至是绝对必要的做法；特别是对青春期的男孩来说，这种分工合作尤为关键。

曾几何时，大部分人的祖先，无论来自世界的哪个角落，都是在某种类型的“三重家庭”文化中成长起来的。美国人的先辈也大都跟自己的祖父母以及叔叔阿姨住得很近，或是生活在一个很小的社区之中。搬去别的城市时，他们通常会选择在某个家庭成员的附近安家，这让他们能够迅速摆脱外来者的孤独感，子女也能得到多个成年人的照顾。

然而，上述情况已经发生了翻天覆地的变化。20 世纪 50 年代，人们开始大肆宣扬“核心家庭”模式。这种主张并不是突然出现的，在此之前，它已经在个人主义取向的文化中酝酿了很长一段时间，而美国辽阔的文化地理环境则为之提供了生长的土壤。如果必须远离儿时的家才能得到更好的工作机会，人们会毫不犹豫地携家挈子，奔赴而去。他们把亲戚朋友抛在身后，把情感上的安全感暂置一旁，割弃了对山水草木的依恋，远别了街坊乡亲，斩断了故里人情。他们不再搬去表亲的社区，而是“必须找到属于自己的一方天地”，“初到那里的时候，身无长物，举目无亲，事事都要靠自己”。当然，在很多人心中，漂泊异乡充满了浪漫气息。放弃家庭牵系变成了迈向成年的必经仪式。人们把三重家庭割裂，让核心家庭从扩展家庭中分离出来。爷爷奶奶很少见到自己的孙辈，邻居们互不相识。人们认定，凭借父母二人的力量，最多再加上一点政府的帮助，就足以养大一个孩子。他们给父母施加了前所未有的压力，又把原本属于第二重家庭和第三重家庭的责任转移给了各类组织机构，例如学校和社会福利计划。

这股孕育了核心家庭模式的理想主义风潮一直持续到了 20 世纪 60 年代，随后美国文化再次发生了分裂，核心家庭进一步变成了更小的单位：单亲家庭。与此同时，第三重家庭，即文化与社会也从三重家庭体系中完全脱离出来，形成了自己单独的文化。今天的父母对此抱怨连连，因为“媒体宣扬的刻板印象”常常与父母的观点背道而驰。电视、广播、书籍、电子游戏、电影……流行文化打造出的这个光怪陆离的虚幻世界，让人们既迷惑又惊恐。这一切在我童年时代的印度照料者艾娅看来会是多么奇怪啊：父母和照料者们明明知道传媒机构会伤害到自己的孩子，还是任由这些机构分走了自己的权力！

对于那些在功能失调的家庭中长大、求助于心理咨询、酗酒或滥用药物、被虐待、被忽视，或是因为父母自顾不暇而得不到足够关爱的人来说，核心家庭的缺陷已经显露无遗。每一位做父母的都会为了孩子竭尽全力，但通常来说，这样做依然是远远不够的。

在核心家庭风行的同时，离婚也变成了一件稀松平常的事，单亲家庭模式随之诞生。育有子女的夫妻离婚率节节攀升，如今已经高达 1/2。在 20 世纪 90 年代，有 1/3 的美国男孩是被单身母亲独力抚养的。

在 20 年左右的时间里，一些研究曾经试图说服人们，父母离异对孩子来说可能起到积极的作用，至少也没有坏处。这些研究结果如今已经被否定了。除了某些极端情况，离婚给孩子带来的风险总是超过收益的。近期发表的绝大多数研究一致表明，在父母离异、由母亲单独抚养和男性犯罪率之间存在关联。正如一名少管所工作人员向我描述的那样：“我甚至不用再去翻阅卷宗了。在我经手的案件中，90% 的男性违法者都来自单亲家庭。”至少 2/3 的暴力犯罪者是出身于离异家庭的男性，其中大部分都是由单身母亲抚养长大的。

列出这些统计数字并不是要对任何一个离婚者或者单身母亲进行谴责。从很多意义上来说，结束不幸婚姻比苦苦维系更需要勇气。然而，我在巡回演讲的过程中遇见过很多单身母亲，经常听到她们这样说：“我希望自己的生活是另外一番样子。我清楚单凭自己的力量，很难满足儿子的需求，特别是当他们逐渐长大之后。”她们这么说时并不觉得丢脸，也不是想要自我辩解。在一个核心家庭占据了主流的社会中，单身母亲毫无疑问处于非常不利的地位。前文已经提到，从统计的数据来看，她们的儿子表现出反社会行为的可能性大大提高。但如果能够获得三重家庭的支持，单身母亲在对抗种种困难时就有了更多的胜算，这就是为什么她们应当竭尽全力，为儿子打造一个三重家庭。

男孩是天生的群体性生物

几百万年以来，男孩一直都是“部落”的产物。在群体的人际互动和各种活动中，他们开始了个体化的人生旅程，学习着如何找到归属、应当成为什么样的人以及哪些事物值得珍视。

在漫长的人类历史中，男孩一直被当成猎人加以培养，他们会结成团队，共同劳动，这种情况直到一万年前才有所改变。这数百万年的部落生活早已深深地印刻在了男性大脑之中。在距今大约一万年的时候，人类进入了农业社会，从那时起，男人们不用再为了谋生而远离家庭、四处奔波，但他们仍然要在部落群体中进行农业生产。他们还会结成团队来保卫自己的家庭和国家，这些团队就是之后所谓的“军队”“劳动力”和“家族”。这段历史也同样塑造着男性的大脑。接下来，随着大约 200 年前工业社会的兴起，个人的才智得到了更多重视；然而整个社会机制仍然是由一个个协同工作的男性团体构建起来的。如今，人类迈入新千年，对团队的基本需求仍然根植于男性的生命之中，没有什么改变：男孩仍然在寻找可以寄身的团体来谋求成长，男人们也依旧在团队中工作。

唯一的显著变化在于，今天的团体已经不再具有强烈的部落性质。直到不久之前，那些由男人组成、伴随男孩们长大的团体，都是由几代人共同组成的。这些团体可以为新一代的男性提供一套久经考验的秩序，帮助他们在精神上和情感上取得长足的发展。而在过去的几百年里，部落团体的运作出现了两个显著的变化，这也是导致部落衰退的罪魁祸首。其中一个变化是领导者渐渐从服务取向转变为自我取向，另一个变化则是跟随者的合作性逐渐降低，个人主义开始占据上风。

社会思想家罗伯特·K. 格林利夫（Robert K. Greenleaf）对仆人型领导和自私型领导进行了区分。他认为仆人型领导会将自己视为团队的公仆，职责是帮助每个人更好地承担自己的角色。这类领导不仅接受他人的尊重，也会寻找适当的机会来回以自己的敬意。他是一面映射精神的明镜。在欧洲历史上，那些接受“君权神授”的虔诚国王就曾经是这样的镜子。当有人从狮心王理查、伊丽莎白一世或庇护教皇那里获得嘉奖时，会感到莫大的荣光。从前的人会教导男孩学习这样的领导方式，并满怀热忱地追随这样的领袖。

自私型领导则把团队视作为自己及自己的小家庭或政治团伙牟取利益的工具。自私型领导会采用恐吓或其他阴谋手段来控制那些同自己性格相异、意见相左的下属。近年来，越来越多的男孩被教养成了这种领导，或是在这种领导的手下做事。如果男孩不喜欢目前的领导，他就会离开这个团队，另谋高就。男孩有了更多自由来选择合乎心意的领导，但他不再同领导或团队建立深厚的感情，无论领导的精神多么令人敬佩，或者他在团队中度过了多么难忘的时光。男孩失去了属于自己的“部落”。

由此可见，在过去的几百年间，随着传统价值观的崩塌，对领导和追随的观念也发生了重大改变。当代人越来越重视功利主义和平等主义，世界走上了民主化进程，这赋予我们前所未有的个人自由，但也使得我们变成了价值观上的赤贫者。只要看一看身边的男性，就会发现这种宏观文化环境上的改变早已悄然潜入家庭。相比女孩，男孩仍然更容易受到大型团体组织的吸引，但困扰却与日俱增。他们不知道自己应当在组织中做些什么，在家庭、社会以及文化中有着怎样的角色；不知道什么时候要勇于领导，什么时候要默默追随；不知道哪些人值得信任；也不知道如何服务他人、回报社会。

对父母、导师以及教育者来说，现代文明一方面鼓励男孩成为个人主义者，一方面又要求他们具有集体主义精神，却缺乏均衡实现这两方面目标所需的部落秩序。以往的情况是，部落塑造男孩的人格，同伴群体则负责对其进行考验和关怀。如今，同伴群体取代了部落的位置。男孩身边的导师和榜样越来越少，很少有人给予这些成长中的男孩长期而稳定的教导，告诉他们如何才能既为团体服务，同时又获得个人的进步和成功。父母在男孩身上花费的时间也远远不够。在男孩十几岁时，并没有父亲和其他男性长辈引导他去认识精神生活。他只能和同龄人抱团摸索，模仿媒体中塑造的团体和英雄形象，把成为体育明星或超级英雄当作自己的愿望。没有长辈的引导，他们很难理解如何从日常生活中吸取经验和智慧，成为一个真正的男人。

不仅如此，在这种环境中成长起来的男人，在想要同女性建立关系时，常常缺乏确定的精神基础来作为自己的立足之处。他们可能会一面对女性言听计从，按她的眼色意愿行事，一面又心怀怨恨；也可能总是若即若离，拒绝对方想要经营亲密关系的努力。人们出版了成百上千的自助书籍，试图将这类问题解释清楚。在这些书的末尾，大多数作者得出了这样的结论：男性之所以在亲密关系中表现得笨手笨脚，根源在于父母的某些错误行为。在一个只懂得管中窥豹、把视线局限在男孩身侧的文化里，这样的见解并不稀奇。但是，当我们真正理解了男孩的生理和思维方式，就会发现，这些男性在少年时代没能从“部落”中获得关于亲密关系的完整认识，这种认识只有通过几代人的共同教导才可能实现。如今的男孩得到的部落经验实在是太少了，缺少恰当的技能来经营亲密关系，但我们却指望他们能够无师自通，一帆风顺地开始婚姻生活。

为了学会如何生活、如何去爱，男孩需要“部落”。如果这一需求得不到满足，男孩就会自己创造“部落”，而这样的“部落”可能非常危险。

男孩很难对成人社会产生归属感，他们会打造属于自己的微型社会。对很多男孩来说，这个社会只是过渡性的，一旦青春期结束，这些年轻人就会按部就班地迈入职场、组建家庭。尽管他们有时也会有意识或无意识地哀叹自己从未拥有一个真正的“部落”—— 一个有长有幼、能一直陪伴自己人生的“部落”，但他们已经学会了尽可能长久地掩饰这种与自我有关的困惑。但也有很多男孩一直没能融入美国迷茫暧昧的成年社会。他们组成帮派团伙，这些帮派与部落相差无几，至少在他们自己看来确实如此。对此，研究黑帮组织的学生也许会立刻做出反驳：“真正的部落可比‘瘸子帮’（Crips）[①] 复杂多了！部落必须包括长老、监督体系和亲密的部落生活。”话是没错，但对于那些男孩来说，帮派就是他的家庭和部落，他将至死追随的兄弟连。

我的专栏读者经常来信提出这样一个问题：为什么男孩会拉帮结派？在我看来，更加恰当的问题是：我们做了什么，使得男孩要去拉帮结派？帮派团伙引诱了不计其数的男孩，吞噬了巨额的社会财富，向我们提出了无比艰难的挑战，然而追根究底，它只不过是美国社会所造成的种种痛苦的反映，其下掩藏着我们的浅薄无知、种族偏见、对暴力的迷恋、对家庭的漠视以及无法为男孩打造一个真正“部落”的无能为力。帮派就是我们自身阴暗面的化身。

如果男孩不能通过“被社会接受的工作”赚到足够的钱、赢得足够的尊重，他们就会加入帮派，依靠反社会活动来获取财富、权力和“名头”。如果男孩的部落不能将其攻击性引导到工作、社会服务以及健康的同伴关系中去，他们就会去寻找其他宣泄口。在城市长大的美国非裔男性中，接近半数会在人生的某个时刻锒铛入狱。大多数黑人男孩将在没有父亲陪伴的情况下长大。在犯下和白人相同的罪行时，非裔美国人受到的判决会比白人严厉得多。他们自己很清楚这一点。这些黑人男孩知道，如果想要保护自己，唯一的出路就是加入一个帮派。在此之前，黑手党曾经在几代意大利裔美国人中扮演了同样的角色。

① 美国最大的黑帮之一。——译者注

几乎每个我经手过的帮派成员都缺少甚至从未拥有过父亲的养育，也很少有其他男性长辈来教导他们。除非部落能够提供男性长辈作为榜样，否则男孩将去寻找属于自己的新部落，把同龄人当成模仿的对象。男孩生来就具有一种冲动，要向成人社会，特别是男性成人社会证明自己“是个男人”，在他们进入青春期后，这种需要变得愈发迫切。他们作为孩子得到的关爱越少，就越是急于证明自己已经长成了男人，而他们需要的关爱通常超过了一个疲于工作的母亲所能给予的。男孩渴望从成年男性的世界和男性亲友体系中得到爱护，希望有人告诉他们：“你那稚嫩的天赋、野心、力量甚至弱点，都是正常的、有价值的。”缺少这种教导的男孩会通过破坏性的行为来彰显自己的男人身份。

男孩不会像女孩那样，对自己的人生目标和天赋权利抱有一种生理上的确定感。一直以来，这个空缺都是由部落弥补的，它会告诉男孩：男性虽然无法生育后代，但在人类繁衍中也同样扮演着重要的角色。多年亲密的部落生活和启蒙经历会向他们证实这一点。没有从部落中学到这一课的男孩常常会加入帮派，在那里编织自己的人生目标和天赋权利。

天赋权利像一个精神和心理的容器，承载着记忆、祖先传说、家族故事、遗传特征和社会地位。通过家庭和民族的一代代传承，我们才最终获得了属于自己的天赋权利。如果男孩不能在成人社会中获得足够的积极的权利感，他的自我印象、自尊水平，特别是回馈社会的意愿都将大大低于同龄人。帮派能够给予这样的男孩使命感、天赋权利以及目标，而男孩会誓死捍卫这种新获得的权利，无论自己如何偏离了正轨。

解决帮派问题的途径是什么呢？一方面的答案是社会经济学上的：更充分的就业，更丰富的机会，更好的教育，更少的种族主义和性别歧视。另一方面的答案则藏在家庭中：更加稳固的第一重家庭，更加紧密的第二重家庭以及更加负责的第三重家庭。或者一言以蔽之：更有力的“部落”。

第一重家庭：父母

当我们开始着手对“家庭”进行重新定义时，所面临的主要挑战是如何将三重家庭重新组织到一起，并确保第一重家庭是稳固有力的。**第一重家庭的核心要素是孩子的主要照料者和行为榜样，传统上，这指的是孩子的父母。**本书的第 4 章和第 5 章将着重介绍男孩对母亲和父亲分别有哪些需要，但这并不代表我们要对传统的美式家庭大唱赞歌，呼吁人们都回归到“爸爸、妈妈、几个孩子、一条狗”的家庭结构中去。对大多数人来说，那样的日子已经一去不复返了，如今，只有不到一半的美国家庭仍是按照这种形式组织起来的。单身母亲、单身父亲、抚养孩子的爷爷奶奶，这些也都属于第一重家庭。

单亲家庭、收养家庭等在抚养孩子时经常会犯下错误，在我看来，这并不意味着他们是“错误的家庭类型”。他们作为家长“丢了球”，而社会也没能及时“补位”。他们对第二重家庭和第三重家庭的需要超过了由父母和孩子们构成的传统家庭，社会需要为他们提供更多帮助。

在试图理解第一重家庭的各种“变体”时，古代文化能够提供许多借鉴，我们可以了解一下以前的人是如何帮助这样的家庭的。当第一重家庭因为失去了一位配偶而摇摇欲坠，如父亲或母亲不幸去世时，扩展家庭和整个社区会为仍在世的那位配偶提供支持。在历史上，非传统的第一重家庭始终存在。

无论在经济上还是情感上，“20 世纪 50 年代的传统核心家庭”对很多人来说都无异于天方夜谭。然而，如今的美国文化中正在逐渐兴起一股贬低单身女性、复兴“传统”家庭的浪潮。对此，我持怀疑态度。打造一套适应新千年的家庭体系不能仅仅回到“奥奇与哈里特”[①] 的世界中寻找答案，而应该回溯到更早的年代，

①《奥奇与哈里特的冒险》（*The Adventures of Ozzie and Harriet*）是一部 20 世纪 50 年代播出的美国情景喜剧，该剧采用了将演员与艺术角色混同起来的做法，由演员奥奇、哈里特及他们的两个儿子分别扮演自身的虚构版。——译者注

学习先辈们那些系统化的智慧，向他们请教一个适合男孩成长的家庭应该是什么样子的，然后再在这些传统秩序中加入一些与时俱进的新内容，从而打造一个不断进步的将来。这个将来不会再把血缘纽带和婚姻誓言当作家庭无可取代的最佳诠释。

第二重家庭：亲属

小库尔特·冯内古特（Kurt Vonnegut, Jr.）是一位具有远见卓识的作家和思想家，他曾经发表过这样一段评论。

> 直到不久之前，大多数人类都拥有一个稳定的亲属团体，有几十户家庭可以拜访走动。当一对已婚夫妇陷入争执时，其中一个人可以走到几墙之隔的邻居家去。在那里，会有近亲一直陪伴着他，直到他的情绪平复下来。当孩子受够了父母的做法，觉得忍无可忍时，也可以去叔叔家待上一段时间。
>
> 如今，这样的情景已经不太可能出现了，每个家庭都将自己闭锁在家门之内。邻居不再是亲戚关系。人们无处可去，无法到别的家庭去寻求帮助或是照顾。当我们沉思，美国究竟发生了什么、那些传统价值观都到哪里去了以及诸如此类的问题时，答案其实非常简单：我们正日渐孤独。我们不再拥有足够多的亲戚和朋友。要是能够生活在一个真正的社区里，这一切原本是唾手可得的。

大概半个世纪之前，我们重新定义了家庭；而在新千年即将到来之际，我们又准备对“家庭”的概念再次进行修改。从男孩身上，人们逐渐认识到，如果任由孩子们像今天一样孤独下去，后果将会非常可怕。大多数人不可能再回到过去，过上亲友环绕的生活。我们已经分散在天南海北，相隔遥远，但是这并不意味着我们无法拥有扩展家庭、紧密的社区以及“部落”。

可以让其他人照顾我的孩子吗

那天，我正坐在健身房男更衣室附带的桑拿室里。46 岁的丹过来告诉我说，他准备换个工作。他想找一份兼职工作，这样就能有更多时间陪伴孩子们了。丹原本在一家非营利性机构做咨询顾问，家中有两个男孩和一个女孩。他说，自己已经被负疚感折磨了很多年，因为他的工作所得不足以让妻子留在家中照料孩子。这意味着他那身为注册护士的妻子不得不去上班，而如此一来，孩子们每周都要在托儿所和亲戚那里度过大概 20 个小时。他接着说道，自幼接受的家庭教育让他明白，他是个糟糕的父亲，因为他把子女丢给了托儿所。我永远不会忘记他的自白：“上天赐给我子女，不是为了让其他人来抚养他们的。”

丹的态度非常坚决，因此我没有同他争论。这并不是我第一次听到类似的观点，然而他的发言还是让我深受震动。正是这样的观念使得养育孩子在美国变得令人头疼。它引发的情绪通常是负疚感，一种令人寝食难安的失职父母的严重负疚感。然而在其他文化，事实上是绝大多数的其他文化中，人们并不会像丹一样持如此激烈的观点，所感受到的负疚感也要轻很多。

在以色列，我曾有机会对集体农场中的生活做一番观察。每个集体农场都不尽相同，但在抚养孩子方面，他们却抱有一种普遍相似的态度。当一对夫妇有了孩子之后，如果条件允许，做母亲的将会休假几个月，形影不离地照顾新生的婴儿。如果母亲不得不继续工作，那么她的工作时间将得到一定缩减。在她工作时，婴儿会被托付给“托儿所妈妈”，也就是在集体农场中开办幼儿园的人照看，母亲可以在需要的时间去那里喂奶。不管婴儿一天中的大部分时间是和亲生母亲一起度过，还是和托儿所妈妈一起度过，都能得到很多的搂抱。大家都清楚，在婴儿出生后的头几个月中，需要同一两个主要照料者保持亲密的身体接触，越频繁越好。

从一开始，抚养婴儿就不只是父母两人的职责。托儿所妈妈以及其他孩子的父母也会参与到这项工作中来。在集体农场这种文化中，照料婴幼儿的关键在于婴儿是否与一位，或至多两位主要照料者建立了紧密而稳定的联系，而不是“孩子应当每时每刻都和爸爸妈妈待在一起”。大多数母亲都希望尽可能多地陪在孩子身边，但即使这一点无法实现，她也不会像经历过“愧疚教育”的美国父母那样，产生过分的负疚感。只有当父母无法为非常年幼，例如 3 个月大的子女找到一位稳定的托儿所妈妈，导致孩子无法得到足够的搂抱、爱抚以及亲切耐心的言语交流时，他们才会感到内疚。

有很多方面的原因使得集体农场中父母的负疚感通常低于美国父母，这些原因既有文化上的，也有社会性的。其中最主要的一个原因在于双方不同的家庭观。集体农场中的父母认为，托儿所妈妈和孩子之间的关系同样发挥着重要的作用。在人与人紧密相连、相互依赖的集体农场社会中，这样的观点可谓深入人心。事实上，在整个中东地区乃至世界上的绝大多数地区，依靠相互合作的扩展家庭来养育孩子都具有非常悠久的历史。

在集体农场，工作和家庭时间的安排使得父母能够在没有干扰的情况下，和孩子度过一对一的亲子时光。而在美国，家庭生活常常会受到工作的侵扰，父母回家之后仍在通过电话继续工作。集体农场的生活通常是这样的：在上班时间，父母会专心致志地工作，孩子们则待在托儿所、学校或育儿区；到了下午三四点，父母的工作宣告结束，孩子被送回到父母身边，他们会一起享受几个小时不受打扰的亲子时光。之后，孩子会回到育儿区、“宿舍”或儿童之家，和同伴一起睡觉。很多集体农场都采取了类似的做法，但具体的实施情况还会根据孩子的年龄进行调整。

集体农场体系并不适用于所有人，效果也不可能总是尽如人意，但我们可以从中学到很多有用的经验。在集体农场中，孩子会接受很多人的教导，这些声音在向他反复传递着价值观、智慧和自我价值。当孩子感到受伤、困惑或无所适从时，他可以信任的人不限于一两个照料者。父母也在养育孩子这项工作中拥有了可靠的后援系统、保姆和可敬的搭档。孩子是被整个社区协力养大的，因此他们在这个社区中成长会感到非常自在。无须多余的教导，他们就能获得对于社区的归属感。当孩子一天天迈向独立，不可避免地离开父母和其他照料者时，他们已经和社区中的其他成员建立了稳固的联系，可以向这些人寻求建议、帮助以及安慰。

集体农场的育儿体系可以被移植到美国社会中来吗？全盘照搬大概是行不通的。无论是地理环境、文化经历，还是家庭生态结构，美国都与以色列大相径庭。那么，集体农场体系中的部落特征可以被化用到美国人的生活中吗？答案毫无疑问是肯定的。几十年来，许多美国公社模仿集体农场体系进行了实验，取得了一些切实的成果。但这些成果通常只局限于相对孤立，甚至是与主流社会完全脱节的公社组织内部。大多数人并不想要这样极端的生活方式，但在无意之中，我们也已经成功模仿了集体农场体系和以往部落的某些最佳实践。托儿所就是其中一个例子。

选择优秀的托儿所

那时，我和妻子盖尔正在为我们的第一个孩子加布丽埃勒四处寻找合适的托儿所和学前教育机构。我们翻阅了能够找到的所有资料，咨询了认识的每一个人，最后终于敲定了一家得到几位朋友一致推荐的托儿所。我们给加布丽埃勒报了名，选择了日托服务，当盖尔休完产假、回去工作的时候，加布丽埃勒就可以正式入学了。我和盖尔都是治疗师，都需要工作，但我们两人已经准备好削减各自的日程安排，尽量多陪陪加布丽埃勒。即便如此，我们仍然需要每天至少 5 小时的托儿所服务。

在寻找托儿所的日子里，焦虑和不安充斥着我们的内心：“如果宝宝没有得到足够的搂抱怎么办？”“她会不会遇见什么不好的事情？”“万一她以后因此怨恨我们怎么办？”我们开始拿这件事打趣，说最好早做打算，现在就为加布丽埃勒存下两份基金，一份供她上大学，另一份用来做心理治疗。然而这个玩笑并没有真正缓解我们的不安。

加布丽埃勒终于开始了她在托儿所的生活，哪怕到了这个时候，我和妻子的焦虑仍然没有丝毫减轻。每天早上，盖尔会把她送去托儿所。当盖尔转身离开、走出托儿所大门的时候，加布丽埃勒总是哭喊着要妈妈别走。接下来，盖尔就会一边开始工作，一边哭着给我打电话。如果当时有其他办法，可以让加布丽埃勒不必上托儿所，我们肯定不会选择现在这种做法的。

然后几个月过去了，加布丽埃勒开始喜欢上了托儿所的生活。一个名叫凯西的“托儿所妈妈”经常去抱她，对她格外关心。后来，当凯西由于健康原因不得不辞去工作时，另外两位保育员玛丽亚和彭妮又对她表现出了特别的偏爱。这份偏爱一直持续了很多年，直到现在，她们仍然会帮我们照看孙子。

大约一年之后，托儿所发生了大规模的人员变动，加布丽埃勒依恋的女士们因为各种原因纷纷离职，这让她失去了稳定的关爱和照顾。我和妻子则很快又要迎来第二个孩子。新一轮的搜寻开始了，这次，我们找到了一家刚刚取得办学证书的新机构。在那里，我们结识了玛丽安娜和凯莉，她们与孩子相处时表现出的天赋和技巧让我们把孩子放心地托付出去。孩子们每天要在那儿度过几个小时，这种生活一直持续了很多年。在那里，孩子们找到了一个新的社区。这个社区给了他们家一般的关心和照顾，但又和家很不相同：它展示了一个新的世界，一片新的天地。我们同玛丽安娜和凯莉逐渐熟悉起来，于是孩子们看到了我们是如何进行人际互动的，也看到我们同这些照料者之间逐渐结成了一种家庭式的纽带。这增强了孩子们的安全感。

父母和托儿所之间的故事各不相同。有的父母非常信赖它，有的却对它恨之入骨。相关的研究结果也存在很大的分歧。我对托儿所的评价一半基于调查研究，另一半则来源于我本人偶尔消极但大体积极的亲身经验。如果说有一条脉络可以把我多年的观察结果贯穿起来，那就是：

> 如果父母和托儿所能够通力合作，结成紧密的联系，就能成功地营造

出一种社区氛围，这种氛围会让孩子们感觉上托儿所和幼儿园就像回到了另外一个家，得到了双份的关心和爱护。

这不仅对婴儿和很小的幼童非常重要，对学龄前儿童来说也同样如此。

许多年前，血缘亲属会帮助一对夫妇照看孩子，通常是祖母、姑姑和阿姨。即使这样，这对夫妇也会感到焦虑，这属于为人父母的正常担忧。他们不像今天的父母那样，只能把子女托付给陌生人照顾，也就体会不到今天的父母因此而产生的那种提心吊胆、牵肠挂肚的恐惧。因此，选择托儿所是至关重要的一步。优秀的托儿所鼓励父母和教师迅速摆脱陌生人的身份；允许父母们每隔一天拜访一小时，或在他们希望的任何时间来参观托儿所的活动；会向父母们介绍课程安排，答复关于孩子一天中行为表现的问题。为孩子寻找这种托儿所是打造第二重家庭的有效方法。

想要有更多、更好的日托资源可供选择，就必须从整体上提高幼教从业者的地位。如今有很多人，特别是政策制定者，将家庭之外的儿童保育服务视为“必要的恶”。这种态度必须改变。我们必须将托儿所视为第二重家庭，必须心甘情愿地向幼教工作者支付更高的报酬、同他们建立更加紧密的关系、更加积极地参与到托儿所的生活中去；反过来，幼教工作者也必须更加积极地接纳外界的参与。

企业也应当贡献一分力量。这不仅会对家庭和孩子有所帮助，从长远来看，也将为公司节省成本。诸如 IBM、美国电话电报公司（AT&T）、时代华纳（Time Warner）等一些富有远见的公司，共同成立了美国高质量护理商业联盟，为没有独立生活能力的员工家属提供优质的照管服务。Fel-Pro 是一家位于伊利诺伊州的汽车和工业制造商，同时也是儿童保育行动（Child Care Action Campaign）的委员会成员。其管理人员埃利奥特·莱曼（Elliot Lehman）报告称：“在凤凰城，商业联盟为育儿中心提供资金支持，帮助招募和培训保育员；在洛杉矶，他们为幼教机构配备了校车；在康涅狄格州的斯坦福，他们出资成立了一家育儿中心。”

> 关心员工能够让企业组织更具竞争力和创造性。社会文化发生了变革，企业也必须应时而变，才不会落后于时代。儿童保育是每家企业都应当有所了解的领域。

在美国，托儿所、幼儿园和学前班中的孩子已经超过了500万。在需要照顾5岁以下孩子的职场妈妈中，33%的人选择了由私人在自己家中提供的家庭式日托服务，28%的人把孩子送到了托儿所和幼儿园，28%的人调整了自己的日程安排，因此没有使用任何家庭以外的育儿服务，还有10%的人选择了雇用保姆或是求助于亲戚。对于大多数职场父母来说，完全依靠自己的力量来养育子女几乎是不可能的，至少也需要一些短时的托儿服务。因此，我们何不把父母和幼教机构的力量融合在一起，让他们一同为孩子的成长而努力呢?

来自科罗拉多大学丹佛分校、加州大学洛杉矶分校、北卡罗来纳大学以及耶鲁大学的研究者花费了两年半的时间，合作完成了一项名为"育儿中心的成本、质量以及儿童发展结果之间的关系"的研究。该研究发现，大多数托儿所的质量都没有达到应有的标准。在此之前，总部位于纽约的家庭与工作研究所（Families and Work Institute）的一项相关研究也得出了类似的结论。这些研究发现，父母往往会高估幼教机构的质量。他们会说"我儿子得到了不错的照顾"，但同时一个经验老到的观察者却会发现那家托儿所其实问题很大。

在父母的帮助下，育儿机构的环境可以变得与集体农场更为相似。选择规模较小的托儿所通常有利于亲密关系的建立，因为一般来说，大型育儿机构的人员变动会更加频繁。当你为自己的子女寻找托儿所时，需要特别关注以下几点：工作人员和孩子的比例，教师的工资收入，工作人员的教育水平，员工流动性，机构管理水平。美国幼儿教育协会给出了员工配比的建议，每位教师可负责的孩子数目为3～4个婴儿、4～5个2岁幼儿，或8～10个4岁幼儿。

除此之外，男孩还特别需要以下条件。

- 种类多样的可以移动的物体，如积木、玩具卡车等；
- 足够大的空间；
- 对观看电视的内容和时间进行仔细的监督；
- 允许男孩进行适当的冒险，而不是先入为主地指责他们“攻击性太强”；
- 员工在如何教养男孩方面接受过针对性的训练。

贝里·布雷泽尔顿（T. Berry Brazelton）创作了一些市面上最优秀的育儿书籍。对于学前机构，他做出了这样的评价：“研究表明，学前项目帮助儿童在学习和处理同伴关系方面都做好了准备。”他认为这类研究能够揭示很多事实，每个家长都应当根据自己的家庭情况做出慎重的选择。

总结来说，我认为选择托儿所时最重要的一条标准是扪心自问：我是把孩子送去了第二重家庭，还是一个“儿童暂存处”？如果答案是前者，那么他们就能感受到足够的爱。

建立自己的扩展家庭

想要为子女构建一个扩展家庭，或者说“部落”，最显而易见的方法莫过于请血缘亲属来帮忙照顾和指导他们。如果你有很多亲戚可以依靠，那么孩子们就拥有了一个天然的“部落”。对于男孩来说，这一点尤其重要。研究显示，如果男孩能够在亲友的关怀和呵护中长大，以后出现反社会行为的可能性就会更低。这一结果可以说只是验证了一项常识。如果孩子在成长过程中拥有几代家人的共同陪伴，那么他们的情感和心理需要就能获得更加充分的满足，也会更加健康地长大。

然而，在“家族”中长大的人如今已经寥寥无几了，我们的大多数亲戚都住得很远。但这是否意味着这种不利的局面是无法扭转的呢？并不尽然。

千百年来，人们一直依赖非血缘家庭之间的互相帮助来养育后代，这种方法同样可以营造浓厚的部落氛围。例如，夏威夷人的家庭系统中包含了一类被称为“ho-okama”的成员。ho-okama包括“干爹”“干妈”以及没有血缘关系的叔叔和阿姨，这些叔叔阿姨是出于爱和友谊才加入这个家庭的。墨西哥裔美国人会在子女出生后为其挑选“padrinos”和“madrtnos”，也就是我们所说的“教父”和“教母”。老一辈的墨西哥裔美国人常说，孩子是从教父和教母那里获得了自己的个性。做父母的可能会这样说：“小何塞遗传了我的长相，但他的性格更随你，padrinos。”虽然这位padrinos和他的家族之间并没有任何血缘关系。在古代纳瓦霍人的传统中，人们会称呼家庭之外的某人“哥哥”或“姐姐”，像对待自己的亲人一样待他，并常常把育儿的任务托付给他。

在绝大多数文化中，人们的部落生活里都包含了某种类型的非血缘亲友系统。这些亲友组成了男孩的第二重家庭，他们会在男孩和自己的第一重家庭发生矛盾时接纳他，为他提供回应、新观点和多样的视角。

通过努力，美国人也可以把这种扩展家庭变成自己家庭体系的一部分。其中最重要的一个诀窍在于如何用包容开放的态度来对待无血缘的“亲戚”。美国人被教育得习惯于独力完成所有的事情，但是，一旦有了孩子，人们就必须意识到，个人主义不只效率低下，有时甚至是自掘坟墓。“儿子有我就够了”仅仅是一种迷思。甚至在怀孕之前，人们就应该开始询问亲朋好友，是否愿意在孩子未来的人生中占据一席之地。在孕期，应及时向朋友们告知胎儿的情况，还要邀请他们共同见证宝宝的诞生，或者一起在产房外等待，这会让他们更快地和宝宝建立情感联系。还应当邀请一两位友人担任孩子的干爹和干妈。最重要的一点是，要“心安理得”地依赖这些朋友。这种做法不仅是在接受对方的馈赠，也回赠了同样宝贵的礼物：教养孩子的神圣责任。

当我还是个孩子的时候，我的父母就是这样做的。他们要我喊他们的好朋友“叔叔”“阿姨”，在印度，人们就是如此称呼年纪较大的照料者和朋友的。我记得自己有时很抵触这种做法，他们是我父母的朋友，不是我的，我根本不太认识他们，而且我父母对这个问题也有些过分坚持了。但不管怎样，他们确实给我带来了很多的叔叔阿姨。我给了这些朋友一个家族式的称谓，这种称呼上的改变使得他们更好地融入了我们的家庭。

在把其他人带入自己的家庭体系中时，我们常常会发现，这种做法为单身者、离婚者以及老年人提供了一个照顾小孩的机会。很多老人和自己的孙辈住得很远，乐于成为其他孩子的爷爷奶奶。许多单身者打定主意不生小孩，但也愿意帮忙抚养“别人的孩子”。还有很多离异者被迫和自己的子女分开，想要在其他孩子身上重温做父母的感觉。

不能把第二重家庭强加于男孩，它的形成必须是自然而然的。强迫一个 10 岁男孩接受某人将会十分困难。到了这个年龄，男孩常常想要自己寻找导师。因此，最好尽早开始为男孩构建“ho-okama 系统”。

孩子的亲友有时是我们为其寻找的，但有时孩子也会做出自己的选择。一个没有血缘关系的第二重家庭成员常常会通过他与另一个男孩的友谊而走进孩子的生活。当孩子结交了新朋友，并和对方的父母有了一定的互动和联系时，我们应当找时间同这些父母谈谈当下的情况，了解一下他们的价值观和教育方法。我们还要询问自己的孩子他们喜欢这些父母的哪些地方，但不要问得过于频繁，并要帮助他们更好地向这些人学习。有时，这样说也是有用的：“是的，詹姆森先生会做某某事。他在这一点上比我厉害。我很高兴你认识了他。”

非血缘关系的亲友可以分为两类：有孩子的和没有孩子的。当我们对他们的价值观、道德观以及教养方式有了一定了解之后，还要避免成为求全责备的完美主义者。无论是血缘亲属还是非血缘亲友都不可能做到无可挑剔。一个男孩最要好的朋友可能有一个沉迷电子游戏的父亲。我们或许对电子游戏充满反感，特别是那些极度血腥暴力的游戏。在完美主义作祟下，我们可能会采取行动，促使男孩结束同这位父亲的来往。但这样做之前，最好先仔细观察一下男孩从这段关系中收获了什么，也许值得为此稍稍改变自己的判断标准。

只有信任他人，把他们接纳到自己的家庭中，非血缘的亲友系统才能够顺利运转。第二重家庭并不需要十几二十个人，少数几个人就已经足够了，只要我们乐于看到自己的孩子和这些人建立联系，并允许他随着年龄的增长，自由地对这些关系加以调整。

第三重家庭：社区

在学校里，在媒体中，在街头巷尾，男孩们找到了自己的第三重家庭。对我们来说，这一重家庭是最难控制的。它秉持的价值观常常和第一重家庭，也就是我们自身的价值观截然相反。公众人物不断鼓动男孩反抗我们；媒体上的动作明星带给男孩的行为示范与我们试图教给儿子的非暴力原则背道而驰；无论学校内外都有一些人员庞杂的同伴群体，把男孩拉到各种危险的活动中去，在极端情况下，甚至会导致他们死于非命。

本书接下来的许多章节将会从不同的角度，继续对第三重家庭进行探讨。我会就减少媒体的信息灌输、使用多种方法教导价值观和道德观、给予精神指导和启蒙教育提出自己的建议。如果可以做到这些，男孩就能够从第三重家庭中获得能量，就像他们在健康的第一重家庭和第二重家庭中得到过的一样。现在让我们把眼光先集中在第三重家庭的两个关键因素上，那就是教育体系和公共项目。

男孩与教育体系

我曾经和某学区的管理者们共聚一堂，该学区覆盖了美国一座中型城市的大部分地区。在这次聚会中，我们对他们的人类成长和发展项目（Human Growth and Development program）进行了讨论。这个项目提供了一系列课程，内容包括健康、家庭教育和性教育。参与讨论的每个人都怀着良好的愿望，试图对这类课程的潜力进行评估，看看能否通过合适的教学计划来向男孩传授个人责任感、目标设置、理性决策以及情感发展等方面的知识和能力。当我们谈到人类成长和发展项目是否取得了成功时，官方的回答是明确而肯定的。他们列举了该项目取得的种种成就、加入其中的各种不同的教育模块。考虑到这类项目通常会面对一些人的刁难，这样的成就更显得难能可贵。

我问道：“哪些人会参加人类成长和发展项目的课程呢？”得到的回答是：“这个嘛，主要是女孩。”实际上，在过去的两年里，只有一个男孩选修了其中一门课程，而听课的女孩则有几百个。我并不是想要否认该项目已经获得的成功，但我不禁问道：“这能称得上是‘成功’吗？根本没有男孩来呀！”

这次讨论折射出了学校系统中的一种常态。男孩很少参加那些教授责任和义务的选修课，因为这类课程的教师大部分都是女性，关心的问题也更像是女性文化的衍生物。当然了，其中很多论题对男性文化来说也同样重要，但男孩并不这么看。学校虽然清楚这种情况，但只是听之任之，指望着男孩能从其他什么地方获得关于人类成长和发展的智慧。

男性教育中的这类缺失通常没有得到公众的广泛注意。我曾经参加过一档讨论青少年问题的电视论坛节目。该节目的主持人是女性，大多数嘉宾是女性，连很多男性专家顾问关心的也都是女性青少年的问题。在 12 个专家顾问中，只有我一个人被节目组要求专注于“男孩”问题。当轮到我发言时，我收到的第一个问题是：“现在社会上有这么多的单身母亲，你有什么建议可以提供给她们吗？”

提到这件往事的目的并不是想说这个节目一无是处。实际上，它在很多方面都发挥了作用，我很自豪能够参与其中。然而，当节目结束后，一位男士找到我，说了这样一番话：“你们谈论的都是些软绵绵的玩意儿。谁会真的听这些呢？反正我的儿子肯定不会听。”对于这样的评论，我并不感到惊讶。这个男人是个黑人，大概 40 岁上下，有两个儿子。他清楚儿子需要的是用男性语言传授的教育，要严格而坦诚，还要有公众的支持作为后盾。那天晚上的论坛节目无法真正打动男人。

私人的、公共的以及媒体上的教育项目正在完成大量工作，急需更多的支持。它们是男孩第三重家庭的重要组成部分。每一个人都有义务对学校和公共项目进行监督，确保男性得到公平的教育机会。现有的监督通常是缺失的，我认为其中一个原因在于人们被性别政治引上了歧途。下文将对这一点进行仔细的剖析。

男孩在教育体系中到底经历了什么

经常有人说：女孩在教育体系中的处境要比男孩艰难得多。萨德克（Sadker）夫妇合著的《失败的公平》（*Failing at Fairness*）一书指出，教师对男孩付出了更多关注，这一观察结果得到了很多富有影响力的书籍的佐证。女孩常常会躲在幕后，让男孩尽情施展拳脚，教师则在无意中助长了这类行为，最终结果就是女孩的自我形象受到了损伤。

虽然萨德克夫妇的研究结果真实可信，但很多人试图用它来证明一个更加概括性的结论，即女孩的教育经历总是比男孩更加糟糕。这种做法不仅危险，而且绝非事实。男孩和女孩都面临着各自的困难。把女孩描绘成受害者、男孩描绘成加害者的行为只会造成社会政策的倒退，最终伤及孩子们。

美国教育部对男孩和女孩进行了广泛的调查，同时邀请其他研究者展开自己的独立研究。这些调查一致发现，男孩的学业热情要低于女孩，而不是相反。例如，在八年级学生中，想要从事专业性工作的女孩数量是男孩的两倍。研究还发现，“女孩的自尊水平普遍低于男孩”这一说法没有得到验证。很多时候，情况恰恰相反。研究者发现那些习惯“退让”、任由男孩侃侃而谈的女孩，经常比寻求关注的男孩具有更高的自尊水平。

相比女孩，男孩反而更可能从高中辍学。高中男孩实施自杀的概率是女孩的 4 倍。在入学后的头几年里，男孩在阅读、写作以及其他言语技能上遇到了比女孩更多的困难。男性大脑掌握言语技能的速度天生就慢于女性，而学校采用的教学方法又常常与男性大脑的工作方式不匹配，进一步限制了男孩的学业成绩。纽约大学的研究员黛安娜·拉维奇（Diane Ravitch）指出，八年级的男孩中，“有 50% 的人在学业成就上比女孩落后一个年级；进入高中后，2/3 需要接受特殊教育的学生是男孩”。在高中阶段，男孩比女孩更可能遭到身体上的暴力虐待，且这一结论是把强奸、约会强奸及性虐待案件都统计在内后得出的。男孩死于校内或学校周边的凶杀案的可能性是女孩的 3 倍。

许多社会思想家坚持认为，女孩的遭遇比男孩糟糕得多。这些人被自己的立场困在了过去的某个时间点，例如 20 世纪 70 年代，那时受过教育的美国男性数量的确多于女性。然而，正如拉维奇所说，“那些声称学校中存在性别偏见的人有意忽略了过去一代人中的显著变化”。如今，大学本科和研究生院中的女生数量都已经超过了男生。女性占所有本科生的 55%，而在攻读硕士学位的研究生中，这个数字更是高达 59%。在法学院和医学院，女性的入学率已经接近 50%。事实上，在美国高等教育的学术型和专业型研究生中，女性占比已经超过了一半。

在为学校系统提供顾问咨询的过程中，我发现越来越多的人开始接受“男性在教育体系中占据优势地位”这一偏离实际的论断。每个人都应当行动起来，共同阻止该趋势的蔓延，促使教育界的认知回到正轨上来。不应对某个性别遇到的困难另眼相看，所有孩子都需要我们的帮助。

教育体系正在逐渐改进，以更好地满足男孩的需要。我希望有一天，教育工作者，特别是低年级的教师，也能够针对不同的大脑系统积极调整自己的施教风格。例如，男孩在学习阅读时遇到的困难往往比女孩严重得多，因此教育工作者可以参考戴德县学校的做法，在教授男孩阅读技巧时使用更多的空间策略。另外一个例子是，可以在男孩的必修课，例如体育课和其他体育项目中穿插讲授关于人类成长和发展方面的知识，而不是让他们自由选择是否参加这类课程。在初中和高中阶段，应当分别设置至少为期一年的教学计划，让父母、教师、教练或顾问在某些敏感问题上对男孩进行辅导，如利用这个机会对他们进行性教育。不仅如此，我们还必须像对待高中女生的低自尊问题一样，投入更多的金钱和精力来挖掘男生辍学率不断攀升的根源，并最终阻止这一危险的趋势。

每一个教育工作者都应当接受大脑和生物化学方面的教育，充分理解其中存在的性别差异。只有这样，教育界才不会源源不断地把大量男孩划归为“特殊”儿童，只是因为教育工作者对男性大脑的生化机制不够了解，也不清楚男孩需要的刺激、规则和秩序是什么样子的，就给他们简单粗暴地贴上了“困难”的标签。

如果学校能够和其他社会机构合作，建立一个广阔的“联合课堂”，将对男孩的成长大有裨益。学校同社区联手打造的项目在私立学校中绝对是可行的，这些项目可以让男孩认识到，他们可以在第三重家庭中找到发展自我的场所。这比现在的情况要好上许多。如今，学校、青少年中心以及其他各类组织机构往往各自为政，很少联合起来为男孩提供帮助。男孩可能从每家机构中都得到一鳞半爪的教导，却无法从一个整合而稳定的网络中聆听到关于人生角色的完整智慧。换言之，他们缺少一个“部落”。

父母和扩展家庭的成员可以积极参与到课堂活动中去。有些学校的项目正在鼓励人们这样做，例如，华盛顿州有一个名为“苹果”（Apple）的项目，要求父母每年参加 90 个小时的学校志愿服务。这是“父母参与”的一个极佳范例。想要此类项目真正发挥作用，父母就必须从工作中挤出更多时间。扩展家庭的成员也可以加入课堂活动、体育运动或社区中心，帮助父母和学校减轻一些负担。例如，如果父母每年需要参与 90 个小时的学校活动，他们可以把其中的 10 ～ 20 个小时交给一位家族朋友或者祖父母。只要有足够的意愿，在父母、导师和教育者之间建立密切的联系是切实可行的。

这可能会引起一小撮家长的强烈反对：“我不希望老师以外的任何人出现在教室里，待在我的孩子身边，哪怕一小时都不行。即使是老师，我也不敢百分之百地相信……”要求对书籍进行过分严格的审查的很可能也是这少部分人。占多数的父母必须联合起来抵制这一小群人，为立法者和教育工作者争取更大的行动空间，好让更多的父母和教育机构成员能够参与到教育事业中来。

学校还应当和职场尽可能紧密地联系起来。例如，可以给男孩放一天假，让他们也能像女孩参加“带女儿上班日”一样参加“带儿子上班日”的活动。我们还应当设立更多项目，帮助男孩发掘“为工作而学习”的乐趣。

很多高中辍学去打工的男孩认为学校无聊至极，“愚蠢的课程”和“没用的知识”让他们不胜其烦。在他们幼稚的观点中，学校教授的内容在职场上毫无用处，但他们也会很快对工作感到厌倦。只有让职场和学校之间的关系变得更为密切，教育工作者和学生才能更好地明白哪些知识技能最为关键。一年一度的“职业日”不足以实现这一点。体育课以及男孩喜欢的其他课程和活动可以再次派上用场，我们可以邀请各行各业的专家加入这些活动，向男孩普及学校教育和工作内容之间的关系。

助力公共项目

在我为某个学区所做的一次讲座中，一位名叫凯西的母亲举起了手。她说道：

美国是一个建立在个人主义信念基础上的国家，所有这些事情，比如“需要集合整个村子的力量来养育男孩”，还有你一直在说的男孩需要一个“部落”，听起来都很有吸引力，但你打算怎么实现它们呢？这需要美国社会做出重大的改变，还需要我的个人生活也做出重大的改变。我是一个失去了丈夫的单身母亲，要抚养三个儿子，亲戚也都不在身边。我可以赚到足够的钱，不必向政府寻求帮助。体育活动倒是确实提供了一些帮助，但也只是杯水车薪。“大哥哥”计划的等待名单永远都是那么长。我只能孤军奋战。怎样才能为我的儿子们找到一个“部落”呢?

当我在一个城市举办专题研讨会时，通常会召开一次集体会议。我会拿出一两个小时的时间，让参加研讨会的人商量如何在学校、社区和邻里之间构建三重家庭体系。很多情况下，相关项目其实已经存在了，因此集体会议常常成为介绍和交流已有资源的场所，尽管与会的绝大部分人都互不相识。这提供了一个不错的开始。

整个流程看起来会是这样的。一位男士首先应承道：“是的，我有时间帮忙。”他和某位单身母亲达成一致，他们接下来还需要更加深入地了解彼此，甚至包括去核查这位男士是否有犯罪记录等细节问题，但双方之间的桥梁已经搭建起来了。这种会议把人们聚集到一起，共同商讨如何让孩子在成长过程中拥有更多的“部落”生活。

正如凯西所说的那样，要将“男孩需要一个部落”的理论付诸实践，西方文化必须在行为方式上做出巨大的改变。但是也不必过分悲观，我们不仅有能力实现这种改变，实际上，这种改变已经在悄然发生了。

在艾奥瓦州凯洛格市（Kellogg）的埃尔克里克（Elk Creek），有所学校在教室里搭起了一个简易的拳击馆。男孩们每周有三个晚上在这里集合，练习击打沙袋、做柔软体操，或在浇水软管圈起的拳击场上一决高下。42 岁的约翰·希尔负责指导这些男孩。“你必须训练他们，筹集资金，还要做他们的代理父亲。这里的很多孩子来自破裂的家庭。”

美国“大哥哥大姐姐”计划每年能够向 12.5 万名儿童及其家庭提供帮助。排队名单每天都在增长。无论在美国的哪个城市，都可能在身边找到一家“大哥哥大姐姐”计划的分支机构。它的主要服务对象是单亲家庭的孩子。在我为该计划提供咨询服务的这些年间，从未遇见任何一个机构负责人说：“我们的志愿者已经足够多了。”他们一直在尝试各种方法，吸引更多人加入这一社区网络。每星期和“小兄弟”度过的 4 个小时让“大哥哥”走进了这个男孩的第三重家庭。有些情况下，几年的相处让他们变得非常亲密，这时，“大哥哥”就已经升级为男孩第二重家庭中的重要一员。“大哥哥大姐姐”计划最近开启了一项青少年计划，鼓励十几岁的青少年为更小的孩子担任“大哥哥”和“大姐姐”。

“大哥哥”的等待名单通常比“大姐姐”更长，因为人均能够分配到的男性志愿者数量要少于女性。造成这种现象的原因多种多样。其中一个原因在于，相比女性，男性主动参与社会支持网络的可能性更低。另外，男性的平均工作时间更长，可供自由支配的时间往往不够充裕。而且在人们看来，男孩要比女孩难以应付，特别是由单身母亲抚养的男孩。还有，很多男性对自己的情感技能不抱信心，自认无法担负起一段亲密的指导关系。然而无论找出多少种理由，男孩们就在那里，渴望交上一个没有血缘关系的亲友，“大哥哥大姐姐”计划是最有可能实现这一愿望的途径之一。

部分州政府开始邀请社会团体合作，共同解决青少年犯罪问题，其中大部分犯罪者都是男孩。现在，司法机构更倾向于将无犯罪前科、罪行危害程度较轻的少年犯送入“司法分流”程序，其工作重点从监禁转向了社区服务、教育和补偿三个方面，这种处置方式可以更好地引导男孩回归主流社会，而监禁等刑事处罚则可能让他们更多地暴露在反社会团体的影响之下。接受分流的少年犯将学习各种课程，获得制定个人目标的方法和拒绝他人的技巧，认识到物质滥用的危害，学会关注受害者以及管理自己的愤怒情绪等。他们还要完成社区志愿服务，弥补自己的罪行造成的损失。相比那些受到监禁判决的少年犯，进入“司法分流”的男孩再次犯罪的比例显著降低。

在美国各地，无数个社区监管委员会正陆续建立起来，其职责是利用全社区成员的力量，以一种特殊的方式来帮助初次犯罪的少年犯。委员会成员都是你我一样的普通人，他们会在小组中共同工作，与这些少年犯会面，拜访他们的父母，还会想办法为他们提供一些合适的社区服务工作。这种三重家庭体系使得少年犯罪者能够站在整个社区的角度重新审视自己，审视自己受到的“惩罚”和执行的“服务工作”所具有的意义。

支持青少年发展早已成为美国的一项重点工作。顾问们踏遍了美国的大小城市，帮助当地的学校、企业和组织机构创建自己的青少年服务计划。

以上只是蓬勃发展的社区项目中的一小部分。随着“通力合作”的观念逐渐深入人心，其积极效果也开始广泛地显现出来。作为第三重家庭中的一分子的任务之一，就是选举和监督立法者，确保他们制定的政策有利于“部落”的发展，而不是处处设限。立法人员从打造社区精神的项目中拿走的资金越多，国家就会在个人主义的迷思中陷得越深，就越会迷信“个人可以做到一切”，以及“正确的家庭体系有且只有一种”。

如果我们成功地赋予了男孩三重家庭，换言之，一个能够让男孩健康成长、蓬勃发展的“部落”，就能够更好地实现以下目标。

1. 鼓励男孩自由地表达需求，而不是让他们充满罪恶感地认为，父母要比他们自己更清楚这些需求。
2. 支持男孩通过自己的努力来获得一切，让他们收获的每一点回报都能受之无愧。
3. 教导男孩如何把失败转变为机会，特别是如何从失败中认识自我，持续成长。
4. 教导男孩认识自己，特别是让他们了解男性生理特征造成的影响，从而更好地理解和尊重自己的性别。
5. 告诉男孩更多必要的规则和秩序，只有这样，他们才能懂得如何生活、如何去爱。
6. 给予男孩更多可以模仿、学习和信任的年长榜样，让他们从中学到荣誉、尊重和正直。

7. 尽可能在男孩的生活中减少那些会导致他们麻木不仁、冷漠无情的不良影响。例如，让他们从每天消磨在电视机前的 7 个小时中分出一些时间，和“部落”中的同伴相处。
8. 给予男孩更加充分的指导，让他们的技能和才智得到更多的发展机会。
9. 更加平等地对待男孩，给予他们稳定、灵活的管教。
10. 更好地培养男孩服务社会的意愿，这将有利于提升他们对自我的满意程度。

想要为男孩打造这样一个“部落”，就必须把它当成优先考虑的目标；换言之，我们也许不得不从其他事情上挪用一部分时间和金钱。在那些对于男孩的人生来说可有可无的事物上，不必花费太多精力。这可能意味着我们要降低对薪资收入的期望，不再给男孩购买过多的东西，而代之以更多的关爱。和孩子在一起的时候，要更加专心致志地陪伴他们；同他们分离的时候，也要停止过分的担忧和自责。最关键的一点是，在构建自己的家庭体系时，可以将那些非常疏远或麻烦缠身的亲属排除在外。

我们可以做到这一切吗？答案是肯定的。成功的案例随处可见，人们正在行动起来。成功的关键在于，每个人都要积极地投身到行动的队伍中去。在生理结构和文化环境的驱使下，男孩不停地寻找着属于自己的“部落”。如果每个人都愿意走出家门，为孩子找到一个新的家庭成员；如果每个人都乐于回应这种邀请，握住其他家庭和社区递出的橄榄枝，那么我们就能够为男孩的“部落”添砖加瓦，贡献出自己的一分力量。

至此，我们已经对这个问题进行了多方面的讨论。其中一点值得时刻牢记，那就是如果没有牢固的第一重家庭作为基础，辛苦搭起的“男孩部落”就只会是空中楼阁。因此在接下来的两章中，让我们把目光转向第一重家庭的两大支柱：母子关系和父子关系。在此我要澄清一点，当讲到“父亲”或“母亲”时，指代的并非一定是亲生父母，其他人也可以担任这两个角色，特别是在收养家庭中。无论家庭的具体形式是什么样子的，母子关系和父子关系都具有特殊的神圣性。

THE WONDER OF BOYS 04

母子关系：及时牵手，适时放手

母子关系通常意味着一种微妙的交互作用，意味着要在“放手”和“掌控”之间找到合适的平衡。正是这一点使得母子关系本身以及我们对它的理解都变得极为复杂。

——保罗·奥尔森（Paul Olson）

当我还是个二十出头的小伙子时，常怀揣着对我母亲的一腔怒火去找我的外祖父。整个童年时代，我和母亲总是没完没了地吵架，吵完后我会躲开一阵子，然后再回到她身边，但没过多久我们就会开始更加激烈的新一轮争吵。当我终于离家远行的那一刻，我们彼此都长吁了一口气：“终于解脱了！”当我向迈克姥爷大发牢骚时，心中仍然充斥着长久以来积攒的对于母亲的怨气。

迈克姥爷的建议老套而简单，在当时的我听来并不让人满意：“你应当尊重你妈。不是有这样一句话吗，‘除了我妈，其他女人都不是什么正经人’。记住这句话，收起你那可笑的怒火吧。”我从来都不是一个能够忍住话头的人，对这番说辞，我不禁反唇相讥道：“这么说来，我们要把所有女人都踩在泥里，好让自己的妈妈能够高高在上？我可不吃这一套。”我的外祖父母在我母亲出生后不久就分道扬镳了，直到 21 岁，母亲才再次见到自己的父亲。因此无论是她还是我，同迈克姥爷之间的关系都算不上特别亲密。我和外祖父对母子关系的讨论止步于那句所谓的谚语，没有更深入下去。

如今，很多年过去了，这句话仍然深深地印在我的记忆里。我和母亲早已达成了和解，但我并不认为她是一位圣人。实际上，我认为这句所谓的谚语中隐含着一种对母亲的过度保护，更不用提对其他女性的污蔑了。当我请听众们就母子关系这一主题发表意见时，发现几乎所有美国人都对母亲抱有类似的保护态度。绝大多数情况下，男孩生命中的第一个依恋对象就是母亲，在成长过程中的主要抚养者也同样是母亲，因此，母子关系可能是男孩所能经历的最微妙、最复杂的人际关系。

然而我发现，当有人想要对母子关系做一番整体剖析，并有可能触到痛处时，无论是母亲、父亲、儿子，还是社会中的其他成员，都会做出保护性的抵抗。特别是当我撰写的《母亲、儿子与爱人》（*Mothers, Sons and Lovers*）一书出版之后，这一点变得更加明朗了。由于这种反应倾向，很多重要的事情被避而不谈。很多时候，母亲会因为她们从未做过的事情而受到赞美，甚至是敬仰，但她们真正的功劳却无人提起。

为了让男孩拥有更好的人生，我们必须正视事实。我并不是要对母亲进行谴责，但就像一位母亲在某次讲座后告诉我的那样：“不必对我们如此小心翼翼。我们非常坚强，可以接受批评。”

她说的没错。因此，让我们对这个主题进行一番深入挖掘，坦然地说：“母亲通常是男孩生命中最具影响力的人。必须搞清楚这种影响，才能帮助男孩更加茁壮地成长。”母子关系会涉及很多特定的主题，例如“如何对男孩进行规则教育”“如何向男孩传授性与爱”“如何塑造男孩的价值观”等，这些主题将在后面的章节中展开讨论。在本章中，我们不试图面面俱到，恰恰相反，我们将主要关心母子关系中的关键问题和关键阶段：先是童年期，然后是青春期。这是妈妈们疑问最多的两个阶段。

如何打造健康的母子关系

在最近几代人中，一位母亲在抚养孩子时能够得到的实际帮助变得越来越少了。对她来说，扩展家庭往往根本不存在。丈夫可能因为工作的缘故，大部分时间都不在家；也可能已经同她离婚，被她和法庭判决隔离在家庭之外，或出于自己的意愿而选择远离原来的家人。越来越多的母亲开始外出工作。在美国，超过一半的孩子有部分童年是在单身母亲独力支撑的家庭中度过的。

许多单身母亲完成了令人难以置信的工作，在保证自己的生活和养育健康的儿子之间取得了不错的平衡。这些成就让她们堪称英雄，特别是考虑到她们获得的支持往往少得可怜。然而，大部分违法乱纪的男性也是由单身母亲养大的，这一事实提醒人们，就像男孩一样，母亲也同样需要“部落”。

以单身母亲的处境为原点向外推演，不难发现决定着“良好”的母子关系能够建立和发展的因素。

> 在理想情况下，母亲应当能够从以下四个独立来源获得身体、物质、社会以及情绪上的支持：与孩子建立起依恋关系的亲密伴侣，关系密切的亲友团，能够支持母亲实现价值观和人生目标的社会团体以及便于履行母亲的各项职责的弹性化工作场所。

无论男孩正处于成长过程中的哪个阶段，母亲都需要获得这些帮助。如果从更加全面的角度来观察母子关系就会发现，**足够的支持是塑造积极关系的关键**。拥有丰富资源的母亲可以更好地实现以下目标。

- 顺利地和儿子建立起情感纽带和依恋关系，让他在成长过程中始终感觉自己被爱着而且值得被爱；
- 在恰当的时间对儿子放手，让他在一个安全的基础上发展自我，获得独立；
- 在家人和其他社会成员的帮助下，成功地解决困扰自身的种种问题，而不必把儿子当成发泄心理压力的牺牲品；
- 从几代人那里得到手把手的教导经验，获得男孩生理和思维方面的知识，学会养育男孩的最佳方法；
- 更好地和他人合作，例如学校工作人员、其他家庭成员、社区邻里的社团机构等，让儿子可以仿效母亲，学习如何参与社会中的人际互动；
- 拥有强烈的自尊心，使得儿子的自尊也因此得到提升；
- 以女性身份为儿子做出强有力的指导，让他懂得尊重女性；
- 教导儿子了解规矩、规则和秩序，让他知道一切皆有底线；
- 无论是体育比赛、学校活动还是其他任何事情，只要儿子需要，就去积极地参与；
- 在为儿子选择合适的活动，并阻止他沉迷于电视或电子游戏等不良刺激时，能够获得多方面的帮助；
- 虽然可能对性或攻击性等相关问题感到不适，但当儿子需要时，可以用开放性的态度和他谈论这些敏感问题；
- 有一些可信赖的朋友，在必要时帮助自己审视并改正自己的教育方式；
- 最后，能够无条件地爱自己的儿子。

0～10岁，男孩需要从母亲那里得到什么

贝里·布雷泽尔顿是一名儿科医生和亲子关系方面的专家。长期以来，他一直主张在宝宝出生后的第一年里，母亲应当待在家中陪伴和照顾孩子。在一次采访中，记者比尔·莫耶斯（Bill Moyers）再次向他提出了这个问题："你现在仍然持

有相同的观点吗？”对此，他的回答是：“毫无疑问。”当然了，他的理由大多来自大众常识。

为了生存，所有灵长类动物的幼崽都必须在出生之后，迅速地同主要照料者建立起紧密的联系。万一生母不幸去世，便会失去赖以生存的奶水以及在严酷自然环境下的保护，因此这只幼崽必须同某个新的喂养者和保护者建立起牢固的联结。无论观察哪种动物，是熊、鸭子还是蜜蜂，都能发现这一自然定律。对于幼崽来说，形成联结（bond）只是第一步，这是一种“我爱这个人”的初级情感；接下来，还需要建立依恋关系（attachment）。从受孕的那一刻起，联结就开始在大多数父母的心中萌芽，经过怀孕期的酝酿，最终在婴儿诞生的时刻成型。而依恋则是亲子之间的长久承诺和相互奉献，在人的一生中，它的强度都在不停地发生变化。

由于人类大脑的特殊性，我们比绝大多数动物更需要亲密的依恋关系。人类大脑堪称世界上最复杂的已知结构。有得必有失，人类为高度复杂的大脑付出的代价是，出生时，婴儿的大脑非常容易受到外界的影响，是整个自然界中情绪最为脆弱的。如果这个稚嫩的大脑没能同主要照料者建立起稳定的依恋关系，那么在成长过程中就容易偏离正轨，这对婴儿自己和他人来说都意味着危险。

母亲通常最适合做婴儿的主要照料者。她的激素水平会发生改变，比如起到联结作用的激素——孕酮，在怀孕期间的水平会上升到之前的10倍；她的乳腺做好了哺乳的准备；她的女性化大脑经过数百万年的演化，将每时每刻关注和照料婴儿作为自己的主要功能之一；还有她受到的社会教育也让她适合成为新生儿的主要依恋对象。这并不是说男性不能成为主要照料者，也不意味着所有刚刚生下婴儿的母亲都“具备了正确的本能”。我只是说出了大家都熟知的一个事实，那就是**在绝大多数情况下，母亲都是与新生儿建立起最早、也最牢固联结的人，也是婴儿的第一个依恋对象。**大部分父亲也愿意承认母亲的经历是独一无二的。我们总会听到他们发出这样的感慨：“我的体验永远不会像我妻子的那么完整。直到小孩长大一点之后，我才真正意识到自己已经是个父亲了。”

如果婴儿在母亲或其他主要照料者的关心呵护中长大，就会对这个世界产生安全感。他在物质和情感上都获得了充分的滋养，只要没有异常基因或创伤性环境因素的干扰，身体和大脑都会正常发育。在生命的最初几个月中，主要照料者的频繁失职，比如喂养不够及时、拥抱和抚慰不够充分、缺少言语交流和嬉戏玩耍，会让这个小生命觉得不够安全、没人爱他。他会耗费大量精神能量来应对安全感缺乏导致的困扰，而不是将能量用于正常的情绪发展。有些研究表明，男孩甚至需要母亲更多的陪伴，因为他们大脑某些区域的发育速度要慢于女孩。

这就是为什么布雷泽尔顿等专家会建议母亲在家中待满一年。如果有条件，两年更好。如果母亲有其他打算或是不得不做出其他选择，应当在母亲不在时把婴儿托付给一个稳定不变的照料者。这个人应当像感情健康的母亲一样，给予婴儿足够的拥抱和爱抚，耐心地哄他，同他说话。

这是一幅理想的图景。但如今，真实的母子关系往往要复杂得多。

职场母亲面临的挑战

很多母亲生下孩子后不久就重新投入了工作。前文中曾提到，如今美国的离婚率已经高达 1/2，在这种情况下，1/3 的美国男孩是由单身母亲抚养长大的，这些母亲要么外出工作，要么依靠社会福利救济维持生活。因此，大部分的美国母亲在养育子女的同时或者在继续工作，或者在贫困线附近挣扎度日。这两种情况都远远称不上理想。职场母亲通常没有休假一年来照顾和抚养年幼子女的自由，而贫困的母亲在日复一日的生活中始终缺乏经济上的安全感，很难和孩子建立起牢固的依恋关系。

为了改变这种现状，为了让母亲能够更好地与婴儿期的子女建立起完全的依恋关系，西方文化必须更加鼓励合作，给予父母更多支持，进一步强调个人责任，降低对即时满足的追求，把注意力更多地倾注到孩子身上，而不是沉迷于完美的浪漫关系。

心理治疗师经常提醒父母，孩子在生命的前几个月中建立起来的依恋关系将会对以后的亲子关系产生深远的影响。

职场母亲经常提到，把孩子送进托儿所让她们感到十分内疚。在接孩子回家时，这种负疚感仍像一层挥之不去的薄雾，一直缠绕着她们。有时她们会牢牢守在孩子身边，表现出过分的关心和照顾，购买过多的玩具，忽视对规则的强调。当她们接送孩子时，孩子会很不配合，并逐渐表现出一种伤害性的行为模式，比如在母亲接自己回家时冲她大叫“走开”“我不喜欢你”。母亲的负疚感会起到反作用。孩子会利用这一点，找准时机把母亲推开，给她造成最大的伤害。如果我们传递的信号暗示着我们希望得到孩子的惩罚，他们就真的会这样做。在他们看来，这种做法没有任何问题，因为他们只是在按照我们的意愿行事。如果孩子察觉到了母亲的负疚感，那么母亲在他心目中的权威性就会一落千丈，双方的依恋关系将变得复杂，母亲的自我形象也会受到损伤。

没有任何简单的办法可以消除职场母亲的负疚感。但我们可以寄希望于三重家庭的共同努力，让母亲的负疚感得到极大的缓解。母亲们不再认为自己的缺席会伤害到孩子，而这曾经是折磨她们的情绪根源。

当单身母亲把男朋友带回家

经常有离异或未婚母亲向我倾诉，在儿子与她们新结交的男朋友或现任丈夫之间存在着持续的对抗。某位离异母亲是这样描述的：“我明白，太多男人在我的生活中来来去去会给儿子带来伤害。我也清楚我与异性之间的关系会影响他对待女性的方式。但我同样知道，被爱是上天赋予我的权利。我的命运不应该因为有一个儿子而处处受限，而且，如果不能拥有爱情，我将一蹶不振，这同样会毁掉我的儿子！总而言之，我正陷入一个两难的境地：如果按照自己的意愿找一个恋人，儿子就会受到伤害；如果不顾自己的需要尝试一个人生活，儿子也会受到伤害。”她的话真的很有代表性，不是吗？

我的朋友马西娅有一个9岁大的儿子莱恩。她曾经向我提到过她和莱恩之间发生的一些事情。在她眼中，小时候的莱恩是一个温柔体贴的男孩，那时她和莱恩的父亲还没有分手。当他们的婚姻结束后，莱恩变得暴躁易怒，颐指气使。现在，距离离婚已经过去了很长一段时间，马西娅想要重新开始约会。当她想让莱恩见见这位新男友时，儿子的表现非常不近人情。尽管那位男士做出了种种努力，想要成为莱恩的朋友，试着去了解他，向他表示尊重，但得到的回报却是他粗鲁无礼甚至蛮横暴躁的拒绝。同时，莱恩对待母亲的态度也变得越来越恶劣。

莱恩的反应并非特例。很多离异家庭的男孩都跟母亲住在一起，当看到一个陌生男人出现在家中时，他们很可能做出和莱恩相同的举动。基于种种原因，男孩不会与这个新的男人建立起任何依恋关系，即使偶有例外，那也是很久之后才会发生的事情。以下是造成这种现象的部分原因。

首先，男孩善妒，纯粹而简单。他们与任何爱上自己母亲的男人之间都存在情绪上的对抗关系，同时还带有一种性的意味。如果这个爱着母亲的人是他的父亲，那么竞争能够妥善解决，因为父子之间有着另外的心理本能，让他们能够互相关心、互相爱护。在父亲－母亲－儿子构成的三边关系中，这种本能占据了重要的地位。但是，如果这个男人并非父亲，那就没有任何其他心理本能能够压制男孩的嫉妒之情了。

其次，男孩最初的男性同盟者是父亲。无论母亲有多不喜欢自己的丈夫，或者父亲表现有多糟糕，都不会影响到这一点。父亲是男孩在男性中的本能依恋对象，除非他险些毁掉儿子的人生，否则这一点绝不会改变。甚至哪怕在上述极端情况下，有些男孩也不会斩断对父亲的依恋。如果任何人想要取代父亲的位置，都将激起男孩强烈的怨恨。

对于母亲把父亲推开的行为，男孩会感到非常愤怒。他会用尽一切方法来惩罚母亲的所作所为。无论母亲怎样看待自己的行为，孩子都会认为她是在故意赶走父亲。很多时候，孩子能够更清楚地看出父母在婚姻破裂中所扮演的角色。

而且面对与父亲在身体上、地理上或情感上的分离，男孩越是感到愤怒和痛苦，反而越会美化父亲的形象，对于离异后的父亲，甚至对他们不管不问的父亲，都是如此。男孩不认为一个突然出现的陌生男人能够成为自己心中的理想父亲，因此，他们不会冒险与这个男人产生任何依恋关系。当父亲主动或被迫离开时，对父亲的依恋使得他们受到了严重的创伤。

另外，一个新的男性长辈可能会采取一种与父亲截然不同的方式来同他们互动，或是管教他们。出于对父亲的忠诚，男孩会对这些方法挑三拣四，用尽全力进行抵抗，想要维持父亲留下的惯例。

时间过去了一年又一年，但男孩心中始终存有一丝希望，希望某天父母能够破镜重圆。如果他认为自己应当努力撮合父母，帮助他们重归于好，那么就不可能接受新出现的男人。

再次，当父亲不在时，男孩会产生一种强烈的责任心，认为自己应当成为“家里的男子汉”。他不希望其自己人取代自己的位置。

男孩会不惜一切代价保护母亲，担心她同别的男人在一起是否安全。他会反抗这个男人，同他争吵，向他摆脸色，故意无视他，甚至是找碴打架，希望这些做法能逼他离开，这样对方就不会有任何机会来伤害母亲。

最后，男孩想要占据母亲心目中最重要的位置。他需要母亲的特别关注，离婚和单亲家庭使得这种需要变得更加迫切。任何一个分走母亲注意力的人都将遭到男孩的敌视。

尽管如此，仍然有很多单身父母克服种种阻碍，成功地组建了混合家庭。也有很多男孩与“新的男人”“母亲的男朋友”“继父”建立了情感联结。下面介绍一些成功的经验。

- 妈妈应当避免让儿子频繁地接触其他男性。在约会时，应该把儿子送到父亲那里去。在决定开始一段认真的长期关系之前，不要让恋爱对象打扰男孩的生活。
- 永远不要把这个新出现的男人视为父亲的替代品。他应当扮演一个不同的角色。这一点需要在父亲、母亲、继父、儿子之间得到公开的讨论，并达成共识。
- 继父可能带来新的规则、秩序和日常惯例，所有这些都应当向男孩解释清楚，而且这些只能是对原有家庭秩序的补充，而非替代。
- 这个新的男人需要对男孩的愤怒表现出比平时更多的宽容，因为他知道，男孩对父亲离开自己始终耿耿于怀，需要一个途径来发泄自己的怒火。
- 母亲能够越来越清楚地认识到，自己的某些行为加速了父子关系的疏远。新关系的建立让她的自我得到了恢复，她现在有能力解决自己的问题，修复同前夫之间的关系，并把他带回儿子身边了。即使双方仍然会不时争吵，相互伤害，但父母必须愿意为了孩子而忍受这些不快。只有在极少数的情况下应当避免这种做法，那就是与父亲的相处会带来真正的危险时。
- 这个新出现的男性应当尽可能地和父亲结成联盟。他们可以共同商讨如何更好地让男孩进入男性社会。
- 母亲应当给予亲生父亲比之前更多的监护时间。如果男孩可以和父亲共度更多时光，那么这个新的男性就能更加顺利地融入母亲的生活。在少数情况下，这种方法可能并不适用，例如男孩的生父非常危险，或是他不想跟儿子扯上任何关系。除此之外，只要儿子要求和父亲一起生活，母亲就应该尽量满足他。特别是当男孩快要进入青春期时，母亲更应该主动提供这样的机会，让男孩知道自己可以自由地提出请求。出于对母亲的忠诚，男孩可能不会主动表达想和父亲待在一起的愿望，除非他觉得母亲的束缚让他实在透不过气来了。

- 如果父亲拒绝参与儿子的生活，那么为了让男孩和继父之间的依恋关系能够成功建立，母亲、继父和男孩应当寻求他人的帮助。在某些情况下，男孩已经和其他男性建立了依恋关系，如哥哥、叔叔或是祖父。假如出现这种情况，继父就应当后退一步，不要干涉他们之间的关系。
- 母亲应该抓住一切机会，向儿子证明他在自己的人生中占据着不可替代的位置。这一点应当通过母子之间的情感交流来实现，而不要试图用物质证明。
- 男孩可以同其他男性缔结新的情感纽带，但需要的时间通常比母亲以及这位男性所希望的长很多。大人们不应把自己的期望和计划强加给男孩。如果母亲希望儿子遵循自己的意愿，迅速接受那些新出现的男性，那么最后的结果可能非常糟糕。

什么样的单身母亲和儿子能够顺利渡过这重重难关呢？那些保持沟通、积极交流、坚持家庭惯例和仪式的人，那些经常共进晚餐、分享家庭时光、一起阅读的人。无论是母亲从未结婚，还是父母离异，对那些只和母亲住在一起，而不是和父母共同生活的男孩来说，自己的生活缺乏必要的稳定性，因此往往会感到迷茫无措。母亲能够给他的最好礼物就是保持自身的稳定。

对很多由单身母亲养大的男孩来说，母亲就像他唯一的船锚。他没有父亲，也没有“部落”。当他通过同伴群体和其他男性接触到男性文化之后，母亲就可以一点点地收起这只锚。当他终于做好了准备，想要离开时，母亲应该放手。在离婚之后的最初几个月，有时长达几年的时间里，男孩一方面想要黏住母亲不放，另一方面又对母亲感到愤怒，虽然有时这种愤怒被隐藏了起来。母亲越能保持稳定，孩子就能越快地回到轻松和安全的状态中去，重新致力于自己的成长。

母子关系创伤

男孩比女孩更可能遭到父母身体上的虐待，而母亲打儿子的概率远远超过了父亲。这两点在政府的统计报告以及私人的调查研究中都得到了充分验证。很多社会文化常常对此避而不谈，但实际上，它们是合乎情理的。母亲在家中陪伴孩子的时间更长，因此拥有更多机会来实施虐待行为。很多单身母亲不仅要独自承担养家糊口的压力，同时还要对付惹是生非的儿子，于是便通过虐待孩子来发泄自己的挫败感。

身体虐待是对“母子关系创伤”的直白表述。这里使用“创伤”一词，旨在强调虐待行为会从根本上否定男孩的核心自我。孩子生来就应当被爱。如果父母的管教不是为了匡正男孩的核心自我，而是把他当成了负面情绪的出气筒，那么孩子的自我就会受到创伤。他会觉得自己只是父母的发泄对象，毫无价值，也算不上一个独立的个体。

绝大多数的母子关系创伤发生在男孩 10 岁之前，特别是他人生中的头几年。在成长最为迅速的这几年中，男孩感受到的爱越少，自我所受到的创伤就越严重。他会因此学会隐藏自我甚至否定自我，也就更有可能在青春期和成年后行为不端。

统计数字表明，母子关系中明显的虐待和忽视行为正在持续增加。不仅如此，那些潜在的创伤过程也同样危险。我们必须正视这种情况。实际上，我发现越来越多的母亲开始在研讨会和培训班中提到这一点。这些隐藏的伤害与母子之间的边界问题有关。

临床上，我们使用“冲蚀作用”（impingement）一词来指代边界问题。这类问题在母子之间尤为常见。母亲通常是男孩的主要照料者，这使得他们之间发生各种情感异常的可能性大大增加了。**母亲会暗示儿子，自己需要儿子的特别关注；儿子则会意识到，如果失去自己的关注，母亲的自我形象将会萎缩。这一过程就是冲蚀作用。**男孩会把核心自我的发展放到一边，花费大部分的情感精力来关照母亲。他学会了违背自己的本性来迎合母亲的意愿。经常发生的一种情况是，母亲的伴侣不能满足其需求或期待，或是她离婚了，这时，儿子会充当她的男性伴侣，发展出一种情感模式、一个虚假的自我，来满足母亲的需要。常识告诉我们，孩子诞生到这个世界上是为了接受父母的关爱，而不是相反，至少在他们成年之前都是这样。然而，有太多人在向子女寻求情感慰藉，这对孩子造成了严重的创伤。

在这种母子关系中长大的男孩会把这个虚假的自我带到他与女性的成人关系中去。对方会抱怨说他不够坦率，不够真诚，不能全心全意地爱自己。造成这种现象的原因往往在于这个男人只懂得通过自我的假象去爱自己的伴侣。他不知道真正的自我是什么样子的，因此根本无法对爱人敞开心扉。也有很多女性为了取悦和照顾自己的父亲而塑造了一个虚假的自我。在很多社会中，不少男男女女就是这样戴着虚假的面具走上了婚姻的圣坛。

因此，母亲应当警惕冲蚀作用，这一点非常重要。如果一个家庭将养育孩子的重担全部压在母亲身上，那么她就被推入了非常危险的境地。如果母亲经常感到自己身为女性的价值没有得到充分的肯定，就会向儿子寻求自我认可，再加上经常缺席的父亲和破碎的恋爱关系，发生情感冲蚀的风险还会进一步升高。母亲通常是下意识地做出这种行为的，并无恶意，但无论如何，越来越多的男孩因此受到了伤害。

由虐待、忽视、情感遗弃和冲蚀作用所引起的创伤通常始于婴儿期，它会在孩子生命的最初十年中持续存在，与之相伴的往往还有母子间依恋关系的缺乏。随着青春期的到来，男孩受到的身体虐待会逐渐结束。他们已经变得更加高大、强壮、自由，更有能力去反抗或是远离那个酗酒、家暴、遗弃自己的母亲。男孩会获得足够的自我力量来寻找同伴群体和其他父母式的人物。而且随着男孩年龄的增长，父亲更有可能得到监护权，从而把他们从造成创伤的母亲身边解救出来。

然而，与外显的虐待不同，当男孩进入青春期之后，冲蚀作用往往会变得更加隐蔽、更加顽固。这是男孩进入生命的第二个十年后可能发生的事情，人们通常会采用其他称呼来指代这一阶段的冲蚀作用，例如“情感纠葛”或“情感痴缠”。

10～20岁，男孩需要从母亲那里得到什么

同我分享下面这个梦境的男孩叫贾里德，还有4天就要满12岁了。他和父母曾特意讨论过成年历程的问题，因为他正在为将要到来的受诫礼而学习相关课程。他的双亲中只有父亲是犹太人，但这对夫妻在孩子出生前就决定按照犹太人的习俗养育子女。

贾里德正在接受一个老派拉比的指导。他父亲说：“从很多方面来说，受诫礼都是我人生中最重要的一件事。我曾经为了领受受诫礼而进行了4年的准备，这段经历为我以后的人生奠定了精神基础。我希望自己的儿子也能拥有这样的经历。”贾里德和父母住在一个小镇上，距离最近的犹太教堂也有90多千米。为了让贾里德顺利地完成受诫礼，他的父母每周有两个工作日的晚上要开车送他去犹太教堂，周末还要再去一次，即使是在冬季危险的天气状况下也坚持不懈，就这样坚持了好几年。

这个家庭付出的巨大努力让贾里德认识到成年是一个多么重要的过程，在犹太教团体的支持下，他带着充分的认识开始了成年的旅途，这是很多男孩从未体验过的。在家人们为此而努力的过程中，他做了这样一个梦。

> 我梦见自己被关在伦敦的一座地牢里。它和去年夏天我们去游览过的伦敦塔里的牢房非常相似。我妈妈是监狱的看守。她看起来很像妈妈，但她是短发。监狱里非常无聊，我感到自己被困在了那里。每个晚上，我都试图逃出那间囚室，找到外面大门的钥匙，然后远远地逃走。但我一直没能越过牢房的栏杆拿到钥匙，它就挂在栏杆外面的墙上。妈妈走来走去，到处巡逻，

牢牢地盯着监狱里的每一个人。

就这样我渐渐变老，最终死在了那间牢房里。在我死后，我的囚室被永远地空了出来，因为我每天都在尝试越狱，坚持了整整一辈子，这让我成了一个传奇。现在我死了，变成了鬼魂，我可以毫无阻碍地穿过那些栏杆，拿到钥匙。然后我妈妈，也就是那个看守，会发现钥匙不见了，她知道是我拿走了。然后我会沿着走廊跑啊跑，再上一段楼梯，就能到达离开监狱的那扇大门。我总是能够来到这里。我知道它是通往外面的大门，因为楼梯的尽头有一片光亮，虽然那时是晚上。在大门之外，天一定还没有全黑，但无论我怎么做，每天晚上我都会被妈妈抓住。有时我遥遥领先，有时她就在我身后，但她每次都会在大门那里抓住我。

有一天晚上我跑啊跑，跑到了大门跟前，我甚至看不见妈妈在哪里，因为这次我领先她很多。她被绊倒了，我趁机冲到了前面，当我跑到大门那里时，她还连影儿都没有呢。我感到一阵恐惧，担心她受了伤，但我也很开心终于可以逃走了。我听见妈妈在大叫："停下，停下，停下！"在以前的追捕中，她从来没有这样叫过。她不停地叫喊着这两个字，声音在走廊里回荡。我迈出了大门，走了几步路，然后停下了。我在那里等待着，我想，这是因为我担心妈妈，害怕她受伤，我想找到她，而她还在不停地呼喊："停下，停下！"

然后我决定醒过来。我睁开眼睛，还在半梦半醒之间，仍然能够听见妈妈在叫喊"停下，停下"。直到完全清醒过来，我才意识到这个声音其实是我的小弟弟乔希在呼吸。他的呼吸声听起来很像是妈妈在喊"停下"。

类似的梦境在青春期和即将进入青春期的少男少女中非常普遍，因为在某种程度上，他们都觉得自己受到了父母的禁锢。在刚刚迈进生命的第二个十年后不久，他们就意识到，只有打破父母的束缚，才能获得真正的自我。男孩迫切需要挣脱母亲，实现心理上的独立，随着本能的发展，这种需要会在 10 岁左右时明显地表现出来。数千年以来，这种情况从未发生过改变。想要成为一个男人，想要在男人的世界中站稳脚跟，男孩就必须学会依靠自己、更多地效仿男性榜样而不是母亲，也必须证明他自己。

男孩同母亲的心理分离将经历以下几个阶段：早年是对母亲的完全依赖，然后过渡到青春期和成年早期的情感独立，当找到伴侣之后再进入情感相互依赖的阶段。

如果男孩迟迟不离开母亲，那么他就不会感到有任何独立的必要，始终无法完全建立心理边界。如此一来，他永远也不能和伴侣真正地相互依赖。

46岁的珍妮有两个男孩，他们一个14岁，另一个16岁。珍妮是一名治疗师，很清楚这一过程，她是这样描述小儿子最近对自己的感情的。

他是个技术宅。当他埋头鼓捣电脑时，他的分离－个体化倾向开始表现得非常明显。有一次我说道："嘿，我很高兴你从那些计算机技术中获得了乐趣，我对这些可是一窍不通。"这让他非常生气，真的对我大为光火。他希望我能弄懂这些。这是头一个星期发生的事。到了第二个星期，他又开始对这种状况感到开心，因为我搞不懂他那些玩意儿，就没法窥视他的举动，不能参与他生命中非常重要的那一部分。当我试图了解他的爱好时，他反而大发雷霆，好像我是个不请自来的入侵者。

我向他指出了这一点："你需要我，但你又因为需要我而恼怒我。"他回答道："没错，妈，就是这样。"这句话让他豁然开朗。在孩子们渐渐长大、渐渐离开我的过程中，我们家人之间会不时地对他们的感受进行讨论。这让大家都受益匪浅。

当男孩逐渐成长为男人时，他和母亲对于彼此的爱也应当随之改变。这可以说是一种常识。母亲必须让儿子进入男人的世界。她可能没有意识到，这样做不仅仅是为了儿子，也同样是为了自己。如果她不能放手让儿子离开，那么她自己也不能进入人生的下一个阶段。她将继续为了孩子而活，而不是过自己的人生。她需要儿子生命中的其他男性伸出援手。如果没人愿意帮忙，她就会继续用各种方式绑住自己的儿子，在儿子长大之后，就会像格林童话《裹尸布》（*The Shroud*）中的那个男孩一样，感觉被困在了一个不属于自己的世界里。

在《裹尸布》中，深爱对象的分离－独立过程被隐喻成了男孩的死亡，这种象征手法在世界上的很多神话故事中都曾经出现过。在这个故事中，男孩的死亡实际上代表了他和母亲的分离。故事是这样的：

> 从前有一对母子，关系非常亲密。父亲则从头到尾都没有出场。这位母亲珍爱儿子胜过世界上的一切。男孩不幸去世，母亲终日以泪洗面。日子一天天过去，她陷入了可怕的抑郁之中，没有人能够抚慰她的悲伤。在母亲埋葬了儿子之后又过了很久，一天晚上，男孩开始在他和母亲一起生活、一起玩耍过的地方出现。母亲哭泣时，男孩也会以眼泪回应。而天亮之后，他就消失不见了。
>
> 这种情况持续了一段时间。母亲仍然沉浸在抑郁中。一天晚上，这个男孩身披白色的裹尸布，头上戴着花环，来到了母亲的床边。
>
> 他说道："妈妈啊，请停止哭泣吧，否则我永远都不能在棺木中安睡。我的裹尸布上浸满了你的泪水，总是湿漉漉的。"
>
> 这位母亲清楚，男孩的反复现身其实只是自己的幻觉。但当男孩开口讲话时，她仍然受到了震动。她意识到自己的行为妨碍了男孩升入天堂。这时，她的悲伤减轻了，她的泪水终于止住了。
>
> 第二个夜晚，男孩再次出现了。"看啊，"他向母亲展示道，"我的裹尸布已经快要干了。我可以继续自己的旅程了。"
>
> 妈妈向儿子道别，儿子踏上了前进的道路。

在这个故事中缺少年长的男性角色，这是一个令人悲伤的暗示。这位母亲没有得到任何男性的帮助。除了儿子之外，没有任何人支撑她活下去，没有任何人来抚慰她的悲伤，帮她度过丧子之痛。她凭借自己的力量放开了儿子，这种勇气令人钦佩。对一个母亲来说，接受儿子的离去，咽下因他过世而引起的悲伤，失去自己生命中唯一一个会回应她感情的男性，甚至失去生活的目的，所有这些都非常艰难，尤其是她只能独自面对这一切。

如何顺利实现母子间的分离

有时，男性文化会试图把男孩从母亲身边夺走，男孩和母亲的关系变得太过疏远，甚至忘记了应当尊重母亲和其他女性。有时，母亲想要把儿子牢牢地捆在身边，这让男孩的余生都困在了感情的蛛网中，觉得自己永远都是情感上的猎物，无法摆脱母亲的控制，找到自己的天地。有时，母亲身边几乎没有什么支持性的男性文化，特别是对于单身母亲来说，很难为儿子找到一个有益的去处。有时，男孩会通过羞辱母亲来实现双方的分离，这种羞辱通常是言语上的，偶尔也会包括身体虐待。

那是一个星期六，当我和家人在采购日用品时，亲眼看见了这场闹剧。在大庭广众之下，一个十来岁的男孩冲着自己的母亲大吼："你就是个傻子，废物，我真希望你去死！"看起来毫无愧疚之情。他的母亲要求他道歉，这使他闭上了嘴巴。然后两人走开了。事实上，这种情况十分常见。当我主持广播谈话节目时，经常听到有母亲这样陈述："我的儿子已经到了这样一个年龄，认为我就是万恶之源。他嘲笑我、贬损我，而我似乎对此无能为力。"

男孩需要脱离母亲，摆脱她的吸引和控制。在西方文化中，太多男孩只懂得通过粗鲁甚至是暴力的方式来实现这一目标。他们的行为失去了控制。

母亲们经常告诉我，有一种做法在分离过程中给了她们很大的帮助，那就是关注某些特定的感情，尤其要让那些隐藏在内心深处的感情浮出水面，同他人讨论这些感情，并请求他们帮助自己应对。其中三种需要特别注意的情绪感受是内疚、恐惧和遗弃。

1. **内疚。**母亲常常下意识地认为，自己必须不停地为儿子付出，否则就是一个糟糕的母亲。
2. **恐惧。**母亲常常希望保护自己的儿子，使他免受人世间的一切苦难，特别是男性社会造成的苦难。

3. **遗弃。**在母亲和儿子都毫无察觉的情况下，他们已经在很多事情上结成了亲密的伴侣。对很多母亲，特别是那些同丈夫感情疏远的母亲来说，儿子充当了她生命中乐于付出、满怀爱意的男性角色，与儿子的分离意味着她所拥有的唯一一段感情遭到了破坏。

和母亲一样，挖掘隐藏的情感，并同他人进行讨论，也会对儿子有所帮助。男孩需要注意的情绪是内疚、愤怒和恐惧。

1. **内疚。**在男孩心中，母亲比任何人都重要，从母亲身边离开会让他感到内疚。他知道这会伤害母亲。如果母亲采用被动攻击或其他方式来展示自己所受到的伤害，男孩的负疚感还将进一步加重。
2. **愤怒，有时甚至是暴怒。**男孩对自己感到愤怒，因为他不能停止对母亲的依赖；也对母亲感到愤怒，因为母亲不能教他理解男人的人生，又不肯轻易地放他离开；还对父亲和其他男性感到愤怒，因为在他同母亲分离、尝试迈入男性社会的过程中，那些人通常只是袖手旁观。
3. **恐惧。**斩断对母亲的心理依赖让男孩觉得不安。还有哪个人能像母亲一样，让他可以全心信赖呢？男孩害怕离开母亲打造的安全地带，这种恐惧常常让他在母亲去世很久之后，依然不能停止对她的依赖。

在世界各地的文化中，年轻男性同母亲的心理分离过程早就成了一种仪式。我们将在第 6 章探讨如何在西方社会实现这一点。西方文化应该如何帮助母亲进入人生的下一个阶段？我们能够做些什么，来帮助儿子顺利地摆脱对母亲的心理依赖？

不幸的是，美国社会极度缺少对青春期男孩的支持。西方文化让母亲认为，一个好母亲不会放手让儿子离开；又教导男孩通过欺负其他男孩、吸食毒品、加入帮派、沉迷虚拟世界，或者像超市中的那个男孩一样，通过痛恨自己的母亲来获得个人的独立。人们认定每个青少年都必须进行反抗才能够离开父母，于是心安理得地站在一边，任由男孩跌跌撞撞地迈向成年，就好像他们一旦进入青春期，就不再需要成年人的帮助了。

如果母亲和儿子之间的关系在儿子生命的第二个十年中出现了问题，那么根源很可能在于双方都不知道如何实现情感上的分离，这常常会导致母子间的情感纠葛和无意识的不良相处模式。在这种情况下，咨询会有很大的帮助。几个世纪前，当母亲们身处部落之中时，可以向祖父母、叔叔阿姨以及邻居们寻求帮助和建议。如今，这些多半已经成为咨询师的工作。当一位母亲将儿子看作感情上的成人，承认他在这方面已经具备了同自己相似的力量和技能时，就会明白自己已经成功地放手了。

母子间的情感纠葛

杰克是我在咨询时接待过的一位男士，他是这样说的：

> 我和妈妈总是很亲密。从我记事开始，她就一直在怀疑我爸是否真的爱她。我是她最偏爱的儿子。我记得在我大概 14 岁的时候，有一天她一边抽泣，一边说道："要是没有你，我怎么活得下去？"我很同情她，为她感到难过。18 岁时，我遇到了第一任妻子劳里。妈妈立刻喜欢上了她，她们两个成了很要好的朋友。然后我们结婚了，只剩下妈妈和爸爸一起生活。我和劳里有了两个孩子，在他们一个 6 岁、一个 8 岁的时候，我们分手了。在那之后，我又先后经历了三段认真的恋爱关系。当我开始与某位女性交往时，总是对她怀着深深的爱意，然而大概一年之后，我就会变得冷淡，而她会抱怨我不够坦诚，在接下来的几年间，情况会变得越来越糟糕，最终我们只好分道扬镳。
>
> 按照你的建议，我请妈妈尽量真实地描述了在我童年时，我和她之间的关系究竟是怎样的。她回答说："你就是所有妈妈心目中那个最完美的儿子，你一直关心我、支持我，愿意为我做任何事。""当我变成青少年之后呢？"

我追问道。“哦，你从来都不是那种坏孩子，你不会反抗我，也不会伤害我，”她说，“你是我的小男子汉。”

直到今天，我还是没有勇气告诉她，虽然我曾经是她的小男子汉，但我本人却从未成长为一个真正的男子汉。

前面我们曾经提到过，冲蚀作用在母子之间非常常见，基于同样的个人和文化原因，情感纠葛也存在于很多青春期男孩和他们的母亲之间。当男孩长大成人后，这种纠葛会被带到他们同恋人及妻子的关系中去。在一系列研究中，很多美国男性报告说，在他们童年的关键时期，父母的婚姻出现了问题。当父母感觉自己不能从配偶那里获得情感满足时，就会向孩子寻求安慰。从统计数据来看，母子之间出现“情感纠葛”或“情感痴缠”的可能性要比父子之间高出许多。这是因为父亲和儿子之间的关系通常不那么亲密，而且在一般情况下，父亲比母亲的独立性更高。就算类似的情况确实出现在父亲身上，他也更可能同女儿产生纠葛，把最喜爱的女儿当作情感上的伴侣。母亲则倾向于和儿子建立类似的关系。**在不健康的感情环境中，母亲和青春期的儿子建立了一种恋人式的关系。有些心理学家将这种现象称为“情感乱伦”。**

杰克之所以无法全身心地投入到和妻子、爱人的亲密关系中去，很大程度上是因为他早在长大的过程中就和母亲结成了感情上的恋人。他的自我和母亲的自我纠缠在一起，好像并排生长的树木，枝叶交缠，哪怕是狂风也不能将它们分开。西方文化把家庭置于人际互动的荒漠之中，“部落”几乎难觅踪影。由于父亲经常不得不离开家庭，母亲就很容易同儿子产生不恰当的情感关系。母亲和儿子经常联合起来对抗父亲，对抗整个世界。

在男孩进入青春期后，母亲应当向他传递出这样的信息：“等你慢慢长大，你在物质和情感上对我的依赖会越来越少，而我对你的依赖也同样如此。这是正常的。”然而在实际生活中，母亲往往会做出相反的暗示：“我需要你，别离开我。”这些母亲没有意识到，青春期的情感纠葛会给男孩的人生带来数不清的麻烦。成年之后，他很难感觉到自己是一个活生生的、完整的、坚强的个体，无法向自己的伴侣许下真正的承诺。我曾在《母亲、儿子与爱人》一书中做出估计，大多数美国男性同母亲之间都存在一些未解决的问题，然后又把这些问题带到了自己的婚姻里，再加上女性和父亲之间也有着类似的情结，这就是导致离婚率居高不下的罪魁祸首。在该书出版之后，我也没有发现任何证据可以否定这一论断。实际上，我对男孩研究得越多，就越清楚地发现，在最近几代人中，母子关系正变得越来越困难、越来越危险。由于人们只能在孤立、脆弱的家庭体系中抚养子女，这种情况几乎是无法避免的。除非成功地打造出坚固的三重家庭体系，否则我敢断言，这种令人烦恼的母子关系还将代代传递下去。

蒂姆的父母在他 18 岁时离婚了，而实际上，他们的婚姻早在蒂姆 10 岁左右时就已经出现了裂痕。找到我的时候，蒂姆正在和结婚 8 年的妻子办理离婚事宜。之前的两个咨询师都告诉他："对你来说，眼下最紧迫的问题是要解决内心的愤怒，特别是针对女性和母亲的愤怒。"

"但我并不愤怒，"他否认道，"特别是对母亲。"

然而随着治疗的深入，我们发现了种种迹象，这些迹象也经常出现在其他父母婚姻有严重问题的男孩身上。从很小的时候开始，蒂姆就跟母亲结成了同盟，随着母亲的婚姻逐渐瓦解，这种同盟变得更加牢固了。母亲是这个同盟的控制者，她要求蒂姆站到自己一边，共同对抗父亲，这种行为通常是下意识的。蒂姆和父亲的关系变得越来越疏远，后来他正是为此而恼怒自己的母亲。母亲还在无意中教会了蒂姆压抑自己的愤怒。她这样做可能是因为她像很多母亲一样，害怕男孩的坏脾气（参见第 7 章），但也可能有着其他的理由：她不希望儿子对自己生气。

直到 40 多岁的时候，蒂姆才意识到自己一直对女性怀有异常强烈的愤怒，其根源则在于对母亲的愤怒，因为她曾鼓动蒂姆去否定父亲，否定男子气概，否定男性的一切，最终否定自己的男性身份。这并不是导致蒂姆出现婚姻问题的唯一原因，但可以说是一个非常重要的因素。在理解了这些信息之后，蒂姆改变了自己的生活方式以及同女性相处的方式。母亲在他的眼中不再神秘莫测，而他和父亲之间的关系也变得亲密起来。一开始，蒂姆对母亲感到愤怒，但一段时间之后就原谅了她。蒂姆明白了，不与女性陷入拉锯式的情感纠葛，自己才能拥有完整的人生。

母亲的责任是否永无止境

M.S. 女士有一个特别令人头痛的青春期儿子。她曾经给我的报刊专栏写了一封感人的长信，在信中记述了她和丈夫、整个家族以及咨询师们为这个孩子所做的努力。当她历数自己付出的心血时，也说出了很多母亲的心声：

> 我给了儿子足够的自由，允许他做出自己的选择。我鼓励他接纳所有人。我的两个儿子都会洗衣做饭。我尽力把孩子们都教导成独立自主的人，而不是包办一切。我自认是个挺不错的妈妈，比我认识的所有妈妈都要好很多。我的儿子确实有着这样那样的问题，但我已经尽力做到了最好。

虽然有一个麻烦多多，甚至充满危险的儿子，但这位母亲仍然能够坦然说出“我已经做到了最好”。只有具备高超人生智慧的人才能做到这一点。在一次专题讨论会中，一位名叫 E.B. 的母亲提问：“如何才能知道已经可以放手了呢？作为一个母亲，我曾经犯了很多错误。我的儿子如今已经 40 多岁了，而我仍然会为了他的麻烦而责备自己。我尝试了所有的方法来和他沟通。”

我们应当给予母亲们更多尊敬。希望每一个人都能在她们养育男孩时搭一把手，如果能够做到这一点，那么 E.B. 女士和其他所有母亲就可以在儿子成年的那一刻卸下身上的重担，毫无愧疚地说出：

儿子，我已经为你竭尽全力。

我做的很多事情都不够完美，在接下来的人生中，你必须独自面对它们带来的后果。

现在，这已经是你的责任了，而不是我的。

但我永远爱你，

我会永远祝福你。

THE WONDER OF BOYS 05

父子关系：成为儿子的人生向导

> 为父者必须在生活中秉持着清晰的人生愿景。这个愿景应当是他在深思熟虑之后，凭借自由意志做出的选择。只有如此，他的儿子才有可能获得同样的自由。
>
> ——洛伦·佩德森（Loren Pedersen）

《父爱》（*Father Love*）一书的作者理查德·洛夫（Richard Louv）曾经写道："父亲在文化中受到什么样的评价，主要取决于男人们如何谈论父亲这一角色以及我们向孩子讲述了哪些关于父亲的故事。"对于这番人生哲理，罗伯特·佩克（Robert Peck）在他堪称经典的美国小说《今天小猪不会死》（*The Day No Pigs Would Die*）中做出了完美的阐释。在这部关于父亲和儿子的童话故事中，年幼的罗布曾向父亲问起篱笆的事情。

> 父亲说道："很多时候，你听到那只老知更鸟在唱歌，它唱的其实是'离我的树远点儿'。鸣叫声就是它的篱笆。你见过狐狸吗？"
>
> "当然，我见过很多次。"

“我是说，你有没有仔细地观察过它？它每天都会巡视自己的领地，一会儿在这棵树上撒泡尿，一会儿又在那块石头上‘洒洒水’。这就是它的篱笆……每种生物都会用这样那样的方式竖起一道篱笆，就像每棵树都会把根深深地扎进土里一样。”

“这么说来，建造篱笆和开战并不是一回事儿。”

“我们的邻居本杰明·富兰克林·坦纳想要一道围墙来分开他们家和我们家，我也是一样。他明白这一点。篱笆会把男人们团结在一起，而不是让他们彼此远离。”

男孩经常会向父亲请教这类朴素的智慧。我曾去过美国的很多地方，和当地的父子一起工作。无论父亲还是儿子的脸上都流露出一种渴望，想要找到一种像佩克故事中的那对父子一样的父子关系，可以自然地分享彼此的爱与智慧。有时候，我觉得佩克小说中这种单纯的父子互动是对于曾经亲密的父子关系的最后一曲颂歌。在那之后的短短几十年里，父子关系已经发生了剧烈的变化。

本书的第三部分将重点关注如何管教男孩，如何向他们传授价值观，如何同他们探讨性、爱、承诺，如何帮助他们找到重要的人生角色以及如何引领他们踏上精神之旅。在本章中，这些问题将被初步提及，但此处讨论的重点在于重新定义父子关系，而不是实际运用。

无论父亲采取什么方法培养儿子，在这个过程中，他都无可避免地投下了自己的影子。这影子既沉重，又美好。儿子在父亲的影子中学会了起初作为一个男孩，然后作为一个男人应当“如何生活”这至关重要的一课。无论做父亲的是否给予了儿子种种人生告诫，是否向他解释过人们为何必须建造篱笆，他都在竭尽一个男人所有的力量来保护儿子，帮助儿子塑造属于男性的内心和外部世界。

千百年来，父亲们一直在完成这样的工作。尽管从前些年开始，男性角色在很多方面都发生了改变，但塑造和打磨健全的男孩仍然是父亲不可推卸的责任。在今日的美国，很多父亲没能很好地履行自己的职责，这是多方面原因共同造成的，包括他们对于自身角色的迷惑，部分女性对于父亲身份的攻击以及男性在如何做父亲方面缺乏训练。这些理由每天都被媒体大肆报道。在某种意义上，美国文化在父亲角色上的困惑其实由来已久。

在整个人类历史进程中，甚至可以说在地球上的大多数生物中，社会化的主要动力之一就是教导男性持续并积极地参与子女的生活。不管是400万年之前，人类的祖先刚刚开始学会直立行走的时候，还是4天前，附近街上的一个男人丢下了子女，一去不回。在孩子的人生中，父亲经常是缺失的。

在我参加的会议上，经常可以听到有人把“缺席的父亲”当成一种新现象来加以谴责。尽管他们对于不见踪影或情感疏远的父亲的批驳，本意通常在于匡助社会，但这些批评是建立在谎言之上的，这一点已经被一代又一代的生物演化所证实。从前，父亲们常常需要外出征战，在草原上追踪狩猎，或者去别的村镇谋生。但只有在过去的十几年中，男性和父亲才被批判得一无是处。

这些谴责把矛头指向男性家长，使他们陷入孤立的境地，但实际上，这是为整个社会的不负责任所做的最为简单的开脱。这样做的一种方式是在大众媒体中把那些不愿支付抚养费的父亲称为“混蛋”，假装可以通过政府干预解决这个问题，却不肯费心研究为什么这些父亲不愿意出钱。当然，他们中的很多人的确是不负责任；但也有一些人是因为他们被法庭剥夺了共同监护权，或者是因为前妻出于愤怒，鼓动他们的孩子仇视他们。他们被要求拿出一部分财产来供养子女，但有些人本不想要孩子，有些人事先甚至不知道自己有孩子，有些人很难见到孩子，有些人不认识自己的孩子，还有些人不被允许认识自己的孩子。当谈到有关家庭的问题时，很多人倾向给出一个简单的政治手段作为解决方案，但一味抨击父母的政策不可能真正解决问题。

每一对父子都是王子与国王

在《王子与国王》一书中，我曾沿历史长河溯源而上，对神话传说中的父子关系隐喻做了一番考察。在这些故事里，父亲通常以国王的形象出现，儿子自然就是王子的角色。迪士尼电影《狮子王》就是这类隐喻的一个完美诠释。在这个故事里，狮子王木法沙要负责整个王国的精神和社会繁荣。作为高高在上的国王，他备受臣民的敬爱，但这不是因为他是一个自尊自大的领导者，而是因为他愿意做人民的公仆，在精神上引导他们的抱负和需要。当儿子辛巴诞生之后，他告诉辛巴将来这些都会成为辛巴的工作。“你看到的一切都是伟大的生命循环中的一分子。有一天你会成为这个循环的国王，有一天你要为它负起责任。”他赋予了儿子一项神圣的使命。辛巴经历了许多试炼，甚至一度以为自己是杀父凶手，但他最后真的成了国王。

每对父子都能够在王子与国王的隐喻中找到他们为彼此努力的印记，因为每一个儿子都想从父亲那里得到人生的使命感，也需要一个年长男性允许他去追求这项使命。他需要感到自己的脚下有坚实、充满关爱的男性社会作为立足之地，这样他才不会在成年之后，不得不对自己的妻子、儿女甚至是陌生人坦白：“我不知道怎样才算是一个男人，请教教我吧。”他需要接受挑战，将目光投向遥远的星辰，投向不切实际的梦想和抱负，但或许有一天，他会使之变成现实。他需要知晓自己对奥妙无穷而生生不息的人类世界和精神生活负有什么样的责任。他需要从一个亲近的男性那里得到反馈，由此成为一个充满爱心、明智且富有力量的男人。

从前，如果做父亲的不幸过世，部落中的其他男性导师就会接过父亲的责任，比如祖父、叔伯、哥哥，乃至没有血缘关系的叔叔和老师。他们或者是国王，或者是辅佐国王的魔法师和导师。在木法沙和辛巴的故事中，猴子萨满担当的就是这个角色，在辛巴父亲去世后的很长一段时间内，他指引着辛巴走上了成为狮子王的命运之路。

王子与国王的隐喻广泛存在于世界各地的文化之中，在这些故事中，国王永远处于男性亲友体系之中，这个体系支持着他、他的家庭、他神圣的职责以及他的子女。我们可以在广为人知的战士文化中找到这种体系的代表。在战士文化中，男性亲友体系的首要目标是保护家族和社群免受敌人的侵害，并训练男孩为了这个目标而战斗。很多人认为男性文化是战士文化的延伸，但事实恰恰相反。战士是从男性亲友构成的狩猎集团中演化而来的。只有当人口增长到一定数量，资源成为稀缺品时，男人才需要彼此争斗，来保护自己的资源。

如果从进化的观点来观察父子关系，就会发现，我们这个时代的关键问题并不在于父亲本人和儿子之间的关系不再像以前那样亲密无间了。更恰当的总结是：从前，整个男性亲友体系同男孩之间有着更为亲密的关系，父亲、叔伯、祖父、导师都是男性亲友体系中的一员，如今，这一体系几乎消失殆尽，父亲是男孩认识的唯一一位国王。然而大部分时间里父亲也忙于工作，而他在工作时往往会觉得自己更像是头骡子，而不是一位国王。在这种缺乏自豪感的男性亲友体系帮助的情况下，他的儿子很难被完满地养大成人。

因此，当我的工作涉及家庭和父亲时，我所做的第一件事情就是去了解那位父亲是在什么样的男性亲友体系中长大的，他的父亲、男性亲属和导师们曾教会他哪些东西。我会尝试帮助他从那个体系中取其精华，弃其糟粕，这样一来，他就能从旧时的文化中汲取养料，为自己的孩子精心打造一个全新的男性亲友体系。我这样做并不是要让他推卸自己对孩子的个人责任。恰恰相反，我是在要求他作为一个男人，通过为自己寻求帮助和支持，来更好地关爱妻儿。在当下，这一点甚至比从前更为重要，因为原本的扩展家庭和男性亲友体系已经濒于消失，父亲肩负着养育孩子最主要的男性责任。如果得不到各方支持，他们极有可能难以完成这一任务。

在父亲寻找支持体系的过程中，他的妻子，也就是孩子的母亲扮演着至关重要的角色。为了维系同其他男性之间的关系，做父亲的需要不时从妻子身边离开，如果妻子对此感到嫉妒，将会导致婚姻的破裂，最终伤害到孩子。假如父母双方的角色互换，父亲的嫉妒也会引发同样的后果。**不管是父亲还是母亲，都需要找到自己的支持体系，都必须给予另一半足够的空间。**当他们刚刚迈入婚姻的殿堂时，或许单凭浪漫体验就足以维持彼此近乎盲目的爱情。然而，一旦有了孩子，这种短视的爱情就必须让位于孩子的利益。这通常意味着父母要继续相爱和相互协作，但必须更多地离开对方，与同性别的群体和组织建立更加紧密的关系。

大多数男人认为，自己在履行男性职责的时候没有得到什么帮助，正是由于这一点才导致了如此众多的失职父亲的出现。但这种说法常常令女性感到惊讶。在她们看来，今天男人们的亲友体系，那些“老伙计的社会网络”，已经运转得相当不错了。她们往往会反驳说：“男人有什么可担心的？我们女人才难呢！”

在当代，这类言论被进一步地强调，但它们是片面、自私的，过于极端，没有事实依据。大多数男人在为了维持生存、养家糊口以及实现梦想而努力奋斗的时候，通常得不到什么支持。“老伙计体系”只对一部分男人有帮助，无法惠及绝大部分人。慈善组织与政府机构的服务大部分都面向女性。举个例子，在美国，85%的无家可归者是男性，而女性能够享受的社会服务远比男性更为全面，甚至卫生系统为女性提供的服务也是男性的两倍，当然，那些针对男性的研究机构除外。大多数的吸毒者是男性。大多数的犯罪者也是男性。这些“王子”，这些未来的“国王”，在一生中很少能获得对于男性的支持。如果希望父亲们成为更加优秀的父亲，就必须了解他们每天都在面对什么样的压力和痛苦。

明智父亲的7个做法

某期《新闻周刊》（*Newsweek*）上刊登了一幅7岁黑人男孩的照片，并附上了这样一个标题：“失去父亲的世界”。超过半数的美国黑人男性是在没有父亲的情况下长大的，他们中的很多人在进入青春期后会面临各种风险。越来越多的白人男性也正在同样的环境中长大，父亲的缺失极大地提高了他们行为不端的概率，其他风险还包括缺少责任感、出现反社会行为、无法与女性建立完整的情感联系等，而这些又反过来导致了更多婚姻破裂，从而形成了一个恶性循环。

曾任特拉华州州长和美国国家政策分析中心（National Center for Policy Analysis）政策主席的皮特·迪蓬（Pete du Pont）在一篇社论中写道："今晚，每 10 个美国儿童中，就有 4 个在没有父亲的家中进入梦乡。在这个十年结束的时候，这一数字将会变成十分之六……60% 的强奸犯、72% 的青少年杀人犯以及 70% 的长期服刑犯人是在缺少父亲的家庭中长大的男孩。"

犯罪数据以一种非常戏剧化的方式指出了这样一个常识：**如果父亲不在身边，男孩出现反社会行为的概率就会大大增加。**就像火炬手传递火炬一样，父亲需要把社会价值观传递给儿子，单凭母亲的力量往往是不够的。然而有越来越多的父亲在身体、情感和精神上抛弃了自己的儿子。他们或是觉得自己遭到了那个离开自己的女性的背叛，或是因为社会对男人的默认预期而困惑不已，或是受法庭裁决所限，对儿子无能为力，或是感到自己无论作为父亲还是作为男人都是一个失败者。当男性感到失败时，往往会想要和过去一刀两断，重新开始。

父亲为何会消失

非婚生育和离婚这两大社会现象提升了男性离弃子女的概率。在 1960 年，只有 15% 的青少年父母是在未婚时生下子女的。到了 1991 年，这一数字已经攀升到了 69%。而根据美国父亲行动协会（National Fatherhood Initiative）的报告，普通成年人未婚生子的概率是 30%。非婚生育问题并没有简单的解决办法，但是，如果社会和各类组织对此听之任之，那么就会有更多的父亲离开子女，其中很多人根本不想女方生下孩子，很多人几年之后才知道自己早就做了父亲。从父亲的角度来看，社会更重视母亲的需要，而忽视父亲的。如果没有一些严格的社会契约，例如婚姻的约束，他就没有什么动力去默默承受一段在他看来极不公平的关系。某个 18 岁的父亲对我说："我希望她去流产，但她不肯。现在我不得不赔上整个人生，仅仅因为她的意愿比我的更重要。凭什么要我付出代价呢？她应该自己承担。”

在咨询过程中，我尝试让这个男人接近自己的孩子，但他的观点确实难以反驳。根据美国绝大部分州的法律，这位前女友拥有处置自己身体和胎儿的权利，但其附带结果是，她还拥有了左右自己前男友未来的合法权利。只要男人仍在面对这样的体系，几百万的儿童抚养欠款就不会消失。无论是从工资中划走抚养金，还是“追踪不负责任的父亲”，这类方法永远不可能从根本上解决问题。很多被指责为没有尽到抚养义务的父亲从来都不承认自己的父亲身份。但社会认定他们就是父亲。

导致父亲不抚养子女的另一大社会因素是离婚。大多数研究都发现，离婚会对孩子造成危害性的影响，其中也包括朱迪丝·沃伦斯坦（Judith Wallenstein）所做的一项为期 24 年的研究。“在对离异家庭儿童的研究中，我们连一个适应良好的孩子都找不到。”沃伦斯坦说道，“而且对所有孩子来说，父母离婚都是人生中最严重的一件事。”尽管有这些研究结果，但离婚率仍然高达 1/2。无论男人是在妻子的逼迫下，还是出于自己的意愿斩断了和妻子的感情，他们遗弃子女的概率都会显著升高，特别是这些男人自己和其伴侣只把他们看作负责赚钱养家的人，或是当他们没能像孩子的母亲一样，同年幼的子女建立起稳固的情感联系时，这种情况还会更加严重。

期待相反的事情能够发生，不仅仅违反了人类的生理本能，也不符合常识。男人陪在孩子身边的时间不足以让他们同孩子建立起像母子关系一样深厚的情感联结。几百万年以来，这种情况从未改变过。虽然有一些显而易见的例外，但时至如今，事实依然如此。然而当今社会和之前相比，出现了一个非常深刻的变化，那就是如果一个男人离开了自己的孩子，通常并不会有家族或社区中的其他男人来填补他的位置。

正如我们必须重建男性亲友体系，来为男孩提供精神和情感上的支持一样，我们也必须像千年来每一种文化都会做的那样，指导父亲如何养育自己的孩子。同时，还必须改变教育年轻女孩的方式，让她们知道过早生子会令人生变得很艰难。我们还应该让离婚变得不再那么轻而易举就能实现。

怎样做才是明智的父亲

什么是父亲？如何才能成为更好的父亲？怎样做才是明智的父亲？以下是我对这些问题的回答。这个表单中列出的品质和条件并没有穷尽所有答案，仅仅是提供了一个开始。

1. **成为父亲必须是一个深思熟虑之后的决定。**如果女人在男人做好准备之前就劝说他要孩子，而男人也轻易地听从了，他们很可能会把孩子的未来置于可悲的境地之中。当男人没有做好生儿育女的准备，而他的妻子已经迫不及待时，两人就需要接受心理咨询的帮助了。如果男人压根不想要孩子，他怎么可能成为明智的父亲呢？怎么能对他抱有这种不切实际的期待呢？
2. **父亲必须在妻子怀孕以及孩子很小的时候就开始履行自己的职责。**这一点将在下一节单独讨论。
3. **父亲必须具有清晰的自我认知。**这一条同样会在后续章节中展开讨论。如果做父亲的对自己不甚了解，而且故步自封，无法改变和成长，他又怎么能养育一个正渴望了解自我的孩子呢？
4. **父亲必须对自己的身体、性别、性生活，还有自己对自然的感性理解以及身边的世界感到自在。**他必须知道如何让自己的身体保持活跃，这样才能帮助正处于身体发育期的儿子。他必须能和儿子讨论性、自然、生物、性别等问题，而且要懂得聆听。
5. **父亲必须学会如何与儿子进行交流。**这个孩子既具有男孩的共性，同时又是一个独特的个体。为了适应儿子的成长，父亲必须不断学习新的沟通技巧。

6. **父亲不仅应当允许儿子寻找其他导师，还必须积极地为他提供帮助。**这一点将在第 6 章深入讨论。在人类历史上，父亲一直会替儿子寻找导师，让他们向儿子传授自己不具备的技能。当儿子想要深入了解男性情感中的某些方面，但又无法从父亲那里获得教导时，也可以向导师寻求帮助。
7. **父亲必须懂得给儿子自由，同时又要持续做儿子的榜样。**他必须在生活中秉持着清晰的人生愿景。这个愿景应当是他在深思熟虑之后，凭借自由意志做出的选择。只有如此，儿子才有可能获得同样的自由。

以上是明智的父亲应当采取的几种做法。当父亲的能量没有倾注到儿子身上时，父子就会在情感和身体上彼此远离。

接下来，我们会对其中某些做法进行更加深入的讨论。

父亲与婴儿

在一个男性亲友体系几乎从不插手儿童教养的社会中，父亲同子女的隔离往往早在孩子刚出生时就开始了。这指的不仅仅是从 20 世纪 50 年代开始，父亲被关在了产房之外这件事。在很多部落文化中，父亲也不会出现在生育现场，但这并不妨碍他们和儿子建立紧密的联系，并把儿子带到亲友体系中去。如今的父亲之所以和婴儿关系淡薄，更大的原因在于整个社会对父亲角色的定位都混乱不堪。

一位年轻的父亲在同我谈起他襁褓中的儿子时这样说道："一旦他学会说话，我就可以更好地和他建立联系了。在那之前，我相信妻子不会介意我先缺席一段时间。"这是父亲经常会做的事，通常也得到了妻子的支持，但双方都没有充分意识到这件事造成的影响。研究发现，14 天大的婴儿已经能够稳定地辨认出父亲的声音。婴儿认识自己的父亲，已经做好了建立情感联结的准备。母亲对婴儿的照顾通常多于父亲，这是正常的。然而，如果父亲总是不管不问，就可能无法建立紧密的父子联结。如果这种联结不够紧密，他之后遗弃这个孩子的可能性就会升高。

当父亲置身事外时，受到损伤的不仅仅是他和孩子的关系。疏远的父子关系还会对父母之间的婚姻造成影响。研究显示，那些不能同孩子建立良好依恋关系的父亲，与妻子之间也存在更多婚姻问题。离婚是孩子成长过程中最具毁灭性的创伤事件之一，而很多婚姻破裂的隐患正是在孩子出生时埋下的。

在母亲怀孕期间以及孩子出生后的头几个月里，她的注意力会从丈夫转向自己，这将引起丈夫的怨恨，而做丈夫的也会为此感到震惊或羞耻。母亲的行为是对身体和生活的巨大改变所做出的一种自然调节。男人必须同妻子谈一谈自己的感受，而不是期待妻子会自行“恢复”往日的相处模式。妻子怀孕是他向支持网络中的其他男性寻求感情支持和陪伴的好机会。男人需要找到或建立一个支持团体，来帮助自己顺利度过生命中的这个时期。这类团体可以变成他的第二重家庭。

在妻子怀孕和孩子出生的过程中，男人自身的许多父母问题将会浮出水面，需要得到一些心理咨询服务。咨询师可以加入他的第二重家庭或第三重家庭。如果这位新晋父亲没能利用这次机会清扫自己记忆中的痛苦，无法跳出固有的行为模式，源自他自身家庭的破坏性行为将会在孩子身上重演。

婴儿在每次遇到危险、生病或伤心时，都会更希望妈妈陪在身边，由此引发的不快是新手爸爸必须面对的挑战。研究显示，孩子在玩耍和需要管教时会更依赖父亲，而在寻求同情和安慰时则不然。如果可以同其他男性讨论自己的感受，男人就会发现，这种感觉是人人都有的，于是就能得到支持自己渡过难关的力量。通过和其他男性的接触，他们可以成为更好的父亲。

新手爸爸还应当尽可能多地阅读介绍孩子如何进行人际互动的书籍。购买这类书籍的人大部分都是女性，男性也应该开始购买和阅读它们。普通成年人经常会犯一个错误，那就是假设自己“天生知道什么做法对孩子最好”。照料孩子，尤其是3岁以下的孩子，可能是我们所做过的最缺乏训练的事了，特别是对于男人来说，这种情况会更加严重。

通过关于新生儿的书籍，父亲能够学到如何为孩子“补充能量”：拥抱或抚摸孩子，以此来为他的情绪充电。在男孩长大的过程中，这种补充能量的方式会发生一些变化，但会一直起作用。即使是5岁、7岁甚至10岁的孩子，看起来似乎需要疲惫的父亲花费大把时间来与之相处，但实际上，只要有5～10分钟，父子相互为彼此补充能量就足够了。如果在工作中身心俱疲的父亲能够花上10分钟或半小时来陪陪儿子，双方都会感觉被治愈了。如果在儿子的婴儿期或是长大一些的时候，父亲并不愿意花费这一点点时间来与他相处，那么最终就会耗费更多的精力，来处理儿子的愤怒、拒绝、置之不理等问题，这有可能要用掉一整晚、整个周末，甚至整整一生的时间。

在解答如何做父亲这一博大精深的问题时，男人需要学会直视婴儿的眼睛、同他们轻声细语，这正是婴儿的最爱。**父亲倾向于激发婴儿的情绪，而母亲则倾向于哄着婴儿平静下来。这两种做法都没有问题。**婴儿既希望得到父亲的关注，也希望得到母亲的抚慰。如果受到的刺激过大，他会转过头去或是大哭起来，以此告诉父亲这样的做法过火了。父亲还会学到，在男孩18个月大以后，他们的大脑才能真正理解父母对规则的严格要求。在此之前，父母只能尽情地宠着自己的小男孩，抚摸他，给予他情绪上的热情关注。

新生儿的父亲往往会通过更加努力地挣钱来表达与孩子的“依恋关系”，这是男性的行为方式。父亲们通常会认为，提供金钱就足够了。但事实绝非如此。男人必须和孩子建立心心相印的联系，否则就会面临在情感上抛弃孩子的风险，而他正是为了养育孩子才加班加点工作的。

我想，约瑟夫也许会嫉妒如今的父子间的亲密关系。他也许会嫉妒这样的事实：男人的作用不仅仅是养家糊口，拍全家福，或偶尔临时帮忙照看一下孩子，这是我们的父辈曾经的生活。我想，如果约瑟夫活在今天，他会告诉我们，要把父亲以及父亲所做的一切，也全都写入家族的故事中。

如何成为男孩需要的父亲

男孩需要这样的父亲：具有身为男性的自信，对身边的世界有归属感，堪称男性精神成长的榜样，对男孩的人生有很多有益的影响。

在男性团体中寻找支持

男人们需要找到男性团体，来帮助自己在精神和社会方面获得成长，从而磨炼出健康的男性特质，再将之传递给儿子。那么，去哪里寻找这样的团体呢？有些人求助于工作场合，一部分人确实在这里找到了他们所需要的全部；有些人在酒吧里，在观看体育赛事时，或在电视机前寻找；还有些人求助于自己的老朋友、老伙计。

很多男人在这些组织和人群中得到了些许帮助，然而很少有人能够自然地同男性朋友谈论深层的精神生活。在西方文化中，很少有男人能够真正经受探索和不断修正自身男性气质这一精神挑战。因此，也很少有男人能够和其他男人建立深厚的情感联结，然而正是这种联结支撑着男性更深层的成长，帮助他们教育自己的孩子在精神上成为负责任的成年人，维持生命的循环，成为合格的“狮子王”，尊重所有人，自信地为自己建造篱笆。

男人需要这样的友情和支持。

在过去 10 年左右的时间里，北美各地涌现了一批旨在帮助男人建立男性亲友体系的男性团体。这些团体中的男性做出了如下评价。

36 岁的拉里：“我加入的男性社团是一个让我感到安全的地方。我可以把自己的感受放心地讲给别人听，因为他们真的关心这些，没有什么感觉能比得上这个。有时我会感觉失去了自我，是这个社团改变了这种状况。”

41 岁的克莱顿：“在团队中，我明白了什么是男人。我的儿子正在长大，他知道这些人都是我的兄弟，可以从我们所有人这里学习如何做一个男人。”

46 岁的汉克：“在我离婚的那段日子里，是我的男性团体拯救了我。”

29 岁的鲁伊斯：“我在过去几年里尝试过很多疯狂的事情，其中一些还不错，例如嗜酒者家属之成年儿童匿名会（Adult Children of Alcoholics，ACOA）。对我来说，男性团体是所有美好的事情发生的地方。它改变了我、我的婚姻，乃至我的整个人生。”

51 岁的布拉德利：“我曾在军队中服役，一起工作的人大多数都是男性。我还有 4 个兄弟。但直到找到一个适合自己的男性团体，我才知道男人真正的生活应该是什么样子的。”

也有些男人曾在男性团体中遇到过不好的经历。任何事情都有好有坏。很多男人必须尝试多个团体才能找到适合自己的那一个。很多男人并不需要这种团体，因为他有关系密切的家庭，或者在其他组织里找到了直达心灵深处的男性亲友体系。

但也有很多男人，甚至是相当多的男人还无处可去，如果愿意尝试一下，他们就能够在男性团体中找到精神的归宿。这些年来，我曾经组织过很多男性团体，在监狱、咨询机构、男人之家等各种地方。男性团体是西方文化中将男性联结起来、体验深层次的男性经历的一种方式。每一种文化都有达成这一目标的独特方式，都会建立关注精神层面的男性团体，其中也包括西方人祖先的文化。每一种文化都会帮助男性找到一伙其他男性，让他可以在那些人之中感知到自我。

男人经常会说：“这些在我看来都太抽象了。”这些男人会谈论他们如何同其他男性聚到一起，工作、打球、观看比赛、打猎、钓鱼以及进行家庭之间的社交。然而在这些聚会中，很少会有人能够安然地讨论家庭中遇到的难题：衰老的感受，对亲密关系的恐惧，抚养孩子的喜悦，童年时代的憾事，战争中的创伤。只有开始承认这些事时，一个男人才算是找到了真正属于自己的男性团体。

日复一日，男人和女人生活在一起，相爱、生子、共同抚养孩子、一起工作。

有很多男人觉得自己可以和女人讨论情感生活。然而还是有很多关于男人的事情，女人是无法理解的。有很多事情，男人无法对女人开口。把女性当作唯一的知己，或是不知道如何向女性解释自己的问题，却又不去寻求其他男人的帮助，往往会使自己在亲密关系中陷入麻烦。这样的男人生活在情感的孤岛上。他们的儿子也会感受到这种孤立。

近来，出于对男性情感的恐惧，西方文化将男性团体视为讽刺挖苦的沙文主义，并对此进行攻击。媒体称之为“对原始部落的敲锣打鼓的无聊模仿”。一些女性主义活动家做出了过激的反应，强烈反对这些男性团体，称它们为男性的秘密俱乐部。一些男性也由于对自身情感的恐惧，嘲笑男性团体中的男人流下的眼泪。然而无论如何，这一切并不能阻挡男性团体在我们周围一天天地发展壮大。

由男性团体中的男人养大的男孩可以在这个团体里找到一个男人的“部落”。一位男士说道：

> 在我的儿子 7 岁的时候，他以为我去的是一些疯狂的男性俱乐部。现在他 10 岁了，对我在每周一晚上的聚会中所做的事情和所去的地方都非常好奇，想要了解更多。我曾经邀请我的伙计们一起打扑克。儿子就坐在我身边，观察着这些男人。他不是一个爱讲话的孩子，在这一点上，他和他老爸很像。但是他很喜欢和我谈论这些男人中的每一个人。他对每个人都有自己的看法，喜欢这个人的某某地方，不喜欢另一个人的某某地方。他在思考、辨别、判断，最后决定应当成为什么样的男人。如果没有遇见这些伙计，他就不可能有什么年长的男性朋友。我并不是一个擅长与人交往的人，特别是和男人。在大部分人生中，我都受到其他男性的伤害，头一个就是我父亲。因此，儿子的情况是，他从我的伙计那里得到了来自年长男性的接纳，这是我从未拥有过的。

关注单身父亲

“这美妙绝伦。这痛苦万分。这就像是同时置身于天堂和地狱。”

“人们认为男人做不来这个，实际上，这正是我们一直在做的。”

“如果没有独自养大孩子们，我对世界的理解将和今天大不一样。在我的人生中，任何事情对我的改变都比不上这件事：在没有孩子母亲的帮助下抚养他们。”

最近，我参加了一场以单身父亲为主题的会议，听到了很多男性的发言。当讨论接近尾声时，有人提出了这样一个问题：“对你帮助最大的是什么？”有位男士似乎说出了大家的心声：

“我不敢想象，如果没有家庭、朋友以及帮扶组织的帮助，我会犯些什么样的错误。”

在所有单亲家长中，有15%是父亲。每过一个月，这个数字就会再增大一点。在美国，由单身父亲抚养的儿童数量为100万～200万。

作为家长，特别是单亲家长，男人们面临着很多特殊的挑战。男性的身体不会分泌大量的孕酮，因此不能像女性那样准备好与婴儿建立情感联结。西方文化则对这种生理特征顺水推舟，教育我们让女人来操心照顾孩子的事，把大部分的爱抚、拥抱、柔声交谈都交给女人去做。

当孩子在单身父亲支撑的家庭中成长时，我们才意识到自己是多么缺乏训练。从不知道如何换尿布到一首摇篮曲都不会唱，再到家长会上的无所适从，我们感受到了自己的无知和笨拙。

不管是想要刺伤男性，还是想要帮助男性，我们身边的人总会讲些这样的话：

“看，你们现在知道女人都经历过什么了吧。”或者：“你是个单身父亲？这下可有乐子瞧了。”

如果幸运的话，我们可能同孩子的祖父母住得比较近，或者有一位阿姨可以时不时地过来帮忙。但如果我们没有这份福气，通常会很快寻找一位新的伴侣来帮忙抚养孩子。研究显示，在这方面，男人的行动比同样身为单亲家长的女性迅速得多：男人会更快再婚。

当参加那次大会的父亲们被问到再婚问题时，一个男人回答道：“我再婚的妻子和孩子们合不来，于是我同她离婚了。我必须把孩子置于第一位。离开她，我们反而生活得更加幸福。”这位男士坦陈，没有女性在身边会使自己觉得有些孤独，但他也学会了用友情来填补自己对于陪伴的需要。

像所有的父母一样，单身父亲也想要为子女提供最好的条件。他们面临着巨大的困境，需要重新学习如何做一名合格的家长。他们需要帮助。只要信任和尊重他们、帮助他们学习那些从未有人教过他们的技能，每一个人都能对单身父亲有所帮助。在美国社会的变迁中，单身父亲处于底层的沟壑中，然而他们正在做着一个男人所能做到的最重要的工作：他们学着扮演一个全新的男性角色，并以此为所有人上了一课。

当父亲给儿子冠上家族的姓氏

在哈依姆·波托克（Chaim Potok）描写纽约犹太人文化的经典小说《特选子民》（*The Chosen*）中，老雷布·桑德斯曾谈起自己的成长经历：

> 在我还很年幼的时候，我的父亲就开始在深夜唤醒我，向我讲述古老的故事。他讲到耶路撒冷的覆灭，讲到以色列人民承受的苦难，这让我哭闹不

止。他这样做了很多年……除了一起学习的时候，他很少同我交谈。他在沉默中教导我。他教我审视自身，教我寻找属于自己的力量，教我同自己的灵魂一起漫游内心世界。当有人问他，为何要对自己的儿子如此吝于言辞时，他回答说他不喜欢言语。言语缺乏真情，故弄玄虚，歪曲想法，封闭心灵。心灵是通过沉默交谈的。他还说，一个人只有在自己经历过苦痛之后，通过求诸自身、探索自己的灵魂，才能够理解他人的苦痛……一点一点、非常缓慢地，我逐渐开始懂得他的这番话。

这位父亲甘冒风险，为儿子的命运做出了选择。在某些文化中，这种冒险是值得支持的。父亲一旦接受了这份风险，就必须为儿子的成长负责，尽力发展他的同情心、智慧以及责任感。当然，每一个父亲都在这些方面负有责任，但是，如果他不肯冒险决定自己儿子的命运，就常常会忽略对儿子的培养。

大多数人不会干涉儿子的命运，不会对他说："你是我的儿子，你要继承我的事业，变得更加像我。"相反，我们会这样告诉儿子："去寻找你自己的道路吧，祝你好运。"这种逻辑更加符合西方的个人主义文化，但我们在这个方向上走得有点过头了。我们过于坚持这一点，不肯冒险影响儿子的命运，结果忽略了他的成长。

每个父亲都应当设法完成雷布·桑德斯的父亲曾经做过的事情：以一种男孩需要的方式培养他的同情心、智慧和责任感。通过这种做法，父亲无形中决定了男孩的情感命运。一个不肯在儿子 5 ～ 15 岁冒险影响其情感命运的父亲，称不上是一个负责的父亲。

这里所说的"情感命运"指的是什么呢？相比母亲，与儿子同为男性的父亲能够更好地跟他的情感世界产生共鸣。**父亲必须在母亲的帮助下，发现男孩所面临的情感上的挑战。**对有些男孩来说，最大的情感困扰是孤独感，有些男孩则缺乏同情心，还有一些害怕与人交往，另一些过于在意他人的感受而压抑了自己的情感。每个男孩可能都或多或少地面临这些问题，甚至不止以上几种。父亲必须挖掘自己的童年记忆，从中找到可以帮助男孩的部分。他必须利用合适的秩序、规则和仪式来教导男孩应对和约束自己的情绪，这些方法可以是武术、体育运动、每晚外出散步、拜访无家可归者、打猎等。

在电影《燃情岁月》（*Legends of the Fall*）中，伊莎贝尔谈到自己的小侄子时这样说道："他出生在一个光荣的家族中。我敢肯定，他不会愧对自己的姓氏。"她还说："他父亲姓勒德洛，这个姓氏血统高贵，蕴含着代代相传的光荣、责任、仁慈以及智慧。"在这些话中，隐含着一个没有说出的信念。伊莎贝尔相信，这个孩子的父亲特里斯坦，那个给了他勒德洛这个姓氏的人，一定会培养他长大，让他成为配得上这个光荣姓氏的人。这正是雷布·桑德斯的父亲曾经做过的事，也是每个父亲应当去做的事。

每个儿子都希望自己配得上父亲的姓氏，希望自己坚强、勇敢、温柔，这样父亲就会对自己说："你没有辜负我们的姓氏，儿子。我为你感到骄傲。"他渴望父亲的承认超过了其他所有人。因此，父亲应该尽最大的努力来帮助儿子做到最好，这是每个父亲不可推卸的责任。如果他没有这么做，那么他的儿子只是在档案中继承了他的姓氏，而不是在内心和灵魂中。他的儿子将永远都不敢确定，自己是不是一个有价值的男人。

即使父亲去世，或者因为种种原因离开了，母亲和导师也必须帮助男孩认识到，他继承的姓氏中包含了哪些深远的意义。在人类的演化过程中，文化一直将婚姻作为孩子出生前的必要事件，其中一个主要原因就是要确保父亲将自己的姓氏传给孩子。通过婚姻，男性不仅成为抚养孩子、满足其生理需求的家长，也保证了他们情感上的健康成长。父亲甘冒风险，描绘出儿子命运的前景；一旦时机成熟，他又会让儿子放手一搏。

成年路上父子关系的升级

曾经有一对父子来拜访我。父亲当时 62 岁，是个退休人士。他刚刚经历了为期 3 年的癌症治疗，已经痊愈，至少暂时没有复发的危险。儿子 33 岁，正在和一位女性同居，而且很快就要迎来自己的第一个孩子，也是个男孩。然而，这对父子仍然不肯放过彼此。父亲事事都想插手，儿子则不断反抗。他们找到我，想要得到更好的人生。

回顾他们的过去，可以发现其中充满了父子之间的种种情感纠葛，这也是很多男性需要面对的问题。在儿子米克 10 岁之前，父亲韦恩曾频繁地在他的生活中出现和消失。当韦恩在家的时候，迫切地想要参与儿子的所有活动，但米克显然已经习惯了另外一种生活，平时都是跟母亲、兄弟姐妹以及朋友们在一起的。韦恩对米克的控制变得越来越严。甚至是买来的玩具，他都希望看到米克“用正确的方式”来玩。

韦恩要求米克“规规矩矩”，否则就克扣他的零用钱。米克则对父亲经常不在这件事耿耿于怀。米克和父亲一样固执，会故意做些事情来激怒他。当米克长成一个青少年时，已经把父亲最恐惧的事情摸得一清二楚，那就是毫无责任心的行为，特别是物质滥用和金钱债务。于是在这两件事上，他明目张胆地跟父亲对着干。韦恩在金钱方面非常保守，从不大手大脚地乱花钱。从十几岁到二十几岁，米克一直在试图反抗父亲的影子，而韦恩则不断地批评责备自己的儿子。

很多年过去了，米克即将迎来自己的儿子。伟大的生命循环不停地运转，赋予了所有人第二次机会。这两个男人抓住了这次机会。通过细致的工作，韦恩认识到了自己的控制欲是多么强烈，也明白了这种控制欲产生的根源。他拿出三个月的时间同儿子交谈，反省自己的所作所为。米克也做了同样的事情。他意识到虽然自己在不断地反抗，但从未形成过自己的观点，从未找到过属于自己的“人生目的”。他必须解决同父亲之间的纠葛，才能获得心理上的成熟。

当这两个男人再次一起出现的时候，他们已经找到了一种新的关系。当你阅读这段文字的时候，米克的儿子正在长大，而这个孩子的父亲和祖父终于可以齐心协力，给他提供最好的男性榜样。

父子之间的纠葛常常会贯穿男人的一生，并不是每一对父子都能像韦恩和米克那样解开心结。自尊、固执，甚至是习惯性的针锋相对都会使得父子之间的矛盾持续下去。他们一起活动，一起工作，共进晚餐，甚至在某些时候互相尊敬、互相爱护，但似乎就是无法停止争斗。愤怒如影随形，让他们的生活始终隐隐作痛。

我们可以在纠缠不清的父子间找到以下行为模式，这些模式通常会在青春期到来或即将到来时明显地表露出来。在这个时期，父亲开始想要更多地参与儿子的生活，因为当父亲进入中年以后，对于亲密感的需要逐渐觉醒了，但儿子却往往不想跟父亲打交道。

控制。父子中的某一方在他们的关系中建立了一套控制体系。如果对方不肯按照他的意愿行事，就收回自己的情感，具体也可以表现为时间、金钱以及其他资源。儿子常常以这种方法来向父亲索要金钱、车子等，而父亲则以此要求儿子的一举一动都符合特定的方式，即父亲的方式。

控制不能和规则混为一谈（参见第 7 章）。规则体系是亲子双方缔结的公平契约，父母和子女都明白它是必要的。规则体系是亲子之间的一种神圣关系，并且得到了社会的认可和支持。控制则是一方为了某些无法言明的理由强加给另一方的，双方的地位并不对等。

服从。父亲或者儿子服从更有权威、控制力更强的一方，或至少表现得好像在服从对方。儿子通常是服从的一方，他会逐渐积累起对控制的不满，还有对于父亲的怒火。然而有时，如果儿子和母亲联合起来，而母亲又同父亲有矛盾的话，父亲也可能不得不屈服于儿子的压制，以得到与他相处的机会。这在离婚家庭中十分常见。

回避。父亲或儿子在情感和身体上疏远对方。儿子几乎从不花时间陪伴父亲，父亲也从不陪伴儿子。在与妻子离婚之后，父亲就在感情上抛弃了儿子，儿子也在感情上疏远了父亲。回避是一个渐变的区间，从老死不相往来的完全遗弃，到在一起生活但没有明显交流的情感疏远，都包含其中。

如果父亲或儿子是个非常危险的人物，那么在这种情况下回避是必要的。如何定义“危险”呢？我的回答是，谨慎行事。经常有男人被认为是“危险”的，或者他的教养方式被认为是种“危机”，但实际上，这两种说法都偏离了事实。只有当男孩无法在情感上应对父亲时，父亲才能被判定为危险的，他的教养方式才能被看作一种危机。

曾经有位母亲来向我咨询她的儿子和前夫之间发生的一些事情。这位父亲是个猎人，正在教儿子如何使用枪支。母亲的态度非常坚决，她希望自己的儿子这辈子都不要碰枪，因此在考虑要不要采取一些法律手段，完全禁止父子之间的来往。我的目标之一，就是帮她认识到她对危险的定义必须有所调整，这样她的儿子才能够和父亲继续相处。这里并没有出现危机，没有什么是这个男孩在情感上无法处理的。母亲有权利说“我不喜欢枪”，有权利用自己的观点影响男孩。但是她没有权利只凭自己的主观好恶，就斩断父子之间的关系。

反抗。这是米克选择的道路。父亲反抗儿子的情况非常少见，但也偶有发生，特别是当母子之间的关系非常亲密，让父亲感到在家庭中，儿子在感情方面的权威已经压过自己的时候。然而，通常的情况是儿子去反抗父亲。当然，轻微的反抗是有益的，能够帮助父子对彼此放手。但米克的所作所为则危及了自身。

在以上所有模式中，父亲和儿子都在努力对抗对方的影子，而不是和站在自己眼前的活生生的人达成理解。他们陷入了权力的争斗中，即使已经很多年不同对方讲话，依然无法释怀。他们中的一方会执着于对方对自己的看法，通常是那个渴求父亲的儿子，有时候双方都会很在意对方的看法。

当儿子离开家庭之后，父子之间的关系必须在短时间内转变为两个成年男人之间的关系，双方应该成为可以分享情感的伙伴，在情感上拥有平等的地位。导师能带领儿子超越父亲的阴影，父子间相互分离几个月或几年也会有所帮助。儿子自己成家的艰辛、父亲步入中年生活后的改变，都能对父子关系的转变产生益处。如果一切顺利，父子双方都会参与到一段成长过程中（参见第 6 章），儿子会接纳父亲的不完美，父亲会承认儿子的男子气概。但是，如果缺少了三重家庭体系，在父子分离的过程中，没有其他导师能够对他们产生影响，父子关系就将陷入彼此胶着的阴影中。这也会成为社会的沉重负担。

韦恩和米克摆脱了这片阴影。当咨询快要结束的时候，韦恩做出了一个充满象征意味的举动，让人热泪盈眶。韦恩一直是道格拉斯·麦克阿瑟（Douglas MacArthur）将军的忠实崇拜者。他有一块装饰挂板，上面刻着麦克阿瑟为自己儿子创作的祈祷文。全文如下：

> 主啊，求你塑造我的儿子，使他强壮到能够认识自己的软弱，勇敢到能够直面自己的恐惧；堂堂正正的失败不会让他灰心丧气，在光荣的胜利后也仍然能够保持谦逊温和。
>
> 求你塑造我的儿子，使他不至于沉湎幻想而缺乏行动；引导他认识你，同时又懂得，认识自己才是一切知识的基石。
>
> 我向你祈祷，请不要把他领上贪图安逸的道路，要让他在困难和挑战中接受磨砺。请让他学会在狂风暴雨中挺身屹立；请让他懂得去同情那些不幸失败的兄弟姐妹。
>
> 求你塑造我的儿子，让他的心灵纯洁，目标远大；让他在指挥别人之前，先懂得驾驭自己；让他能够放眼未来，同时也不要遗忘过去。

当他拥有了以上的一切，我还要祈求，请赐他足够的幽默感，使他能够认真严肃，却不致过分看重自己。请赐他谦卑，让他永远牢记：真正的伟大中蕴含着平凡，真正的智慧中蕴含着开明，真正的力量也存在弱点。

在这之后，我这做父亲的，才敢低声说："我没有虚度此生。"

当韦恩把这块装饰挂板送给自己 33 岁的儿子时，对他说道："我不是个作家，因此，我希望通过这段话来表达自己。你就是我在祈祷中希望得到的那个儿子。你把作为一名父亲所能感受到的自豪带给了我。"

这是一份多么珍贵的礼物啊！米克紧紧拥抱了自己的父亲，代表自己和自己的儿子接过了这份礼物。能看着这两个男人找到圆满的生活，我深感荣幸。

THE WONDER OF BOYS 06

青春期的冒险：引导男孩踏上属于他的英雄之旅

当天文学家谈起恒星和星系时，会用到“婴儿期”“青春期”“成年”“老年”等字眼。在他们看来，天体的演化和人类的生命历程有着许多类似之处。对人类而言，向下一个人生阶段的过渡意味着生理和心理的巨大改变，这些变化让我们成为一种全新的存在。旧的自我消亡了，新的自我取而代之，但肉体上的连续性并没有受到任何破坏。

——罗伯特·劳勒（Robert Lawlor），

《第一天的声音》（*Voices of the First Day*）

这是一个晴朗的日子，一位上了年纪的妇女和一位年轻女子正结伴缓缓而行，她们的目的地是这个土著村庄郊野一处事先选好的地点。年轻女子正处于分娩的初期，老妇人是她的产婆。这位老人把她领到一棵金合欢树下，指导她紧靠着树蹲下，胳膊撑在树上，脸朝向树干，然后不断地按摩她的腰部。在年轻女子的身下有一个事先挖好的土坑，她的四周缭绕着草药燃烧产生的烟雾。

当她开始分娩时，观察者可能会注意到那棵金合欢树好像与母亲的脊柱连成了一线，共同支撑着这个男婴的诞生。婴儿呱呱落地后，老妇人会检查他的健康情况，判断他能否存活。如果答案是否定的，老妇人会把这个新生儿埋葬在母亲身下的洞穴里；但如果这个婴儿健康，老妇人就会用牙齿咬断脐带，然后把胎盘埋在洞穴里。

《第一天的声音》的作者罗伯特·劳勒对澳大利亚原住民的研究是人类学中的经典之作。对于金合欢树和树边洞穴的含义，他做出了这样的解释："这一小片地方就是这个孩子的降生之处；在他接下来的人生中，此处将负责塑造他的人格，帮助他和自己生活的土地建立起一种仪式性的契约关系。"母亲、老妇人以及部落中的每一个人都知道这一点。他们明白男孩从出生开始，就必须和孕育自己的自然神灵建立联系。老妇人会用这块土地上的土灰擦拭他的身体，把咬断的脐带绕成项链，佩戴在他的脖子上。她抱起这个新生儿，凑近他的脸，把他的名字随着呼吸送入他的身体。这个男孩的诞生不仅为他的家庭带来了欢乐，也是他们在精神上的重要时刻。在这方面，澳大利亚原住民的经历和世界各地其他部落民族的经历非常类似。西方人的祖先也曾在婴儿诞生时举行类似的仪式，但其中大部分都没有流传下来，如今只能在洗礼和出生时的割礼中窥见它们的影子。

所有的诞生仪式，无论迎接的是男孩还是女孩，也无论形式是掩埋胎盘、施行洗礼，还是把新生儿举起来向大家展示，其根本目的都在于建立精神上的联系。婴儿越是受到家庭和文化的珍视，降生仪式就会越隆重。换言之，他所在的文化会花费更多的时间把他带到这个世界上来，给他命名，骄傲地展示他，细心地照顾他，教给他各种知识，给他尊重和赞赏，教他关爱自己，让他明白自己是这个世界的一部分，因为他是由生命构成，从最伟大的人类思想到最微小的生物结构，都是他生命的一部分。在童年，他会在庆祝生日时收到礼物，但比礼物更重要的是，他得以再次确认在迎接自己降生的世界、文化、部落和家庭眼中，他是至关重要的。

然后在青春期，他将经历"第二次诞生"。"第三次诞生"将发生在中年，"第四次诞生"则是濒临死亡之时。那些和自然节律呼吸相连的部落民族，例如澳大利亚土著居民，非常重视青春期，认为青春期的风险和痛苦与出生时的创伤很类似。从生物化学的角度来看，这二者之间的确存在有趣的相似之处。在青春期，激素水平会大幅涨落，而十几年之前，母亲的子宫里曾经发生过同样的变化。从阴茎到四肢，器官和肢体都在很短的时间内迅速地发育和成长起来，这也和胎儿期非常类似。

这是男孩的第二次诞生，但这一次，他不再脱胎为一个孩童，而是蜕变为一个男人。在部落文化中，他会经历多年的启蒙，最终被人们承认为一个成年男人。在部落中，男孩的青春期是一个有意识的教学过程，他将从父母和部落成员那里接受各种手把手的教育和指导。下面列出了男孩在部落启蒙中将会学到的一部分重要经验和课程。

- 尊重女性：包括母亲、其他妇女以及整个女性社会；
- 管理愤怒；
- 建立亲密关系；
- 在全部或大部分由男性构成的群体中生活一段时间，具体的时间跨度不尽相同，有些部落是 3 个月，有些是 1 年，还有一些甚至更长；
- 通过个人更新仪式，与神圣力量缔结联系；
- 参与以守护公众、共同成长为目的的仪式，通过这类仪式接纳自己的恐惧和力量；
- 拥有一个男性角色，包括这个角色所附带的重要的人生工作；
- 学会尊重自己的缺点和局限；
- 把自身的阴暗面整合到生命中去；
- 学习沟通技能；
- 对亲密行为和性行为进行训练；
- 培养爱好与技能；
- 学习自然界的知识，致力于反哺自然，并让生活符合自然的节律；
- 学习价值观和道德观。

在第二次诞生及接下来的时间里，部落文化中的男孩会在成年人的指导下理解和适应青春期种种身体上和大脑中的变化，学习所有课程。父亲和导师是主要的指导者。母亲、女性家族成员和女性导师也会有一定程度的参与，但当男孩进入青春期之后，她们会更倾向于把孩子交给父亲和其他年长的男性。土耳其东部有位养育了九子一女的库尔德母亲，她在选择放手时间上有一个非常简单的标准："当他们的个头超过我的时候，就轮到父亲接手了！"无论哪种文化都不能完全杜绝父亲的缺席，这位母亲需要面对的情况是，她的丈夫在瑞士工作，无法把最小的三个儿子送到丈夫身边去。不过，这几个男孩的哥哥担负起了一部分父亲的工作，就像部落中的导师会做的那样。

在西方文化中，男孩的青春期是什么样子的呢？对于上面列出的经验和课程，你身边有多少男孩曾完整地学习过呢？大部分男孩都会有几项爱好；一些人体验过工作；只有一小部分人学过愤怒管理；所有人都对性爱和亲密关系有某种程度的了解，但其中实用的知识并不多；大部分人从未深入探索过自己的恐惧；很多人离群索居，深感孤独；所有人都形成了一定的价值观和道德观，但常常不成体系，不足以让他们在自己的社会中感到安全；一些人学会了尊重女性，但多数人还没有足够的意识；很多人从未真正接触过孕育生命的大自然；只有少数人拥有亲密的导师，来帮助他们塑造以后的人生。

有多少男孩能在他们经历第二次诞生、迈向成年的过程中得到充分的指导和尊重？家庭、社群乃至整个社会是否把这段时期看作一个整体、一段精神上的旅程，看作为男孩、家庭、社会以及文化谋求幸福的关键，并给予了相应的指导和尊重？对于西方文化中的男孩来说，最常见的"成为男人"的途径是加入某个具有启蒙性质的组织，如军队或黑帮，而这也只是一小部分男孩的情况。大多数男孩只是依靠一些零散的事件，如第一次顺手牵羊、拥有第一辆汽车、参与体育运动和参加比赛、第一次做爱等，来获得短暂的心理上的成人感。当他们迈入成年时，积累到的就只是这样一些经验。但所有男孩都可以从性器官的成熟和体毛的生长中获得生理上的成人感，这一般以刮胡子和声音变粗为标志，大自然用这种方法宣告了他们的成年。

美国男孩通常会从以上这三种启蒙源泉中获得某种混合的经验，由此构成“成人感”的基础。然而，当他们进入中年后，却往往会说自己并不知道什么才是真正的男人。在遇到中年危机时，他们可能会或多或少地重新经历一次青春期，来达成他们在生命的第二个十年中从未真正达到过的目标：心理上的成年。在出生时，他们没有获得人生伊始的精神启蒙，之后又错过了开启成年生活所必需的启蒙，因为他们的家庭和社会都没有意识到：

> 男孩需要深刻的、触及心灵深处的教导来告诉自己男人意味着什么：他必须经历第二次诞生，才能蜕变为一个男人。

如果缺少这种启蒙，男孩就会和同样困惑的同伴一起，紧紧抓住他们所能想到的最好的男性形象：他们努力挣钱，生儿育女，把两性关系中的情感问题都交给女性处理，自己则把感情上的困扰和弱点尽可能长久地压制起来，祈祷诸事顺利。进入中年后，当男人察觉到自己的生理机能已经开始走下坡路时，这些困扰和弱点将给予他们沉重的一击。

西方文化在很大程度上希望男孩能够通过自我启蒙成长为男人。然而，很少有人可以在没有指导的情况下，仅凭自我实验就达到完全的启蒙，大多数人甚至连最低限度的启蒙都难以做到。**男孩不可能自动变成完整的男人，他们是被成年男性和女性塑造成男人的。**部落式启蒙的缺失在今天的美国文化中酝酿的风险要比 100 年前它可能造成的风险更加严重，因为如今青少年的大脑和神经系统接受的外部刺激，远远超过了他们的祖先或者部落文化中的同龄人。而令人感到讽刺的是，当代青少年受到的指导反而变少了，没有人教他们如何理解与整合这些持续增长的刺激。

西方文化为什么不对男孩进行启蒙，把他们培育成精神富足的男人呢？当然，原因有很多。很多人不相信“启蒙”概念本身，因为它带有强烈的部落制度和以往文化的特征，而个人主义在这些文化中将失去蓬勃发展的土壤。很多人惧怕男性启蒙，认为男孩和男人待在一起的时间越久，大男子主义和破坏性就会变得越严重。还有很多人或是因为懒惰，或是因为缺乏养育男孩的知识，或是把其他事情置于更加优先的位置。我们寄望于其他人，教师也好、同伴群体也好，来引导男孩度过青春期，进入成年。

对所有这些原因必须逐一分析，然后提出质疑。有一个关键点应当牢记，即男孩和女孩生来就有很大的不同，男孩在青春期需要一些特别面向他们的训练，来帮助他们认识自己。每个月，女孩都会收到生理机制对自己女性身份的提醒，哪怕她们决定这辈子都不生小孩，仍然清楚自己的身体具有神奇的力量。男孩则缺少这类启蒙性的生理机制，他们不会每月得到一次强调，自己的存在具有神圣的意义。

青少年启蒙需要 3 ～ 5 年的时间，如果男孩在此期间没有获得一种精神上的安全感，没有学会如何利用这种安全感来建立与生命以及人生历程之间的联系，那么他的行为举止就要迫使我们开始担忧自己的安全了。生理基础和社会教育决定了男孩普遍具有更强的攻击性和独立性，如果在青春期没有得到适当的教导，也就是说，没有男性团体给予他考验、挑战和启蒙，没有男性长辈帮助他探索男性的情感模式，没有一个公认的系统来教他如何用男性语言理解心灵世界，那么最糟糕的结果是他会出现反社会行为，相对来说最好的结果则是，他可能对亲密关系、社会服务以及人际关系边界的价值一无所知或者不屑一顾。

在过去几十年里，我们经常听到这样的抱怨："在男孩接触到的社会、价值观和启蒙教育中，由男性主导的实在是太多了。看看军队是如何对男孩进行启蒙的吧：教他们成为杀戮机器而不是男人。应该让男人远离男孩，由女人来养育他们，这样对他们更好。"如今，人们正逐渐意识到我们在这种观点上走得有些过头了。女性权利的价值不应体现为能够把男孩和男人分隔得多么遥远。恰恰相反，它应该促使男孩和有爱心的男人彼此亲近，特别是青春期的男孩，这样男孩就可以从男人那里学会什么是善良、真诚、勇敢。女性无法用男性的方式向青春期男孩传授这些知识。

无论是在澳大利亚的荒郊野外，还是在纽约设备齐全的医院，当男孩出生时，母子间依恋关系的建立都是非常重要的；而在他第二次诞生，踏上启蒙之旅的时候，他同父亲和男性长辈之间形成的依恋关系也同样重要。正如男人在儿子出生时会稍稍退开一步，好让妻子能够和婴儿建立起第一位的依恋关系，我们同样建议，女人在男孩经历第二次诞生时也应该后退一步，让父亲和导师能够同男孩建立起至关重要的依恋关系。

健康的第二次诞生是什么样子的？健康的男性启蒙呢？听我讲一个故事吧。几个世纪以前，欧洲中部的人们会向正在接受启蒙的男性青少年讲述这个故事，把健康的男性启蒙模型用故事的方式展现出来。这个故事就是《杰克与魔豆》。这是一个单身母亲和她儿子的故事，在完成了一段艰苦的旅程之后，这个男孩成了一个善良、勇敢、诚实的男人。这只是世界各地成千上万个启蒙故事中的一个，但通过这个故事，不仅可以看到启蒙的基本步骤，还能够找到一些实用的启蒙模型，帮助我们把男性启蒙引入男孩的生活。

《杰克与魔豆》的隐喻

卖牛

从前有个叫杰克的男孩，他和母亲一起生活。杰克渐渐长大了，母亲思忖道：“嗯，是时候让他多承担一些责任了。我们家的奶牛越来越老，已经不能产奶了。我要吩咐杰克把它带到集市上卖掉。”这家人的生活很是艰难，对他们来说，卖牛可是一件大事。如果杰克不能把牛卖出个好价钱，他和母亲就要饿肚子了。

带着这项任务，杰克向着城镇出发了。在半路上，他遇见了一位老人。老人问道：“你和这头牛要到什么地方去？”

“我要去集市上卖掉它。”杰克回答。

“看看这些吧。”老人说。他从外衣内侧的口袋中掏出了一把魔豆，它们闪闪发光，让杰克看得入了迷。老人继续说道：“这些豆子里蕴含的魔法可比金钱珍贵多了。把奶牛给我，我就把它们送给你。”就这样，杰克把豆子带回了家，自豪地向母亲展示自己的收获。母亲简直不敢相信自己的眼睛。她打发还饿着肚子的杰克上床睡觉，因为家里连一粒粮食都没有了。在极度的恼火中，她把那些魔豆丢到了窗外。

这个故事想表达什么呢？仅仅是一个男孩搞砸了他的头一份差事这么简单吗？

故事中有一位母亲，她意识到自己的儿子到了需要承担更多责任的年纪了。儿子应当学会如何在家里的口粮见底时，设法维持一家人的生计。因此她把卖牛的重任交给了杰克。那些善于帮助儿子成长的母亲有很多方法来实现这个目标，比如让男孩当司机，打发他去采购日常用品，委托他去银行存钱等。母亲们可以采取成百上千种方式赋予男孩责任。与此同时，只有一小部分方法具有像“卖牛”一样的重要性和象征意义。如果你是一位母亲，可以思考一下还有什么方法能够起到和“卖牛”同样的作用：让男孩参加他人生中第一次为期一周的露营旅行，第一次同意他在外过夜，允许他开你的车，或者把其他贵重的家庭财产托付给他。当母亲把卖牛的重任交给儿子时，她相信儿子能够像成年男人一样行事。

在这个故事中，奶牛所代表的还不止如此。奶牛会产奶，这是一个非常明显的女性象征；而老人给男孩的豆子则象征着男性。因此，这个故事向我们展示了男孩必须离开自己所熟悉和信任的女性形象，来接近他一知半解、充满风险但又蕴藏着神奇力量的男性形象。这个故事里没有提到确切的年龄，因此每个人都可以设定一个符合自身情况的数字。当男孩长到杰克那个年龄时，每个细心的母亲都会在他的眼睛里看到同样的渴望。这种眼神意味着这个年轻人已经饮足了母亲的乳汁，现在，他渴望一些别样的冒险，一些新奇的、属于男性的魔法。

导师的角色

故事中的老人，即那位导师，把魔豆交给了杰克，它们会为杰克打开通往启蒙之旅的大门。导师是这段旅程的引路人。在这个年轻人的启蒙过程中，导师担负起了过渡期父母的角色，帮助男孩从童年迈向成年，从与父母同住到独自生活。在部落中，男性导师一般是由父亲挑选的。他通常是社群中的一员，会和男孩建立一种异常密切的双向关系。当他教给男孩一门技能或者做事情的方法，帮助男孩认识到自己所拥有的“魔力”时，男孩就会知道自己有了一位导师。

每个男孩拥有的魔力各不相同，而且难以名状。父母会在孩子的音乐、绘画或语言天赋中看到他的魔力。导师同样也能看到，但他们发现的天赋常常与父母发现的不同。作为过渡期的父母，导师的工作就是指引男孩走上启蒙之路，支持他的旅程，帮助他理解启蒙的意义，并把整个过程融合到他的成年生活中去。

在青春期的启蒙之旅结束时，这位导师会和父亲一起，迎接男孩进入成年男性的世界。当我们提到“这位导师”的时候，并不是说只能有一位导师。

> **男孩最好能够拥有 3 ～ 4 位关系密切的导师、辅导员或青少年指导者。这些指导者和男孩的相处时间应当足够久，以便建立起牢固的依恋关系。这至少需要几个月，甚至需要几年的时间。**

我们常常同时提到父亲和导师，但这并不意味着他们在教育男孩的方法上必须完全一致。他们对男孩的期望可能不尽相同。不过，他们必须就基本的精神价值观达成共识：什么是生命中重要的事物，男孩存在于这个世界上的理由是什么，他应该如何对待他人。导师和父亲不必在同一时间，也不必在彼此都在场的情况下迎接男孩进入成年世界。尤其是在西方文化中，男孩通常会在大学里遇见导师，这时父亲往往不在身边。父亲和导师可以分别完成这项工作，并趁此机会向男孩展示出健康男性社会的凝聚力。

母亲的怒火

当杰克带着豆子回到家中时，他的母亲做出了一个非常常见的反应：大发雷霆！她交给杰克一项任务，而杰克看上去搞砸了。我们应该认为这个母亲不知变通，看不见魔法的魅力吗？这种批评未免太委屈她了。她只是在完成自己的工作，她的首要职责是喂饱儿子，而不是引导他成年。她惩罚了杰克，把豆子扔到了窗外，而这个举动也让她的儿子获得了踏上旅程的机会。

豆茎与城堡

> 第二天早晨杰克醒来的时候，房间里还是黑沉沉的。因为他的窗外长出了一棵无比巨大的豆茎，它向着天空生长，把阳光挡了个严实。杰克走到窗前，向上张望，发现豆茎已经直上云霄。他穿好衣服，开始顺着豆茎攀爬起来。
>
> 当他终于爬到顶端时，发现自己可以在云彩上行走。然后，他来到了一座巨人的城堡前。

在杰克攀爬豆茎时，时间一共过去了多久？故事里没有告诉我们。如果杰克是现实世界中的男孩，可以猜想他耗费了好几个月，甚至是一两年的时间，才遇见了那个向他的灵魂深处发起挑战的巨人。现实中的男孩会用很多方式来攀爬自己的豆茎：那些小小的反抗，那些避开家人、在自己房间里独自度过的几个小时，那些和伙伴们一起消磨的时光。

豆茎具有两个非常重要的象征意义。首先，它明显是一种雄性的、阴茎的形象，暗示着男孩正在对男性世界进行积极的探索。除此之外，它还是生命之树的象征。在大部分文化中，生命之树都以某种形象出现过，代表着人们与可以感知的自然世界以及不可感知的孕育生命的精神世界之间的联系。生命之树象征着生命的圆满。它是一个同乳汁有着类似之处的符号，都代表着滋养，但在这个故事中，它更多地同男性世界而不是女性世界联系在一起。

当我们身边的男孩开始攀爬自己的豆茎时，就会在男性领域花费更多时间。即使他们在十四五岁时通过与女孩做爱的方式来攀爬豆茎，这种性爱的主要意图也不是与女性建立亲密关系，而是为了探索男性世界，了解这是一种什么样的感觉，成为一个性意义上的男人。在青春期的前几年，男孩对于男性本质的认识只能说是管中窥豹，通过这种狭隘的视角，他们观察和理解着自己的人生体验。很多男孩开始花更多时间独处、看动作电影、玩飞机模型、和其他男性消磨时光、尝试同女性做爱，但并不知道自己的脚下是一棵魔法豆茎。他们没有遇见那位送出魔豆的导师，就直接踏上了青春期的男性探索之旅。

每个男人都会找到某条道路，走向男性成长的终点。《杰克与魔豆》之类的故事向我们提出了一个问题：有没有人引导他发现这段旅程的神奇之处呢？如果答案是否定的，那么他将会粗暴地对待自己、对待其他人、对待整个世界。只有当他意识到了自己和自己身边的“魔法”之后，才会获得精神上的自由和责任感。

下金蛋的鹅

杰克朝着城堡走去。他知道那是巨人的城堡，因为那是一个非同寻常的庞然大物。他很害怕。在有些版本中，杰克还知道自己的父亲就是被巨人杀死的。因此，他不仅是在走向自己作为一个少年的命运，也是在走向已经故去的父亲。

进入城堡后，杰克走进了一个房间，那里有一只正在下金蛋的鹅。杰克入迷地盯着它，因为它不停地下着金蛋，一个接一个。杰克走过去捉住了这只鹅，打算顺着豆茎回家，给母亲看看自己找到的财富。这时，大厅的另一边传来了一个声音，吸引他继续向着城堡的深处进发。

每个成长中的男孩都拥有这样一只鹅。他想在世界中描绘自己的理想蓝图，他拥有天赋和才能，他或敢于冒险或能谨慎行事，他有自己的行为风格、核心个性，他优雅、强健、聪明、勇敢、善解人意、刚毅坚强。毫无疑问，每个男孩都是以上所有品质的某种混合体。在此基础上，他将构建一个稳定且贯穿一生的自我形象。当他对自我感到迷茫的时候，就可以重新借助这些品质的力量，知道这些都是属于自己的黄金。在神话故事中，黄金经常与纯真无邪以及未来的财富联系在一起，好像在说一个人将来能够获得的财富在某种程度上是由美德决定的。人永远都不应该丧失基本的自信，这就是纯真。愤世嫉俗者不相信自己以外的任何人，因为在内心深处，他们也不相信自己。

因此，每个在青春期旅途中的男孩都必须获得父母和导师关于“黄金”的教导。青春期的男孩必须拿出大量的时间，来认识并学习如何利用自己的天赋、才能和人格特质。在中东的某些地区，年轻人几乎从出生起就接受战斗训练了。但除了那些从小就对男孩进行军事训练的文化，其他文化中的男孩必须做到既坚韧刚强，又温柔多情，只有这样，他才会既相信自己，又能在社会中拥有立足之地。通过培养这两方面的品质，他学会了如何保护自己的黄金，同时又懂得去分享它。如果不懂得分享，男孩就只能孤身一人。

青少年展示给父母和导师的天赋常常多种多样。其中，哪些是下金蛋的鹅所象征的天赋呢？这个问题只有父母、导师、朋友以及男孩自己能够回答。只有那些和男孩的内心世界非常亲近的人才有资格发言。当我们望着男孩的眼睛时，必须从中找到他们的核心本质。有时，我们会回想起自己年轻时，曾经把哪些事物看作能够带来永恒成功的那只金鹅，并试图把这些黄金灌输给孩子。然而孩子需要有人帮他们找到属于自己的力量，无论在生活中经历了怎样的打击，这种力量总是可以让他们重获成功。

只有极少数男孩的核心本质是病态的，这可能由遗传造成，也可能因为这些男孩曾经遭受过严重的虐待，在进入青春期时已经成了难以救药的反社会者。他们的核心自我或者已经扭曲得面目全非，或者被深深地掩埋起来，我们只好躲开他们以保证自己的安全。但即使是那些需要上矫正学校的男孩、加入帮派的男孩、吸毒成瘾的男孩，大多数人的内心深处仍然隐藏着没有完全湮灭的黄金。这些男孩需要我们和社会去了解他们，需要通过“严厉之爱”（Tough Love）等项目、治疗计划以及改善后的家庭参与，来直接地警醒他们：“你的‘黄金’是什么？什么能激起你的兴趣和斗志？什么可以作为你未来成功的基础？”

有些男孩加入了帮派，认为只有金钱才是“黄金”，或是把性爱、毒品以及其他嗜好当成“黄金”和活力源泉。因为没有亲近的长辈告诉他们，什么才是真正属于他们自己的金子。他们在自身之外寻找黄金。在神话故事中，每一样事物实际上都是人类内心世界的反映。身外之物容易看见，内心世界则隐秘难察。因此，神话创作者们怀着教化人心的责任感，致力于在故事中谈论那些隐藏的事物，那些仅仅用眼睛看永远发现不了的事物。我们也负有同样的责任，应当帮助男孩认识自我，发掘他们内心的黄金。这永远都不会是金钱或别的什么嗜好，而是真正的个人自由。

魔法竖琴与精神生活

> 杰克抓住了下金蛋的鹅，接着走进了另一个房间，因为他听到那里传来了悠扬的声音，简直像男女众神的合唱一般动人。在这个房间里，杰克发现了一架魔法竖琴。它无人自鸣，演奏的旋律异常美妙，让杰克既感动又着迷。透过它奏出的音乐，杰克窥见了自己的灵魂。

在青春期，男孩必须从三重家庭中学习的本领之一，就是如何获得神圣感。这种神圣感会成为他们一生的精神基础，让他们感到自己融入了生命的伟大循环之中，自己的人生是有目的的，拥有至高的权力。神话传说和童话故事中出现的音乐通常就是这类精神联系的象征。在《杰克与魔豆》的故事里，它触及了杰克的心灵和神性。

对所有要和男孩打交道的人来说，读一读托马斯·摩尔（Thomas Moore）的经典畅销书《心灵地图》（*Care of the Soul*）将大有裨益。我曾经遇见过一个读过这本书的15岁年轻人。他说："我读懂的地方不算很多，但是这本书的确有点儿意思。"男孩们把自己阅读哈依姆·波托克的《特选子民》或赫尔曼·黑塞（Hermann Hesse）的《悉达多》（*Siddhartha*）时的体验告诉了我，并说这些书"改变"了他们。另一些男孩也表示："我现在理解了，知道自己是谁了。"这些被改变的时刻、这些体验纯粹的精神身份的时刻并不能持续很久，尤其是在如今这样纷扰的文化中。但这些时刻会为男孩奏响神奇的魔法竖琴。

通过音乐，很多男孩感到自己同某个世界建立了精神上的联系。每一代人都有属于自己的音乐，这些声音启迪了他们的心灵。人们常说，一代人的音乐代表着"一代人的灵魂"。从鲍勃·迪伦（Bob Dylan）到齐柏林飞艇乐队（Led Zeppelin）再到布鲁斯·斯普林斯汀（Bruce Springsteen），有着深邃灵魂的音乐家们唱响了精神的旋律。哪怕是爱情和失恋之类的常见主题，他们也能够以打动心灵的方式加以演绎。宗教或宗教音乐并不是感受精神联系的唯一途径。艾尔顿·约翰（Elton John）为《狮子王》谱写的主题曲《生生不息》（*The Circle of Life*）具有深刻的精神性，但和宗教毫无关系。

"精神性"到底指的是什么？它是自我与未知之间的联系。想要体验精神联系，就必须足够了解自我，才不至于对神秘未知感到畏惧。而想要真正认识世界的神秘未知之处，首先不能迷失自我。

在养育、指导、教育男孩，特别是青春期的男孩，帮助他们获得精神成长时，我们是在指引他们从乐曲中倾听自己的渴望。如果能帮助男孩树立足够强大的自我，他们就不会惧怕音乐中的神秘之处。他们会成为深具精神性的男人。

从实用的角度来看，青少年与大自然相处的时间越长，就越有可能听到魔法竖琴的声音。无论对于哪种文化来说，自然世界从来都是最悠久、最神秘的殿堂。如果一个男孩在父母和导师的引导下，感到自己同大自然的种种神秘之处有着密切的联系，那么他就很可能成长为一个富有责任心和奉献精神的男人。

男孩经常会从导师而不是父亲那里得到精神方面的知识和体悟。有时，父子之间就是会出现这样的情况。如果父亲指导儿子时不是很顺利，那么他就应当让出位置，巧妙地帮助男孩找到其他指导者。青春期之前的男孩会从母亲那里得到大量精神上的教导，然而对很多男孩来说，母亲在一些事情上的坚持只会引起他们的厌倦和反感。这时，父亲和导师就应该及时接手，帮助男孩在青春期继续获得精神上的成长。

直面黑暗

杰克把魔法竖琴夹在胳膊底下。当他离开房间的时候，竖琴大叫起来："救命，主人，救救我！"杰克一边把竖琴塞到外套里，堵住它的叫喊声，一边躲到了第三个房间里。在那里，杰克遇见了一位美丽的少女。就像童话中经常发生的那样，他们立刻坠入了爱河。得到自由的竖琴又开始呼唤它的主人。杰克听到了沉重的脚步声，整个城堡都在为之颤抖。

杰克和少女冲出了房间。在黑暗的走廊里，一个魁梧的巨人冲着他们飞奔而来。"你对我的鹅、我的竖琴、我的少女都做了什么？"巨人吼叫道。他开始攻击他们。杰克带着自己发现的宝物和新伙伴一起跑啊跑。他们穿过了云层，爬下了豆茎，巨人仍然追在他们身后。当他们快要滑到豆茎的底部时，杰克大声呼唤自己的母亲，让她拿一把斧子来。挥动着母亲带来的斧子，杰克砍倒了豆茎。巨人从空中跌落下来，摔死了。

杰克用这些财富为自己和妻子盖了一座新房子，给母亲也盖了一座新房子。左邻右舍、亲朋好友纷纷赶来，交口称赞杰克的作为。杰克解下了巨人的腰带，把它摆放在新家的壁炉架上。庆贺完杰克杀死巨人的功绩之后，众人组织了一支队伍，开始工作。他们和杰克一起，把巨人的尸体运到了墓地。

从此以后，每个人都过上了幸福快乐的生活。

伴随着大团圆结局，故事结束了。你很可能会注意到，在我所讲的这个版本中，丢掉了“喔啦啦，我闻到了人的气味”这一段。在有些版本中，巨人的妻子招待了杰克，把他藏在巨人找不到的地方。最终杰克把下金蛋的鹅带回了母亲家，后来又带回了竖琴，因为母亲告诉他，这些财宝其实都是属于他父亲的。杰克会发现，原来自己的父亲正是被巨人杀害了，这给了他更加充分的理由，去结果巨人的性命，夺回家族的荣光。

在所有版本中，杰克的启蒙之旅都包含了与“黑暗”的对抗，我所讲述的这个较短小的版本也不例外。传说和童话中总有这样的黑暗角色，比如刚刚提到的巨人、迪士尼电影《小美人鱼》中的海巫婆乌苏拉、《狮子王》里的刀疤，还有好莱坞动作电影中数以千计的反派……这些角色代表了每个人内心中阴暗、极具破坏力、会带来伤害的一面。每个男孩背后都拖着一道黑暗的阴影。在成年的启蒙历程中，他们必须学会直面这道阴影。

这一过程正是父母、长辈和教育者最大的挑战。当男孩行为不端时，我们就会说：“巨人在他心底苏醒了。”他们行事不负责任：危险驾驶，毫无顾忌地让女孩怀孕，满嘴脏话，破坏他人财物，甚至违法犯罪。他们释放了自己的黑暗面，迫切需要找到方向、规则和引领。由于第 7 章会非常具体地讨论这个问题，我在此就先不展开了。但我们一定要强调：**每个男孩都必须通过自身经历、教育、父母的教养和导师的指导，学会如何约束自己，如何约束内心的黑暗面。**

当父母看到儿子的黑暗面时，往往会感到害怕，又或是懒于面对。他们只希望这些阴影能自动消失，希望能有其他什么人来管教孩子，让他重新找回秩序。如果家长，尤其是男性家长，也包括过渡期的导师，没有担负起赋予男孩秩序和规则的工作，没有帮助他透彻理解自己内心的阴影，并将这些黑暗力量整合到他的未来成长中去，那么这个男孩就会把黑暗带入社会，带入他以后的婚姻、家庭和工作中，以一种不适当的方式将之表现出来。当他实施性侵或骚扰、在球赛中大发脾气、殴打自己的孩子时，人们将会看到他心底苏醒的巨人，并为之感到恐惧。如果父母、导师和教育者没有在男孩的青春期岁月里帮他对抗自身的黑暗面，那么当男孩步入成年，这些阴影将成长为更加庞大的巨人，最终，只有靠法律来强制解决问题了。

巴西的沙万提人（Shavante，也作 Xavante）会尊重男孩内心的黑暗，并通过若干仪式将其导入正轨。举个例子，他们会教育男孩把自己的愤怒带入营地，齐心协力写成一本庞大的日志。通过类似这样的仪式，长辈们把发泄愤怒的正确边界教给了男孩。恐惧也是人类内心黑暗面的一部分，在美洲原住民中，青少年会在启蒙过程中学着处理这种感受。男孩要根据指导，在可怖的危险野外度过 3 天、5 天、10 天甚至 14 天，执行灵境追寻仪式（Vision Quest），学会如何战胜恐惧、坚守自我。这一仪式的核心思想是：

> 如果不对男孩的恐惧加以引导，他就无法以此改善自身和社会。相反，他会由于自己的恐惧，而试图将恐惧带给其他人。

所有跟男性青少年打交道的人都一定要教导他们如何处理自己的愤怒和恐惧情绪，可以通过武术和体育运动，可以通过亲密的畅所欲言的家庭环境，也可以通过值得尊敬的权威人物。直面这些黑暗的情绪，正是很多男性的自律能力蓬勃发展的开端。

很多长辈在教育男孩时，会采用类似绳网阵的方法，帮助他们处理自己的种种情绪，尤其是恐惧。我也不例外。在北美各地，绳网阵随处可见。在这类活动中，会有几座高台，细长的竿子搭在树木之间，离地面足有 9 米高。为了安全起见，这些竿子都配有安全绳索。男孩必须战胜恐惧，走过竿子。

体育世界是很多男孩直面自身大部分黑暗面的地方。当男孩参加团队运动时，会经历各种黑暗的时刻：可怕的竞争、让对方丢脸的渴望，还有来自对方的羞辱，对此他要么予以还击，要么学会坦然接受。通过运动经历，男孩努力对抗着种种问题：自我的黑暗面、过分的骄傲、难以抑制的冲动、对失败与成功的恐惧。“我做不到！在重要的事情上我总是失败！”他们如何驾驭这些恐惧、学到了哪些方式来驾驭这些恐惧，在很大程度上决定了他们会成为怎样的人。

男孩需要能够自由地在家里跟父母讨论自己的黑暗情绪，也就是那些有关毒品、女性、暴力、种族歧视、性别歧视的感受。父母必须见缝插针地教育他们，去除那些黑暗的偏见，向他们传授更明智的生存之道。

媒体是众多男性黑暗面的真实写照，从系列科幻剧《超能战士》（*Power Rangers*）到街机游戏《街头霸王》（*Street Fighter*）等。在第 8 章将会说到，必须修订法律，更好地监控媒体内容，帮助男孩解释他们所看到的各种影像。

教育系统是年轻人的主要启蒙者。教师必须学会如何指导学生。如果教师发现自己成了一个男孩的导师，那么他和男孩的父母就需要小心翼翼地共同努力，因为在男孩的眼中，他已经成了自己家庭中的一员，他所传授的东西都是神圣的，其中大部分内容就是如何应对自身的黑暗面。

我们还需要向社区中心、青少年活动中心等机构提供资金，因为它们可以为男孩提供直面黑暗的安全场所。需要有越来越多的年长男性充当志愿者，教男孩拳击、射箭、生活技能，陪他们玩电子游戏，带他们骑马，等等。

漂流旅行、绳网阵及其他种种仪式化的经历应当成为男孩青春期的常规内容。男孩可以通过它们寻得黄金、收获精神、直面黑暗，并由此成长。

那些学到了如何战胜恐惧的男孩会非常感激自己的长辈。有一次，我加入了一队男性在爱达荷州北部萨蒙河进行的漂流旅行。队伍中有个 17 岁的年轻人，他是其中一位河道向导的朋友。这个年轻人以各种方式寻求指导，使得这场旅行成了一次启蒙的经历。男人们给了他闻所未闻的智慧，也为他提供了健康的成年人榜样。他关于男性的许多恐惧和困惑在这条河上找到了听众。他最大的一个恐惧就是，这些男人会如何接纳他。结果我们用一种前所未有的方式接纳了他。一年后，他给我打电话，说自己已经考进了一所享有盛名的学院。他说自己之所以能进入这所学院，很大程度上都是由于他在那次漂流旅行结束之后所写的意向书。直到那次旅行之后，他才真正找到了前进的方向。那次旅行帮助他步入了成年。

通过这类启蒙经历，男孩不仅能学会如何直面由青春期的激素作用激发出来的种种黑暗阴影，还学到了战胜这些阴影的方法，无论黑暗面出现于何时何地，他们都能凭借青春期时学到的技能来从容应对。命运、危机、失业、婚姻失败，种种类似的事件伴随着每个成年人的一生。只有在青春期时进行学习，人们在成年之后才能有能力、有方法面对这些来自内心以及外部世界的巨人。

在《杰克与魔豆》的故事里，杰克从巨人粗大的腰肢上取走了他的腰带，带回自己的新家。这象征着男孩不仅要直面黑暗，还要将其整合到自己的生命中。一些神话学家称之为“吞食黑暗”。所谓“吞食黑暗”就是说：“是的，那就是我的黑暗面，是我的缺陷、失败、不完美、愤怒、恐惧、伤痕，但现在我清楚地认识到了这一切，也知道应该如何在这个黑暗的世界中前行。我有能力成为一个完整的、真正的男人。”

> 如果我们不是将黑暗加以整合，而是试图粉碎它，让它彻底消失，那么它反而会在突如其来的危险时刻再次出现作乱。

最终，我们会伤害到生活中的其他人和组织，也由此伤害到自己，无论是在家里、在工作中还是在娱乐时。因为我们没能放弃对完美的幼稚渴望，而去拥抱关于人类黑暗面的成熟知识。

在《杰克与魔豆》中，杰克取走了下金蛋的鹅和魔法竖琴，这是一个神圣的过程；而在此之后，他必须与巨人象征的黑暗面，也就是杰克自己的恐惧、羞耻和困惑进行对抗。在各种各样的神话和故事中，对抗黑暗都是以类似的模式发生的：在男孩发现了自身的财富和心灵的成长之后，黑暗就会出现。这一神话的逻辑很好理解。直面黑暗是一个非常困难的任务。倘若男孩至少对自己抱有信心，相信自己同神秘而伟大的世界之间存在联系，就能做好更充分的准备。有时候，我们没有信心去面对自身的黑暗，只有被引导着深入精神世界，将自我植根于生活中，感到自己是一个绝对属于这个世界的独特的自我之后，才能获得直面黑暗的信心。

在杰克的故事里，全社会都在赞美他所做的事。那个卖给他豆子的男人称赞说："我就知道，你会从神奇的旅程中成功归来。现在，要轮到我踏上旅程了。"导师完成了自己的工作，启蒙的岁月结束了，导师和学生都将继续前进。

杰克故事里的导师回到了公共背景中，成为夸赞杰克的部落中的一员，这种夸赞正是杰克所需要的。如同每个年轻人一样，杰克也需要大家对他说："你真勇敢，干得好！"那个漂流旅行中的年轻人也是一样，需要我们告诉他："你为了成为一个男人做了这么多，我们对此深表钦佩！"赞美的时机也很重要。杰克受到尊重是在他直面黑暗之后，而不是之前。这就好像是全社会在告诉他："我们一直都很关心你，但现在，你赢得了我们的尊重。"

对于很多罪犯，即使他们服完了刑、直面了自身的黑暗之后，我们也没有尊重和夸赞他们，这是一件非常糟糕的事情。这些罪犯中大部分都是男性。当他们离开监狱之后，我们依然鄙视他们，不给他们工作的机会，仍把他们当作罪犯来看待。就因为某些人在监狱里没能好好地应对自己的黑暗面，我们就认为所有的罪犯都是这样。

在很多方面，我们对男孩也做了同样的事。对于他们千难万险的成长过程，我们视而不见，没有称赞他们，也没有帮助他们清理一地狼藉，掩埋过去。男孩需要社会接受他们有着黑暗面的事实，需要社会帮助他们控制黑暗面，并因为他们学会了自律而对他们表示尊重。这就是男性接触黑暗阴影的三个阶段。

1. 在长辈的帮助下认识黑暗。因为长辈站在客观的角度，通常能比男孩自己看得更清楚。
2. 对抗黑暗。这同样需要长辈的帮助，因为长辈自己也曾经历重重困难，才踏上了自律发展之路。
3. 战胜黑暗之后，受到社会中长辈们的称赞。

当男孩遇见女孩

在以男孩的启蒙之旅为主题的故事中，几乎总会出现一个落难少女的身影，她被巨人、邪恶的巫师、怪物、恶魔、海巫、魔法师困在了城堡或是山洞中。男孩会爱上这个女孩，为了解救她，男孩必须与巨人、怪物或者恶魔搏斗。第 9 章主要讲述的就是男孩和这位少女之间的故事，我们将探讨如何教导男孩认识性、爱以及亲密关系。现在，在杰克的故事即将迎来结局的时刻，我们还是暂且把目光收回，先来看一下他对女孩的爱恋和他同黑暗之间的对抗是如何美妙地交织在一起的。

在杰克的故事中，前一秒他刚刚爱上少女，后一秒黑暗就降临了。在男孩的人生中，对一个女孩突如其来的爱意也总是伴随着同自身阴暗欲望和冲动的对抗，假如他的爱遭到了拒绝，还要面对情伤的阴影。神话故事对男孩的生理特点有着深刻的理解。例如，它们知道控制性欲和攻击性的是同一种东西，今天我们称之为睾酮；它们还知道，男孩体内睾酮水平的上升不仅会增强对性和亲密举动的欲望，还会让他变得更有攻击性，更不负责任。这种生理机制解释了为何男孩在想要“占有”女孩的冲动中常常体验到强烈的内心冲突。

特别是当男孩开始对女孩感兴趣的时候，我们可以大胆断言，他将面对很多内心的黑暗面，必须予以及时、妥善的教导。如果一个男孩还没有获得如何对抗黑暗面的指导，就早早地“娶”了那位少女，换言之，如果他还没有处理好自己的不负责任、乱发脾气、冲动妄为，还不能成熟地应对伤害和拒绝，就让一个女孩怀上了孩子，这将对他自己、对那个女孩、对他们的孩子以及整个社会都造成伤害。男孩必须杀死巨人，取走巨人的腰带，然后把那条腰带摆放在壁炉架上，以此时刻提醒自己，让他在经营人生中最为重要的亲密关系时，永远都不至于迷失自我。

《杰克与魔豆》这类故事一直都试图告诉我们这一点。在男孩进入青春期早期时，父亲和男性长辈应当扮演起关键的角色，防止他们让女孩怀孕、虐待女孩，或是利用女孩。如果男孩身边没有年长的男性，那么单身母亲就要改变自己原有的抚养方式和管教手段，在其中增加精心规划的秩序、大量的规则、大量关于性和爱的交流。如果男孩身边有男性长辈，那么他们必须不止一次地同男孩谈论男性的本质：那些冲动、攻击性以及极度的快感。

与母亲重聚和分离

在杰克的故事接近尾声的时候，我们看到他为自己和妻子造了一座房子，然后又给母亲也造了一座房子。他和母亲重逢时发生的第一件事，就是母亲为他拿来了砍倒豆茎的斧头。这些情节中隐含着美好的象征意义。

母亲让男孩踏上了通往男性启蒙的旅程。然而，她并没有被抛弃或是变得无关紧要。在故事的末尾，她再次成了关键人物，为儿子拿来了斧头。通过这一举动，母亲和儿子实现了情感上的重聚，因为她至少在某种程度上帮助儿子击退了黑暗。对母亲的尊重通过这个情节得到了反映，这一点还表现为杰克为她建造了一座房子。与此同时，母子之间的分离也体现得非常明显。杰克不再和母亲住在一起了。

这就是杰克踏上旅程并在引导下完成男性启蒙的故事。它以母亲的恼火开头，以杰克获得众人承认、成长为一个男人结束。对每个青春期男孩来说，这都是一段非常理想的旅程。

是男孩，就要成为英雄

杰克的旅程就是神话学家所说的“英雄之旅”[①]。男孩喜欢成为英雄，男孩想要成为英雄，男孩需要成为英雄。他们需要努力奋斗，并为此获得奖励；需要找到属于自己的英雄任务，完成它，以此换取众人的尊重；需要为自己的人生构造一个英雄主义的背景，尤其是在青春期。他们需要踏上英雄的旅程，先是青春期的启蒙之旅，然后在此基础上，展开一生的精神之旅。

很多文化以种种手段夺走了男孩踏上英雄之旅的机会。有人担心它会引诱男孩走向好勇斗狠的极端，于是教导男孩否认自己对于表现和竞争的需求。有人试图彻底消灭男性角色，因此教导男孩不要做保护者和供养者，消解他们的英雄情结。有人因为太忙而忽略了自己作为成年人的责任，没有帮助男孩成为他们需要成为的英雄。而大多数人因为自己庸庸碌碌，缺乏英雄精神，所以总是回避男孩热切的眼神，忽视他们想要成为英雄的迫切愿望。

如今，体育运动或许是最容易实现的一种英雄之旅。在运动和比赛中，男孩们获得了部分成长。一位居住在奥克兰市、养育了 4 个儿子的父亲曾给我写来这样一封信：

> 永远不要低估团体运动对于男孩的重要性。在我看来，这是我们今天为男孩提供英雄之旅的最重要的方式。
>
> 当然，我的观点可能并不完全客观。我已经养大了 3 个儿子，剩下最小的那个也已经 10 岁了，在他的生活中，激烈的团体运动正占据着非常重要的位置。这种情况已经持续了整整 4 年，看起来还会一直继续下去。我们试图

① “英雄之旅”是由神话学大师约瑟夫·坎贝尔（Joseph Campbcu）提出的一个神话学模型，既适用于世界各地的神话，也与个人发展历程相吻合，并给西方流行文化带来了深远的影响。《英雄之旅》中文简体字版已由湛庐文化策划，浙江人民出版社出版。——编者注

让他分出一点精力，更多地投入到钢琴和学业上去，这些他也很擅长，但对他来说，和冰球队的同伴们一起奋斗，这种体验是任何事情都无法取代的。

我从别的父亲那里也听到了同样的故事。他们的儿子打篮球、踢足球或者打棒球，甚至还有人玩长曲棍球。虽然规模有大有小，但每场比赛甚至每次训练，都是一次展示英雄主义的机会。而队员之间的纽带，父母、扩展家庭和社区的支持，这些都有着长远的意义。

这位父亲说出了无数父母和男孩的经历。英雄之旅的一些要素以这样或那样的方式存在于团体运动中：志同道合的友情，为了成功而共同奋斗，学习无论胜败都保持风度和尊严，找到自己的特长和局限，为集体的欢乐而努力，获得敬佩并敬佩他人，参与那些让人们齐聚一堂的活动。

当然，只凭体育运动是无法完成英雄之旅的，但如果在不久的将来，出现一本指出体育运动是青年人精神生活一部分的新书，我丝毫不会感到惊讶，因为它只是说出了事实。

很多社会文化一直以来都没有意识到，无论有没有我们的帮助，男孩都会踏上英雄之旅。真正的问题在于，他将会成为哪种英雄？如果我们愿意做他的良师益友，用心指引他认识所有的英雄品质，从保护他人、同情他人，到有所成就、心怀谦卑，男孩就不必通过殴打女人、加入帮派、憎恨父母甚至危害社会来逞英雄了。

男孩成长为“英雄”的过程也是他蜕变为男人的过程，成年人的引导则决定了他会成为哪种类型的英雄。而当他超越这个英雄角色，为中年之后的人生找到一个新的原型角色时，英雄就成了长者。

与此同时，他的睾酮水平也在日渐下降。生理变化和精神成长又一次合二为一。很多男孩在少年和成年早期，并没有在睾酮驱动的英雄之旅中得到良好的指导，因此他们永远无法超越这个阶段，获得属于年长者的新魔法。他们在人到中年时还在尝试成为英雄，而这本应是步入成年期的头几年，当他们还是少年和青年时就达成的目标。因此，如果能够帮助男孩完成英雄之旅，最终收获的将不仅仅是“好丈夫、好父亲、好员工、贴心的恋人”，在许多年之后，我们还会拥有睿智的年长男性来担任导师。如果在男孩十几岁和二十几岁时指导他们通过了英雄之旅，我们就能建成一个由那些获得了新魔法的长者领导的社会。长者的智慧是只有那些超越了英雄情结的安定的灵魂才能掌握的。

如何引导男孩迈向成年

在过去一些年，北美各地的人们创造了许多不同的启蒙模式，但并没有得到媒体的太多关注。这个主题下的某些内容会时不时地出现在主流杂志上，有时也能看到一些介绍城区新辅导计划的文章。在青少年所处的不利境地等方面，每周面世的文章数不胜数；然而，基层大众为了挽救青少年所发起的种种运动以及他们在精神上的开拓创新却大部分都无声无息。

在我看来，之所以忽视基层资源，部分原因在于恐惧。西方文化对那些在草根式的精神环境中共同工作的男人心怀畏惧。有人担心男人聚集在一起将会导致“父权制度”卷土重来；有人担心男孩在男人身边待得太久，“会学到大男子主义的价值观”；还有人担心男性导师会虐待或者性骚扰男孩，尽管实施这种犯罪的男性比例实际上非常低。我认为，在所有这些担忧背后，是一种心照不宣的个人主义。它非常隐蔽，但确实存在：别打扰男孩，别来干涉我的家庭，别烦我，我们这样挺好，谢谢。

如果想要引导男孩开始健康的成年生活，西方文化就必须像对待种族主义和性别主义一样，对个人主义也加以认真的审视。与此同时，还必须停止对完美机构的幻想。一方面我们频繁地公开宣告：“我是一个怀疑论者。在我看来，政府、学校还有其他各种机构都没有用。”另一方面我们又会说：“我儿子的需要就让学校负责满足吧。”男孩需要一个“部落”来进行启蒙，他们并不在意“部落”中的长辈是血缘亲属、没有血缘关系的朋友、某个机构的工作人员，或以上三者的混合。他们只是单纯地想要成为自己能力所及的最好的男人。想要评估男孩是否得到了必要的启蒙，可以思考一下你是不是很希望能有其他什么人接手启蒙工作。如果怀有这种愿望，那么很可能你自己就是应当负起责任的那个人。只要努力让自己成为某个健康的团体中的一分子，并且把男孩也带入这个团体中去，每个人都能够成为男孩的启蒙者。

不同类型的成人礼

启蒙仪式会持续数年的时间，包括多种不同的成人礼：有计划的、机构性的、偶然发生的、附带性的、仪式性的。一次成人礼并非启蒙过程的全部，只是其中的一部分。比如，受戒礼并没有囊括从男孩到男人的全部启蒙历程，而是仅仅提供了一个开始。高中和大学都可以作为启蒙的机构，每个教育机构为男孩的个人和社会成长旅程提供的引导都会成为一种启蒙体验。

当男孩正在经历一次有计划的成人礼，比如准备考驾照时，作为长辈，应当帮助他把这件事放在青春期启蒙的大背景中加以理解。可以这样对他说：“这件事就像你第一次一个人乘飞机去看望爷爷奶奶一样。还记得那件事情吗？回忆一下你都担起了哪些责任，当时你是多么害怕。其实没有关系，你可以感到害怕。当我得到自己的第一辆车时，我也很害怕，怕人们会觉得它丑……”青少年迫切需要这样的指导，帮助他们把零散的人生经历纳入整体的背景之中。

机构性的成人礼在每个男孩的人生中都占据着非常关键的一部分，如军事化的新兵训练营、大学兄弟会的入会考验、毕业典礼、受戒礼等。如果一个男孩的人生中没有经历过任何机构性的成人礼，那么当他长大后，将会同负责社会运作的各种机构都格格不入。

在过去几十年间，人们围绕机构性的成人礼进行了很多争论。机构不可能和意识形态完全分离，因此很多人开始反对机构性的成人礼，特别是与那些似乎在宣扬暴力的社会机构有关的仪式。现在，我们不得不重新审视对意识形态的忧虑。军队让很多年轻人获益匪浅，给了他们一种秩序。有些父母把自己对于军队的异议搁置一边，希望儿子能够在那里得到约束和成长。除此之外，职业训练营和青少年军训营地也正在成为很多年轻男孩经历机构性成人礼的场所。

当男孩经历一次偶然发生的成人礼，如初吻时，如果他愿意和我们分享，那就再好不过了。在这种情况下，我们可以帮他把这件事融合到整个英雄之旅的大背景之中，还可以把这次经历当成教学工具，严肃地对待它，也就是给予男孩适度的尊重和指导，同时不要大惊小怪。

什么是附带性的成人礼呢？举例而言，当男孩参与一个长期的启蒙过程，如体育运动、工作、上学时，如果他在其间完成了某个重要目标，就经历了一次附带性的成人礼。或许他在打工时的某些表现证明了自己有所成长；或许他在篮球比赛中投入了制胜的一球，而在此之前，人们都认为他年纪太小，还不能代表学校参加比赛；又或许他赢得了一场连自己都认为不可能取胜的空手道比赛。这些都属于附带性的成人礼。

在启蒙过程中，有些男孩需要得到比其他人更多的督导，我们应当尽量多询问他们的需求。

启蒙中永远都不能缺少规则教育。每个男孩应在青春期时至少完成一项受到严格约束的任务，感受到一种秩序，这个任务对有些人来说是上学，而对那些不喜欢学校的人来说，可能是在球队中打比赛、在乐队中演奏、在农场里劳作，或者是下国际象棋。

在启蒙的数年间，这一任务和秩序可能发生改变，男孩可能在前一年打篮球，后一年又改成踢足球。我们越是鼓励男孩参与这类任务和秩序结构，就越是向他们表明其价值，他们就能从中学到越多的自律和自我价值。

有时，男孩选择的任务和秩序会让我们感到恐惧或者厌恶，比如他们可能会选择从事一项我们不喜欢的体育运动。我们应当探究自己的恐惧和偏见，这是必须面对的挑战。如果在深思熟虑之后仍然不能有所改观，就应当马上向“部落”求助，也就是说，向咨询师、教师、有经验的长辈等寻求帮助。

当男孩的注意力集中于某个单一的任务和秩序时，他的生活会面临失衡的危险。想要帮助他过上丰富多彩而又协调均衡的生活，最好的办法不是限制他在某项任务上花费的时间，而是要时不时地用一些他可能感兴趣的其他任务和秩序来转移他的关注点。只是说“你和乔治混在一起的时间太长了，应该去干点儿别的”是没用的。我们应该说：“嘿，来跟我玩会儿飞盘吧。”或者：“下周末你想去找弗兰克叔叔吗？他要和你的表兄弟们一起去钓鱼。”这种做法不仅能赋予男孩新的人际关系，还给了他一些可以尝试和期待的特殊事件，这让他有了双倍的动力去尝试一些不同的事情。

仪式性的成人礼

仪式性的成人礼是启蒙体验的第 5 种形式，包含着最丰富的大众参与。在理想状态下，无论这种成人礼是冒险性的，还是团体或家庭自己创立的活动，都应该具备以下 4 个关键要素：

1. 安全的场所；
2. 值得信任的长辈；
3. 被大众接受的、事先设计好的仪式过程；
4. 神圣性和传承性。

仪式性启蒙的一个例子是“灵境追寻”，这是一种源于美洲原住民的仪式。在仪式中，男孩被引导进入一处充满潜在危险的荒野，开启一段精神之旅。在这里，他的恐惧和承受能力将受到严峻的考验。几天之后，他将学会放缓自己的生活节奏，逐渐适应荒野的节律。在不受任何人干扰的环境中，他寻求着灵境，即内心世界的体验和投射。一开始他只设立了一个最低限度的目标，只希望能活着通过这次试炼。但渐渐地，他发展出了更重要的目标：了解自己。当他从磨砺身体和精神的旅程中归来，回到导师身边的安全之处时，导师会帮助他理解自己所看到的灵境。即使是数月甚至数年之后，当他回忆起灵境追寻时，仍然能够从这次深刻的个人体验中获益良多。

如今的男孩拥有一些有计划的成人礼，大量未经讨论的偶然发生的成人礼，很多含糊不清的机构性成人礼以及更多没被注意到的附带性成人礼，但几乎没有经历过任何仪式性的成人礼。很多人试图帮助男孩充分体验全部 5 种仪式，因为它们在启蒙过程中都起着非常关键的作用。这些人创造了一些新型的仪式性的成人礼。另一种方法则是仔细研究这些仪式对男孩的影响，让有计划的、偶然发生的、机构性的以及附带性的成人礼能够得到有意识的利用、解释和庆祝。

男孩希望获得启蒙吗

对于“被启蒙”这件事，男孩有些什么样的看法呢？我帮助过很多男性团体、单身母亲和学校，在男孩的“存在意义”中加入“启蒙”这一条，并帮他们实施了具体的启蒙策略。在一个咨询项目刚开始的时候，父母、导师或教育者常常会问，男孩是怎么看待所有这些启蒙活动的呢？

当然了，有少部分男孩从来都不关心这个问题。有些人会发出嘲笑；有些人虽然报名了某个成人礼的探索之旅，最终却没有露面；有些人会在父亲精心策划了狩猎旅行之后掉头离开，把尴尬的老爸抛在身后。

但是我发现，转头离开的男孩只是少数，绝大多数男孩急切地想要得到年长男性的考验和赞扬，他们为此可以忍受很多次失败的开始、对新型男性亲友体系的反复试验以及含糊不清的启蒙知识。当一位长辈说："你知道吗，你刚刚遇见的某某事，其实是一种男性启蒙。所以我们来谈一下什么是男人吧。"这时，大多数男孩都会乐意聆听，至少不会在长辈反复努力之后仍然表示拒绝。

男孩喜欢上启蒙活动的契机之一，是发现这些活动能增进自己与其他男孩的相互了解。例如，伯纳德·韦纳（Bernard Weiner）在《从男孩到男人》（*Boy Into Man*）一书中对一次启蒙仪式进行了细致的描写。戴维·埃德利是这次仪式中的一个男孩，他对启蒙经历做出了这样的评价。

> 我们一致同意，启蒙仪式非常重要，因为它在我们之间结成了牢不可破的纽带。在严酷的启蒙过程中，我们一起忍受着冰冷刺骨的溪水，只要交换一个眼神就能彼此会意，这些都体现了我们的友谊。我们已经约好了，以后每年都要回谢拉山麓来一次同样的旅行，共同度过一段特殊的时光。
>
> ……我们学会了敬畏男性气质和承担起男人的责任。尽管社会规定18岁才算完全成年，现在学到的很多东西暂时也派不上用场，但我们为将来做好了准备。
>
> 回顾整个启蒙历程，我们这些接受启蒙的成员可以在私下里讲出很多催人泪下的感人故事；而在公开场合，我们都同意一件事："这很有趣。"

无论启蒙活动是有计划的、偶然发生的、附带性的还是仪式性的，如果我们和男孩一起分享、一起度过，他们就会喜欢上这些活动。如果我们能在启蒙中一边教导、一边学习，那么男孩也能从中有所收获。男孩加入帮派，也是为了在同伴中寻找友情，也同样会学到敬畏男性气质和承担起男人的责任，感到帮派经历为自己的将来做好了准备。所有关心男孩、关心社会的人需要面对的问题并不是"男孩喜欢这样吗？"无论得到什么形式的启蒙，男孩都会爱上它。因此需要回答的问题是："我们要行动起来吗？我们有决心承担起这份艰巨的工作，把男孩塑造成有爱心、有智慧、有力量的男人吗？"

THE WONDER OF BOYS

第三部分

父母教什么：
解决男孩养育的 3 大难题

The quickest way
to create a boy or man
who lacks compassion
is to judge
and shame his feelings.

想要创造一个缺乏同情心的男人，
最有效的办法就是批评和羞辱他的感情。

THE WONDER OF BOYS 07

如何对男孩进行规则教育

我的父母要求我尊重他们，给我立下了严格的规矩。现在我也成了一名父亲，才意识到那正是我所需要的。良好的规则可能是我从父母那里得到的最珍贵的礼物。

——约翰，46 岁

我们一群人正在参加某个学区召开的儿童福祉大会。

一位母亲说："我儿子今年 4 岁，他生气的时候会打我，这正常吗？"

一位父亲说："我儿子 9 岁了，他不肯听我的话。是我哪里做错了吗？"

一位老师说："我的化学课上有一个 12 岁的男生，他患有注意缺陷障碍（ADD）。不仅如此，他还经常对其他人很残忍。"

一位女士说："我的继子们讨厌我，他们根本不听我的，完全不服我的管教。"

一位祖父说："我小的时候，孩子们都必须遵守一定的规则，而我的孙子们已经不再受到类似的管教了。"

专家、父母和其他儿童照料者纷纷发言，倾诉自己的辛劳。他们努力试图找到更加适合男孩的规则教育方法，想知道哪些方法有助于塑造人格、哪些会损害人格，想要有一个可以遵循的健康的教育模型。我们交流经验，开专题研讨会，罗列各种表格，观看教育影片，听到了很多饱含智慧的发言。

然后一位年轻的实习教师勇敢地举起了手，她是一位正在攻读教育学的研究生。“或许我有些内容没听到，”她说，“不过这里说的规则教育究竟是指什么呢？我觉得大家讨论的不是同一件事。”

她的话引发了另一轮深入的讨论。在这次讨论中，我们发现：所有人都认为大多数男孩没有得到充分的“健康的规则教育”；但不仅“健康”并没有统一的标准，大家对“规则教育”的理解也不尽相同。我们和孩子共处的时间通常不够多，没有足够的时间管教他们；我们在“虐待”儿童这个问题上过于敏感，使得规则教育中的很多要点被刻意忽略了；我们都希望帮助孩子树立“自尊”，但并不清楚自尊的真正含义。

在以上讨论结束后，我们接着探讨了部落文化是如何对男孩进行规则教育的。当然，这些部落的教育方式可谓千差万别，但有一点是相同的：规则不仅仅是针对“坏行为”的。换言之，规则教育不是简单的“这种行为是不对的，如果你这样做了，就要受到惩罚”，或者“那么做是错的，会导致以下后果”。与之相比，这些部落更像是把规则教育融入了自身文化的精神背景之中。也就是说，**一个男孩从规则中学到的内容构成了他全部生活体系的一部分，让他知道如何与群体、自然以及自我世界和谐相处。**在巴西东部的沙万提人部落中，规则是精神体系的一部分，西方人的祖先也是一样。

在那次大会上，我们并没有得出应当回归部落模式，或者需要重拾“闲着棍子，惯坏了孩子”等信条的结论。但有一点引起了大家的注意：必须把规则教育编织到培养孩子的整个社会网络之中。我认为在儿童教养，特别是男孩的教养上，这一点至关重要。

如果只是口头责备一个男孩“不要这样做”，或是通过打骂来迫使他停止某个行为，然后就转头去忙自己的事情，男孩就不可能认识到规则体系的全貌，将其内化成内心的一部分，并用它来指导人生。相反，这样做只是教会了他不要做出某些会让大人生气或者会给自己惹来麻烦的行为。当然，这也是男孩需要学习的，特别是当这些行为可能对他自己或其他人造成伤害时。但是他依然不懂得如何在精神上、情感上以及社会上顺应自己的家庭、社区以及整个世界。

当我们彼此敦促“应当尽一切努力树立男孩的自尊心”时，常常忘记了帮助男孩建立良好的自我感觉只是规则教育的目标之一，还有另一个非常重要的目标：塑造他的人格。他必须首先拥有一个自我，然后才谈得上自尊；必须首先具备一个人格，然后才能喜爱自己。

> 零散的管教能够塑造一部分个性，但更有效的方法是让男孩感觉到自己的生活中有着稳定的规则和秩序，他可以在这种秩序下锻炼自己、检验自己。家庭和社会应当把建立这样的规则和秩序作为塑造人格的主要方法。换言之，我们需要建立一个规则体系。

健康规则教育的10大特征

在儿童教育领域，“管教”一词应当被用来指代一种系统的规则教育方法，即通过塑造人格、树立自尊、传授社会技能等方法教给孩子适当的行为。

系统化的规则教育应当具备以下10个特征。

1. 一致性；
2. 引导；
3. 尊重；

4. 灵活性;
5. 批评方式;
6. 精神背景;
7. 选择;
8. 尊重感情;
9. 权威式的秩序;
10. 及早开始，不断发展，及时调整。

接下来，让我们逐一进行分析。

明智的管教者在对男孩的行为进行强化和惩罚时会遵循一致的标准。一致性首先体现在“我们应当在何时进行规则教育”这个问题上。规则必须是系统化的，不能随性而为，这样孩子才会知道自己什么时候会被奖励，什么时候会被惩罚。不能“一时兴起”去管教孩子。例如我们可能会决定，如果孩子做出以下行为，就要受到教训：违反了某条他知道且能够理解的规矩；可能给自己带来危险；可能给其他人或生物带来危险；损坏财物；侵犯他人的权利。依照这种秩序做出决定有助于我们保持一致性。

为了保证规则教育的一致性，父母和照料者必须在基本原则和具体实践上达成共识。当一位家长教训孩子的时候，另一位家长不应该冲出来扮演拯救者，只有虐待性的教育例外。父母或照料者不应随意干涉其他人的管教，特别是离婚的父母不能互相拆台。如果教唆男孩去对抗另一位家长，会对孩子造成更大的伤害。

执行上的一致性意味着不能光打雷不下雨。不仅要让男孩知道规矩，还要让他清楚这些规矩会得到严格执行。如果我们自己都不尊重自己立下的规矩，男孩又怎么会尊重它们呢?

在我这一代人成长的时代，很多家庭都处于性别观念和文化观念的过渡时期，大多数人在家庭中接受的规则教育都带有实验的性质，而且常常前后不一。如果想要在自己的孩子身上做到始终如一，就必须小心这段亲身经历可能带来的影响，防止童年时代的混乱在后代身上重演。

与此同时，作为管教者，我们必须和男孩生活中的其他人共同协作，如托儿所的保育员、男孩朋友的父母、邻居、导师、教师等，尽可能保证男孩从成年人那里接受的规则教育都是一致的。我们应该坦然地告诉邻居："当约翰尼和你在一起的时候，要让他知道你是说了算的。这是我们定下的一些基本规矩。如果你能够敦促他遵守这些规矩，那真是帮了我们的大忙了。"

规则教育的一致性还意味着要在规则教育的各个环节之间保持一致。哪怕还没有有意识地认识到这些环节的存在，你也可能已经凭借直觉察觉到，每一次规则教育都像是一场小小的旅行，有着起承转合的各幕情节。以下是我总结出的典型情节，或者说环节。

- **环节 1：**如果孩子的行为随时可能导致危险，马上阻止他。可以用严厉的口吻喝止，或者把孩子从危险地点带离。
- **环节 2：**确认男孩的错误。同男孩分析他的不当行为会对自己、家庭、社会乃至整个生命网络造成什么样的影响。通常来说，询问孩子"为什么这样做是错的"，要比直接告诉他答案效果更好。让男孩解释自己的过错有助于增强他的自信。如果他回答"我不知道哪里做错了"，照料者再做出解释。假如男孩把"我不知道"当成抵抗手段，这种行为本身就成了一个需要加以管教的问题。
- **环节 3：**如果在前两个环节结束之后，孩子的行为问题还没有得到充分的解决，就需要让他面对行为导致的自然结果，或引入惩罚性的后果。"你没有完成我交给你的工作，结果就是今晚你不能如愿和朋友布赖恩一起玩了。"行为的结果经常是自然而然产生的，但有时我们也可以预先设定一些后果，在决定具体的后果时，应该让男孩拥有一定的发言权。

- **环节 4：**让行为结果保持一致性。不要过早地结束惩罚，也不要让惩罚超出预定的时间。在这个阶段，很多规则体系的标准容易摇摆不定。“再怎么恳求，你也不能去和布赖恩玩。你既然做了选择，就必须承担后果，这一点是无法更改的。”
- **环节 5：**通过重新接纳孩子，使后果最终变得仪式化。在规则教育告一段落之后，例如面壁思过结束后，给孩子一个拥抱，向孩子表明他再次得到了接纳。如果男孩的年龄较大，而且对他的处罚中包括禁足，那么可以带他去吃冰激凌来庆祝禁足结束，这也是表示重新接纳的一个方法。

不同风格的规则教育可以同样有效，也同样重要。父母双方的教育风格常常不尽相同。母亲经常把孩子看作自我的延续，而父亲和孩子的关系则相对疏远。在这种情况下，父亲更擅长这样的交流：“我会无条件地爱你，但只有你的行为达到了某某标准时，才能得到我的尊重。”这一点在男孩年纪稍长时会表现得更加明显。母亲则更擅长这样的表达：“我会无条件地尊重你，因为你就是我的骨血。”男性和女性都可能错误地使用自己的风格，母亲常犯的错误是让男孩轻易地逃脱处罚，而父亲则可能太吝于表达自己的感情。当然，也有些母亲对待男孩的态度比父亲更为严厉。

虽然两种风格都可能出错，但它们各具特色，只有在二者的共同作用下，男孩才能够茁壮成长。他需要有人对他说：“除非你……否则我不会尊重你。”也需要有人对他说：“在我眼中，你永远不会犯错。”但愿做父母的都能意识到这种教养风格上的差异，共同努力、互相补充，为男孩打造一个平衡且一致的规则体系。

明智的管教者会有意识地做出两种类型的引导：言传和身教。从这些教导中，孩子不仅学会了与他人交往，也懂得了如何获得作为人类一员的价值感。当管教者做出了某个不希望男孩模仿的举动时，应该坦诚地承认自己行为中的错误，并且通过语言向男孩指明正确的道路。“抱歉，我不该冲着你大喊大叫。有时我会搞砸一些事情。你不要学我的样子。”

明智的管教者会教育孩子尊重自己。孩子主要通过对照料者的模仿以及从照料者那里得到的反馈来进行学习，这一点在幼儿身上表现得尤为明显。在此我们交替使用“照料者”“成年教导者”“年长的权威”“父母”“导师和教育者”“管教者”等名词来指代负责管教孩子的人。只有当孩子尊重某个人的时候，他才会听从其管教，并在这个过程中逐渐构建起对于自我的尊重。因此管教者的一言一行必须符合他自己的价值观，做到言行一致，并把这些方面展现给男孩。他必须做出自我剖析：“我就是这样的人，这是我的立场，这是我的价值观，这是我的长处，这是我的弱点。”

明智的管教者懂得危急时刻的管教和日常情景中的管教不是一回事。大部分规则训练发生在日常生活中，我们希望它以一种系统而权威的方式，发挥“指引男孩人生”的作用。危急情况下的管教则适用于突发的危险状况，需要加以紧急的干预。当孩子跑到行驶的车辆前面时，必须立即行动，大声呼喊甚至是动手打他来防止事故发生。这时的做法常常会偏离我们在日常生活中确立的管教模式。当发现自己 16 岁的儿子试图勾引一名 13 岁的女孩，而且在用尽了所有常规手段后他仍然不肯停手时，我们就要动用一些出格的手段，严肃对待他了。

一位曾经面对类似状况的父亲告诉我，他把他 16 岁儿子车里的电瓶、分线盒电线和发电机全都拆走了。儿子没有钱去买新的。因为无车可用，他变得非常愤怒，充满敌意，指责父亲剥夺了他的人权。实际上，这位父亲也承认这种独断专横的掠夺和儿子所熟悉的规则体系格格不入。但他同时指出，那是一个非常紧要的关头。如果儿子让那个女孩怀孕了，很可能要坐牢。既然儿子听不进去道理，紧急的干预就是必要的。男孩最终结束了和女孩的交往，父亲也把那些配件还给了他。

对危机和日常情景中的规则教育进行区分可谓至关重要，特别是当管教者和男孩的相处时间不够充分时。很多人，尤其是父母，会把大部分需要管教的情况都看作一场危机，因为男孩好像总是处在危险的边缘。然而，要是他们能拿出更多时间陪伴男孩，就会发现很多看上去“出格”的行为，实际上很正常，根本不必为此打破常规的规则体系。

明智的管教者不会进行人身攻击，而是关注具体的行为。“你真是个蠢蛋……”“要我说多少遍你才能懂……”针对人格的攻击通常是一种羞辱，这会把孩子毁掉。明智的管教者偏爱的批评策略是教育孩子认识行为中的道德责任，例如：“你不该当着你妹妹朋友的面嘲笑她的发型，你看到这让她多么受伤了吗？”或者：“你管我要东西的时候表现得太理所当然了。我感受不到一丁点儿的感激，只有不停的‘我要这个，我要那个’。”

明智的管教者会抓住一切机会，向孩子展示规则体系是如何与社区、社会等更广阔的精神背景融为一体的。借助无形的精神世界的力量来加强规则教育的想法是难以反驳的。通常来说，把神性看作存在于儿童自我之中的一种更高的标准，可以帮助管教者更好地完成指导孩子行为的任务。

当一个规则体系拥有自己的历史和传统时，我们要教导孩子认识这些历史和传统，阅读相关的重要文字。很多家庭已经抛弃了祖父母那个时代所奉守的宗法制度和历史传统，理由往往很充分。然而在远离了旧的世界之后，我们就无法借助经典文本为规则体系赋予底蕴和传统。反之，有些人迫切地想要重获历史和传统，结果走上了因循守旧的老路。如何帮助男孩研习传统，这个问题在西方文化中仍然没有明确的结论。

假如抛弃了一切旧有的传统，就必须创造出属于自己的新传统。东一榔头、西一棒子的管教方式很难对男孩起到长久的帮助。必须汲取新旧两套价值观中的精华，确确实实地建立起一套新的体系，让它成为我们的家庭在新千年中的“精神”传统。

如果选择回归古老的传统，必须非常小心，避免仇外或狭隘的态度。相比《圣经》创作的年代，当今世界已经复杂多了。试图一成不变、咬文嚼字地奉行经典中的标准只能起到反作用，男孩会立刻做出反抗，更不用说这些标准已经经过了无数次的转译，各种各样的诠释可谓浩如烟海。

如果找不到书面作品来为规则体系赋予历史和传统，可以向大自然寻求帮助。当照料者把规则视为一种体系时，会努力向孩子展示价值观、道德观等各种行为准则：这些准则不仅能够指导孩子如何在当前世界中做出正确的行为，而且会鼓励他与生命网络之间建立联系。照料者会让男孩看到规则如何在自然界中发挥作用，生存这一目的在其中扮演的角色以及自然界中的一切如何相互依赖，交织成一张密不可分的网络。当母亲和儿子一起看电视时，她可以说："看看那两只动物，它们正在搏斗。你知道它们为什么打架吗？为了争夺食物。如果不能护住自己的食物，那只动物就会挨饿。可你又是为了什么要和弟弟打架呢？这件事像食物一样重要，值得你们拳脚相加吗？值得为此把你弟弟的眼睛都打青吗？"

男孩将会学会，应该从微观和宏观两个角度看待行为的后果：微观是指它们是男孩日常生活中的一些具体事件；宏观则是指这些日常事件都是更大的精神和自然背景中的一部分。

当管教者引导孩子如何在更大的背景中观察个人遵守规则的行为时，应当坦诚地告诉孩子"首要规则体系"和其他社会结构，例如媒体或同伴群体中的"次级规则体系"之间存在差异。无论我们多么努力，想要让孩子看到家庭、学校和社区都在践行一个基本的、统一的规则体系，也无法做到像部落文化一样和谐一致。孩子会看到我们的首要体系如何受到了其他体系的削弱和抵触。必须引导孩子把关注点集中在首要体系上，这是他成长过程中发挥主要作用的体系；还要教会他如何评价自己从媒体和同伴群体中学到的规则、培养的性格，看它们是否和首要体系相一致。

对于媒体和同伴群体等"外部影响"，我们可以畏之如虎，也可以把它们整合到自己的体系中。通过诚实地告诉孩子我们有一套体系，而邻居有另一套体系，管教者向孩子展示了所有可能的选项，并帮助他做出正确的选择。选择本身变成了一种教学工具。作为管教者，如果我们对其他人和其他观点总是抱有抵触的态度，好像他们存心要破坏我们的规则体系似的，那么只会制造更多的麻烦，而不是解决麻烦。当我们反应过度时，孩子就会看到我们的弱点。但如果我们说："哦，是的，坦纳太太认为这种情况下打人是可以允许的。但我们家的观点是什么？你又是怎么看的？"这就有了一个不错的开始。我们可以继续追问："你认为坦纳太太为什么想要在那种情况下动手？她原本还有哪些其他选择？"这样就开启了一场同孩子之间的道德对话，促使他走向成熟。

管教者应当教导男孩分辨行为的对错，而非感情的对错。在教导男孩认识正确和错误的行为时，要允许他保有内心世界的隐私。不要教育男孩"这种感受是正确的，那种感受是错误的；这种想象是对的，那种想象是错的"。男孩的幻想既没有对错之分，也不是管教者应该干涉的目标。只有某些情况除外，如患有强迫症、攻击性强或高度危险的男孩，他们缺乏必要的心理能力，无法把幻想和现实区分开来，而且这种混乱的心理状态可能引发危险的行为。

试图控制男孩的感情只会导致更多反抗，这是所有管教者都不希望看到的。想要对规则体系中的感情和行为加以区分，管教者就需要告诉男孩，他的个性是属于自己的，任何人都不能也不应当从他身上夺走，而且人的个性具有一定的界线。如果成年人不对男孩的感情指手画脚、过度指责，男孩就能够学会不要一直苛责自己，还会因此对自己和他人都更富有同情心。想要创造一个缺乏同情心的男人，最有效的办法就是批评和羞辱他的感情。

施加给男孩的秩序太多或太少，都不能让他茁壮成长：**纵容和专制同样无法创造出理想的男性，只有权威式的态度才能做到。**这里所说的权威是指，我们自身应当表现出一种明智的权威感，这样孩子就会相信我们是值得听从的合格领导者。男孩需要知道谁是权威。权威人物掌握着某种神奇的力量，无论这个权威是父母、导师、教育者或照料者，只要男孩相信他掌握着某种魔力，就会倾听他的意见，并在越界时接受他的惩罚。我们能够成为权威，不是因为我们纵容男孩，也不是因为我们让他本能地感到害怕；而是因为我们帮助他建立了内心的权威感。受过权威式训练的男孩将会逐渐学会自律。

想要将规则体系内化到孩子的精神和行为中去，必须从很小的时候就开始进行规则教育。因为规则体系是一种整体性的教育方式，教给孩子什么是尊重、教他认识自己的优势和局限，所以我们必须通过让孩子承担责任，使他尽早地接触规则体系。可以让他清理自己的餐具、收拾自己的房间、学会说“请”和“谢谢”等，通过这些手段尽可能早地培养他的个人能力。

随着孩子年龄的增长，规则体系必须做出调整，以适应成人和孩子生活中的变化。想要知道哪些地方需要改变，一个不错的方法是持续关注孩子每一年都希望在哪些新的领域获得独立。规则体系要顺应孩子对于独立的渴望，及时调整。在这个过程中，我们应该遵从孩子的暗示，但不必放弃规则体系中的关键要素：尊重、道德选择、责任和正直。

0 ～ 10 岁，男孩规则教育的 12 个技巧

克拉丽斯有一个 5 岁大的外孙名叫戴维。按照克拉丽斯对我的描述，戴维 2 岁半的时候，“就像一块永远有电的电池”：“他从来不知疲倦，而且我的天啊，他真是喜欢打人。”我问她是怎么解决打人问题的，她回答道：

> 那时有很多关于多动症的报道，所以我猜这可能就是原因。我和他的父母、姥爷，还有学校的辅导老师一起讨论过这种可能性，但最后否定了这个想法。所有人都在继续寻找解决办法，我们尝试过在他表现特别糟糕的时候关他的禁闭，没收有攻击性的玩具以及不许看电影或者恐龙班尼动画片之类的惩罚。
>
> 终于有一天，我们获得了一些进展。他每次打我的时候，我都会对他说：“戴维，你打疼姥姥了。”或者：“戴维，你会打疼姥姥的。”但这一次，当他用塑料锤子打我的时候，我撩起了袖子，把胳膊上一处有点发青色的皮肤指给他看。那其实并不是锤子造成的，但很接近他打到我的地方，所以我借机

说道："戴维，看看这里，你打伤我了。我很难过。"

接下来，我本来想收走他的锤子，并且取消一项他喜欢的活动作为惩罚。就在这时，他伸出手指碰触了那块皮肤。当他碰到我的时候，我又强调了一遍："这真的很疼。"

他停了几秒，然后抬头看着我的眼睛，开始大哭。他看起来非常不安，向我伸出了手。我拥抱了他，他也用力地回抱着我，好像在说：对不起。我对他说我仍然爱他，还告诉他："你在我心中是特别的，所以当你打我的时候，我会感到格外受伤。"他哭着拥抱我，最终完全理解了整件事。

在这之后他还是会打我，但没有以前那么频繁了。实际上，很多时候他已经能够控制住打人的冲动了。我的女儿，也就是他的母亲，也发现了他的变化。那一天发生的事情对他来说真的很关键。

克拉丽丝的策略中包括：持续不变的爱；指出攻击行为造成的自然后果，即让姥姥感到疼痛；实施惩罚性的后果，没收攻击性的玩具或者取消某项特权；耐心解释；除此之外，还有一次意外发生的体验式教学。打人是学步期幼儿尝试独立的一种常见行为。而当戴维抚摸自己造成的伤痕时，这一常见的举动就变成了珍贵的一课，让他明白了自己造成的伤痛。他切实地得到了一种神经心理上的突破。这其中包含了一些符合大众认知的管教技巧，它们对童年期的男孩非常有效。

技巧1：向男孩展示他的不当行为会对外部世界造成什么样的影响。例如，当他乱踢乱打时，让他看一看对周围环境和物体造成的破坏。给他看打出来的瘀青，让他扶起被打翻的植物。亲眼所见通常比言语描述更为有效。对年纪幼小的男孩来说，言语常常是苍白无力的。亲身体验到自己造成的后果能够更好地触动他。

技巧2：将男孩的攻击性能量从生物引向非生物。当一个男孩踢打或者推搡时，让他明白生物会受到伤害。如果他想打什么东西的话，可以打沙发或者冲着地板发泄。但如果他生气时想要打妈妈，就需要引导他把拳头挥向别处，比如家里的地板。可以给男孩提供一个固定的"受气包"，比如沙发的某个位置或某块地板，这种做法会很有益处。玩具沙包等都是不错的选择。

技巧 3：语气要严厉。可以说一次“请”，或者两次，然后就要强硬起来。母亲经常觉得这很难做到。一位母亲曾对我说：“我 3 岁的儿子对他爸爸的声音怕得要死，但我说的话就没什么效果。”比起温柔的声音，严厉的语气或者响亮的声音，如拍手声，通常可以更好地让男孩听话。我们曾经提到过，男孩的听力一般要比女孩差一些，因此适度地提高音量可以帮助他们听清你要讲的话。严厉的语气则会让他们知道你是认真的。有时，仅仅采用响亮、严厉的声调就可以省去更多惩罚措施。

技巧 4：必要的时候，给男孩或者你自己一段冷静的时间。对于太小的孩子，冷静期的效果并不理想。如果一个男孩还不满 2 岁，每天都动用冷静期就过于频繁了。另外，这种方法要和收走玩具、取消特权等措施结合使用。如果你作为照料者需要冷静一下，那么不要犹豫。照料者和男孩交替使用冷静期会让整个交往模式发生美妙的改变。

技巧 5：优先采用转换目标或转移注意力的方式。特别是对于学步期的幼儿，规则教育的主要方法是把他的注意力从我们不希望他关注的事物转移到其他事物上去。如果想要男孩穿上外套，而他不肯这么做，可以把恐龙班尼玩偶递给他，吸引他的注意，然后就可以顺利地给他穿上外套。很多时候，幼儿的问题根源仅仅在于他们的注意力固着在了某个对象或某种行为之上，一旦转移了关注点，麻烦也就迎刃而解了。

技巧 6：忽略他的拒绝，给他一分钟的时间完成任务。在尽量无视男孩的撒娇要赖行为这一点上，每个人都有继续改进的空间。如果要求男孩收拾杂物，而他哼哼唧唧地撒娇说“我不想做”，可以直接忽视他的抱怨，从而避免一场讨价还价。

当使用忽视策略时，在开始的 60 秒左右的时间里应该避免一切接触。在这段时间里，男孩很可能会开始完成任务，特别是当他意识到大人无意和他争辩的时候。要记得通过争辩争夺权力是男孩在分离－个体化－独立过程中的一种正常行为。

一分钟结束之后，如果男孩还是没有开始的意思，我们可以提醒他，问问他需不需要我们帮他做一小部分，或者向他说明完成这项任务可以给他本人、他的家庭或社区带来哪些回报。对于生活在规则体系中的男孩来说，这些做法通常就足够了。但假如他还是不肯开始，就需要借助一些惩罚手段了。

这里有一个关键点需要注意，即在这场权力斗争的最初几分钟，我们并没有惩罚男孩。忽视他、给他时间以及后续的解释，这些行为都是在对他说："我重视你和你对独立的追求。"通过不替他捡起玩具并在必要的时候把潜在的惩罚转变为现实，我们也让他认清了有些规矩必须遵守。在短短几分钟内，我们就完成了大量的工作。

技巧 7：与男孩谈判并提供选择。当男孩不再是蹒跚学步的幼童时，对他们来说，有失有得的交换手段是一个有效的策略。与男孩协商并不会降低我们的权威，而是向男孩表明，我们相信他的看法也是有价值的，愿意同他一起探索这种价值。

当男孩不想穿外套时，可以说："好吧，你来选一下，你想自己穿外套，还是我帮你穿？"这样一来，他往往会停止抗议"不想穿外套"，而是回答："我自己穿！"随着年龄的增长，孩子希望展示自己独立能力的需求会变得越来越强烈，该策略正是利用了这一需求。

另一种提供选择的方式是向男孩提供帮助。"嘿，我们一起来做吧。"有时候他会欣然接受；有时候他会推开我们，想要自己动手。如果他选择自己来，不要把它当成对我们的拒绝，也不要强行提供帮助，导致另一场权力争夺，这一点非常关键。无论哪种情况，只要给他选择和协商的机会，我们就帮助他获得了成长。

技巧 8：剥夺特权和没收玩具。如果男孩一直不肯听话，可以用取消他期盼的某项特权，或是没收玩具来作为威胁。如果威胁不起作用，就要开始动真格的，在一段时间内剥夺他的特权。“如果你不去把桌子收拾好，晚饭后就不许看《风中奇缘》。你必须帮忙做些家务，然后才能去玩。”特权可以是看一场电影，和朋友玩耍，观看喜爱的电视节目，吃一种特殊的食物。玩具可以是一套火车模型，一辆自行车，一套超能战队玩具。每个做父母的都知道自己的孩子最想要什么。

想要让这个方法成为规则教育体系中的撒手锏，关键的一点在于一旦管教者撤销了特权或是没收了玩具，就不要轻易让步；而是应该设置一个时限，让男孩把它们“争取回来”，并牢牢守住这个时限不要松口。

技巧 9：多采用正向期待。只要有可能，我们就要说：“你能行。”或者模仿一个媒体角色，例如像《小火车头做到了》（*The Little Engine That Could*）中的火车头一样反复打气：“我想我能做到，我想我能做到。”让男孩把自己看作天生的成功者。

技巧 10：尽可能地把事情变成游戏。在任务中设置了一些游戏性质的次要目标之后，男孩原本不想做的事情就突然有了吸引力。“你能在一分钟之内收拾好桌子吗？试试看，我来计时。”使用这一技巧时非常重要的一点是在男孩完成任务后，不要给他过分的奖励。有时我们会说：“如果你能在一分钟之内干完，我就奖励你糖果。”这种做法会引起严重的问题，男孩会认为他被分派的每一样家务，都应当获得相应的“报酬”。使用游戏的诀窍在于让游戏本身变得足够有趣，不必借助外在的奖励就可以吸引男孩完成任务。考虑到大人们繁忙的日程表，这一策略可能无法频繁使用，但有时它比其他方法都要有效。

技巧 11：让男孩集中精力应对任务中的挑战。当男孩心不在焉、没有按我们说的做，或者表示抗拒时，让他集中注意常常是一种有效的策略。男孩可能需要有人把他的注意力吸引到任务上去。有时候任务本身过于复杂，会使孩子产生抗拒心理。例如，当一个幼儿不肯穿外套时，我们可以说："你能把外套套在头上吗？你能把胳膊伸到袖子里去吗？"这会帮助他把关注点从整体的任务转移到具体的挑战上去。当一个 8 岁的男孩不想整理自己的房间时，我们可以帮他把屋子规划成一块块的区域，每个区域都是一个具体的挑战。"你为什么不把这个角落变成一个体育角呢？那块地方可以当成游戏区。"

技巧 12：利用错误和"失败"进行教育。这可能是我们最容易忘记的一种手段。它或许不仅仅是一项技巧，更是一条精神原则。我们必须允许男孩犯错，而且是多多地犯错。

一位母亲给我讲了这样一个故事。她 5 岁的儿子把自己 1 岁半妹妹的头发剪掉了。这位母亲之前一直在厨房里准备晚饭，当她走进游戏室，看到儿子干的好事时，难过、后怕、愤怒等感情席卷了她的全身，让她真想不管不顾地把儿子教训一顿。小女孩的脑袋看上去简直一团糟，她忍不住担忧，男孩可能下一步就会拿剪刀戳妹妹的眼睛了。

这位母亲承认，当时她的确"失去了理智"，但之后她冷静下来。丈夫回家之后，两人让男孩坐下来，询问他："你从这次错误中学到了什么？"当然了，这个男孩只有 5 岁，还说不出太多的感想。但父母可以通过这次事件进行教育，让他知道剪刀很危险、要尊重妹妹的人身权利等。在谈话快要结束时，母亲说道："你知道吗，当我在你这个年纪时，我的爸爸告诉我犯一次错误没关系，这也是一种学习。你已经有过这个'一次'了，明白吗？"这个男孩也被自己的错误吓坏了，忙不迭地表示同意。

这件事说明了一个常识性的观念，那就是必须允许男孩犯错误。他们是通过亲身体验来学习的。像这位母亲一样，给男孩第二次机会，或者对他说"事不过三"，比期待他能够十全十美更有效。在任何情况下，当父母、导师或教育者期望孩子一点错误都不犯时，都只是为了满足成年人的成就感，而不是为了孩子的利益。

可以打孩子吗

在孩子还小的时候，每个人都会面对这个问题。如果回答是“打”，那么过不了几年，当男孩长大一点的时候，这个疑惑又会再次出现，但这次问题变成了应该在什么时候停止这种行为。在打孩子的问题上，很多人都有着同样的困惑。

新罕布什尔大学家庭研究实验室的创始人及主任默里·施特劳斯（Murray S. Straus）耗费了 20 年的时间，想要减少乃至消除这种“司空见惯的、以打孩子为名的家庭暴力”。在《“打”败罪恶》（*Beating the Devil Out of Them*）一书中，施特劳斯坚定地主张，施以棍棒不仅不是一种有效的管教手段，还会让孩子变得暴力。

然而，也有很多人想要找到一种强有力的方法，来对付那些在家庭和学校中常常出现的“不受控制”的孩子。这些人希望学校能够多使用一些考虑周全的“无害的暴力”，如打屁股或者打手板。

还有部分人的看法介于这两种极端观点之间，例如家庭心理学家约翰·罗斯蒙德（John Rosemond）认为：“与使用棍棒等工具的殴打不同，打屁股并不是一种虐待。打屁股是父母徒手进行的、对孩子臀部一次或两次的快速击打。”

我赞同这种中立的观点。选择中立立场的人差不多都同意，我们并不是盲目“信赖”打屁股，相信打屁股对孩子的成长必不可少。在不胜其烦的父母手中，它可能演化为虐待，还可能对孩子的心理和身体造成意外伤害，所以应当尽量避免使用这种手段。无论如何，我们必须理解为什么要打屁股，在这个前提下，如果仍然选择使用这种手段，还要懂得如何“打”才能真正达到目的。

> 打屁股的目的是：立刻吸引孩子的全部注意；迅速地制止不恰当或危险的行为；在情况有可能很快恶化之前控制住局面，用一记巴掌阻止他对

自己、家庭和社会造成更大的危害；有力地提醒他谁才是权威。打屁股的目的永远都不是伤害孩子。

如果出于以上 4 个目的打孩子，而且只是偶尔才动用一下这种手段，那么我们就并不是不负责任的父母。

有多少人会打孩子呢？美国家庭暴力调查（National Family Violence Survey）显示，超过 90% 的父母报告称会对 3 岁的幼儿采用某种形式的体罚。这两份调查还表明，打孩子的父母往往会频繁地使用这一方法。在子女未满 6 岁的母亲中，有 2/3 的人报告说自己打孩子的频率约为一周三次。40% 的父母在孩子 14 岁时仍然会使用体罚。

在这些人当中，很多人在进行体罚时并没有尽到相应的责任。如果一个人每天或每周都要打孩子，这种体罚就过于频繁了。这些父母把棍棒教育奉为灵丹妙药，从不去寻找其他办法。他们或是出于懒惰，或是因为自己遇到问题而把气撒到了孩子身上。大量研究反复证明，持续地打孩子并不能改变其不良行为。事实上，这样做起到的效果恰恰相反。孩子会对一次次体罚习以为常，就像身体会对过量的抗生素产生免疫一样。

想要让“打屁股”成为规则体系中一个行之有效的手段，使其符合我们在上一节中讨论过的种种准则，需要做到：一年中最多只能打几次，而且只在非常严重的情况下才打。约翰·罗斯蒙德的“打巴掌原则”很值得参考。

- 过程要迅速。打一两下，然后就停手。
- 不要把打当成“最终手段”。这样做的父母到头来往往会把最终手段变成第一手段。
- 无论如何，永远都不要在愤怒时打孩子。如果你非常生气，抽出时间冷静一下。从 1 默数到 10，或者先离开房间。

- 只使用双手，不要借助任何工具。
- 打的位置应当局限在孩子的臀部。没有必要脱掉衣物。再次强调，打孩子的目的不是造成疼痛，而是引起注意。
- 在这个过程中，给孩子明确而严厉的说明。如有必要，可以给予他另外的限制性惩罚。
- 永远都不要在公开场合打孩子，而要选择私密的环境。学校中进行的体罚应当比现在更注重隐私。
- 不要频繁打孩子；当孩子长到 9 岁或 10 岁时，打屁股就应当完全停止。对十几岁的孩子来说，打屁股是一种极大的羞辱。

“打屁股”问题表明，对于父母、导师和教育者来说，在他们怀上孩子或成为导师和教育者之前，有意识地对规则体系进行规划是多么重要。我们必须知道如何从小赢得我们所关心的男孩的尊重，这样当他们变成“受睾酮驱使的任性青少年”时，权威人士就不必动用体罚措施。通过体育运动、同伴群体、军队经历以及基本的男性冒险行为，男孩自己就会得到许多碰壁和受伤的经历，从而掌握行为的界限。如果到那时还没有教会男孩严格的自律，他就会走上令自己和我们都受到伤害的道路。如果在他还是孩子的时候只知道打屁股，而不懂得使用其他技巧，我敢打赌，他将很难成为我们期望的那种男性。

注意缺陷多动障碍

这些技巧固然很好，但还是有人会说：“我的孩子不一样……”

凯文是一个 8 岁的男孩。按照他母亲的说法，他会“像个弹球一样在房间里上蹿下跳”。母亲把凯文的行为归罪于自己。凯文的父母尝试过各种类型的规则训练。在学校里，凯文在有些活动上表现得很认真，能够一个小时都不分心；然而他对大多数事情都只是浅尝辄止。他喜欢插嘴、戏弄女生，甚至偷走同学的铅笔或其他一些无关紧要的小玩意儿。“没有人喜欢他，”母亲承认，“连我和他父亲也不喜欢他。”

凯文患有注意缺陷多动障碍（ADHD）。这是美国儿童中最常见的一种行为障碍，患病总人数接近400万。男孩的患病率约为女孩的三倍。对这种障碍的诊断一度过于泛滥，导致了一些反对的声音。有几年的时间，一个孩子，特别是6～10岁的男孩，只要表现得有点冲动任性，就会被诊断为注意缺陷多动障碍。如今的诊断标准已经恢复到了较为合理的状态。

这种障碍有三个广为人知的症状：第一，患儿非常容易分心，注意力无法集中，关注点会毫无征兆地从一件事突然跳到另一件事；第二，患儿缺乏必要的冲动控制能力，喜欢插嘴，会在社交场合下说出不恰当的话，随心所欲地做出不恰当的举动；第三，患儿的身体常常在一刻不停地活动，例如不断地按自动铅笔的按钮，或者反复地起立又坐下。

注意缺陷多动障碍经常伴有社会情境中大量的不当行为，如不分时机突然发言、破坏规则，甚至是冲动偷窃。患有注意缺陷多动障碍的男孩可能无法长时间坐好；不能集中精力听讲或安静地玩耍；滔滔不绝，打断别人讲话，表现得像个“万事通”；听不进别人的话；经常丢三落四；做出一些不必要的冒险行为。该障碍的患儿经常遭到其他孩子的排斥。注意缺陷多动障碍有时会随着个体的成熟而消失，但有时并不会。在儿童时期患有注意缺陷多动障碍的人中，至少有一半在成年时仍会表现出相应的症状。

患有这种障碍的男孩在童年时期所经历的痛苦常常会在以后得到回报。他们长大后往往更加热爱生活，具有强烈的幽默感，充满激情和抱负，多才多艺，拥有丰富的创造力。但是当他们还是孩子时，和他们打交道是非常困难的。一位母亲说：“我们经历了多年地狱般的生活。我找不到比‘地狱’更加贴切的形容了。”

如果你认识一个特别难管教的男孩，请尽快带他去做注意缺陷多动障碍的相关检查。你会发现这种障碍也被称为注意缺陷障碍，或者我们常说的“多动症”。孩子大脑中的化学过程是导致该障碍的原因之一，因此可以使用利他林等药物进行治疗。许多专家认为这种障碍之所以在男孩中尤其普遍，原因在于睾酮会加剧其症状，而且男性大脑可能比女性大脑更加易感。此外，饮食、遗传和疾病都是潜在的诱发因素。

早期患有注意缺陷多动障碍的男孩更容易在之后的人生中遭遇情绪问题。其中部分原因可能在于生化过程的影响，还有部分原因在于孩子本人、他的照料者和社会对其自我形象造成的损害。因为如果这种行为障碍得不到及时的诊断，男孩可能被认为是情绪上畸形、失常或可耻的，因而遭受错误的对待。

如果某个你认识的男孩患有注意缺陷多动障碍，那么一定要对他进行耐心和细致的规则教育。《分心不是我的错》(*Driven to Distraction*)[①] 等书很值得一读。但最重要的还是及时去看医生。

如果孩子正在接受药物治疗，他的人格和性情可能因此发生改变，需要对此做好准备。这不是一种可以轻易治愈的行为障碍，治疗过程也经常伴有副作用。在采用药物疗法之前，应该对这些情况有所了解，可以从一些专业网站上获取信息。

10 ～ 20 岁，男孩规则教育的 14 个技巧

青春期的男孩是一群非常难以管教的家伙！如果在他们生命的头一个十年里，没有建立起健康而明晰的规则体系，或者该体系被某个创伤性事件打乱了，如父母或导师的去世，或是父母离婚、吸毒、患病，那么，这个青少年就更可能变成一个“刺头儿”。

---

① 哈佛分心对抗大师爱德华·哈洛韦尔（Edward M. Hallowell）及注意缺失领域专家约翰·瑞提（John J. Ratey）在本书中对注意缺陷多动障碍进行了详细阐述。本书中文简体字版已由湛庐文化策划、山西教育出版社 2011 年出版。——编者注

反之，如果男孩在10岁之前有第一重家庭作为自己的安全基地，有第二重家庭和第三重家庭一直尽职尽责地为他提供适当的教育和指导，还有一个清晰的规则体系帮助他树立人格和自尊，那么当他进入青春期之后，出现反社会行为的概率就会低得多。这些都是常识。如果第一个十年进展得不错，那么第二个十年也不会出太大的岔子。

然而，如果在男孩进入人生的下一个十年时，管教者的规则发生了极大的改变，那么第二个十年也可能出现严重的问题。这里所说的“规则”并不是指那些细枝末节的规定，比如谁负责倒垃圾、宵禁的时间、约会的规矩等。我指的是情感规则。父母、导师和教育者往往认为，当男孩进入青春期之后，就不必在他的情绪问题上花费太多精力了。因为男孩更加渴望独立，大人们会说：“好吧，随他去吧。他迟早会开始逆反，只要让他知道我会永远在他身边就行了。”这种观点非常普遍。

青春期的男孩常常会努力表现得坚强，但他们仍然需要一个情感中心和安全基地，从某些方面来说，这种需要甚至比以往更为强烈。

帮助男孩度过青春期的关键不是扔下他们独自探索，而是协助他们为自己的规则体系找到新的能量焦点。在情感上，母亲把儿子交给了父亲，这是一次情感中心的转移，但男孩的情感中心依然存在。如果离异母亲和前夫的关系非常疏远，她需要为男孩找到几位男性导师，来帮助他度过青春期。如果一位单身母亲没有什么求助的对象，她就要有意识地和男孩进行交流，告诉他：“我以前是这样的，但现在我要成为另一种母亲，一个青少年的母亲，我会变得更强硬，更不好说话，更像个男人，因为这正是你现在需要的。”学校应当设置丰富的项目，把白天和晚上的时间都利用起来，让男孩多参加各种活动，从体育比赛到国际象棋社团，这能够帮助他们把青春期的能量导入正轨。企业需要为青少年设立一些服务性质的项目，政府应当尽力保证青少年能够获得足够的优质工作机会。

如果把向青少年进行规则教育所必需的步骤一一列出，这个清单将会是无穷无尽的：兴趣爱好、挑战、创造性的任务等。男孩的身体每天都要经历 6～7 次睾酮水平的激增，他的大脑往往专注于体育活动和体验性学习，他生活的文化用一些针对男孩的方式训练他。在这种情况下，我们不能把他往更广阔的世界里一扔了事。要为他的能量构建一种秩序；要给予他持续的活动，也要给他充电的时间；要通过游戏和任务给予他体验式学习；要让他工作。我们期望他能在磕磕碰碰的人生实验中探索广阔的空间，也需要利用任务、工作、游戏、活动和体验来教导他如何使用这些空间。最重要的是，要给予他指导和监督，同时尊重并培养他的天赋、他的见识，甚至是他内心的阴暗魔鬼。

除了某些非常极端的情况，我接触过的大多数青少年都想要同成年人接触得更多而不是更少。不幸的是，每个成年人都有自己的优先事项。我们把年轻人要求更多自由和少受成年人限制的呼声理解得过于肤浅了，认为叛逆足以让年轻人长成男子汉。我们一直过于懒惰。如果成年人始终都用对待小孩的态度对待青少年，那么他们会希望这种与成年人的接触越少越好。青少年希望成年人能把他们当成年轻人看待。他们对前者有多厌倦，对后者就有多渴望。

正如我们在男孩生命的第一个十年里把规则作为一项系统性的事业来对待一样，在第二个十年里也必须采取同样的态度。以下是需要回答的一些问题。

- 在第一个十年里，我们搭建了怎样的体系？在第二个十年里，需要对它进行哪些调整，而非破坏？我们仍然要做到态度坚定、规则清晰、前后一致，但要给予男孩更多的自由和更重的责任。
- 长辈应当怎样扮演自己的角色？随着男孩人生阶段的改变，这些角色需要做出怎样的改变？这个问题对青少年的情绪健康来说尤为重要。
- 如何帮助男孩更积极地融入第二重家庭和第三重家庭的各种群体，特别是寻找合适的同伴群体和新的导师，同时教会他不要把第一重家庭和同伴群体对立起来？这要求我们在他允许的范围内，多认识他的朋友，回答他的疑问。

- 如何保持家庭完整，减少家庭创伤？一定程度的家庭动荡是正常的，甚至对青少年的成长是有益的，但离婚对青少年的情感生活来说非常危险，尤其是当离婚发生在男孩 10 岁左右时。
- 当家庭创伤产生时，如何才能切实地帮助男孩，确保他不会陷入父母的战争之中左右为难？

说了这么多，让我们再来听一听青春期的男孩是如何用自己的语言做出回答的。我询问一群高中男生，他们想从作为管教者的成年人身上获得些什么。这群男生中有白人、黑人和西班牙裔。我们决定把这些要求用说唱文化的术语表述出来。这是一个有趣的方式，可以让年轻人放下戒心，畅所欲言。在下文中，你不会看到任何“新”东西，但你将看到这一代人是如何表述的。

别“装”。这里的“装”意味着不切实际。换句话说，男孩能分辨出我们什么时候在夸夸其谈。如果想要对男孩进行管教，就必须让他们知道我们是现实世界的一部分。对男孩来说，“现实世界”就是他们自己的世界，因此我们需要尽力了解他们的世界。

在成人和少年生活在同一个部落中的时代，二者的世界并没有太大的不同，而现在则已是天差地别。很多大人认为“我才是权威，我不需要懂得我儿子那些愚蠢的流行文化”。这种观点通常是错误的。

淡定。“你们全都过于大惊小怪了，”一个 16 岁的黑人男孩告诉我，“你们需要淡定一点，我们不会胡作非为的。”他人的尊重是男性青少年最为渴望的东西。如果我们接受了媒体上“危险的青少年”的那套说辞，对男孩们过度防备，他们就会感到自己受到了监视和威胁，而不是尊重。

带带我。有人“带”意味着有人帮他们牵桥搭线，结交重要的人物或了解关键的信息。无一例外，这群年轻人都希望有人“带”。他们经常感到孤立无援，想要得到成年人的帮助。我们谈论的主题是规则，因此一个年轻人说："既然你们都不肯'带带我们'，我们又为什么要按你们的意愿做呢？"年轻人需要年长者为他们打开机遇，让他们可以找到工作、结交他人、出入某些场所。从这些工作和经验中，他们将获得尊重和自我尊重。

别挑刺儿。不要不尊重我。"总是这也不对，那也不对。"一个 17 岁的少年抱怨道。有些大人只想获得年轻人的顺从，却从不试着理解他们的生活，这些人常常会进行这种伤人的挑剔："一无是处。"对于很多年轻人来说，这是最难以忍受的一种不尊重。

对我狠一点儿。"狠"意味着公正合理，同时带有一点严厉的意味。年轻人希望成年人对自己严厉，但又不要过于严厉。他们希望我们能够在合理的情况下严格要求；希望我们知道自己是谁，明确自己的信念，这样才值得让他们信任；希望当我们不得不用强硬的态度对待他们的时候，能令他们信服。

挺我。"挺"某件事的意思是支持它。十几岁的男孩想要得到成年人的支持。他们有时想要与众不同，有时又想要成为主流，但无论哪种情况下都希望得到支持。如果没有我们的支持，同伴群体的强大压力和被孤立的恐惧就会让他们感到迷失。"我只做错了一件事，"一个年轻人说，"结果我爸再也不挺我了。"在我看来，很多男孩认为父母和教育者只是在寻找借口，以便从此再也不用和自己站在一边。

酷一点儿。不要把年轻人的所作所为看作针对自己。随着男孩逐渐长大，一度建立好的规则体系需要及时地调整。但我们往往不去改变规则体系，让它适应年轻人需求的变化，反而抓住过去不放，对现状大惊小怪。

一个 14 岁的少年讲了这样一个故事："有一天我回家时，耳朵上戴了一个耳环，然后我妈就疯了。我被禁足了一个星期，这可一点儿都不酷。在所有重要的人眼中我就像个怪人。"

年轻人会对我们提出种种要求，这些要求听上去似乎是年轻人在指挥成年人应该做些什么。然而除了少数极端例子之外，我没有产生过这样的感受。尽管会提出各种意见，但大多数青少年都非常乐意与成年人合作。如果我们尊重他们，他们也会尊重我们。当然，这里所说的尊重含义非常广泛，它意味着付出时间和精力，构建三重家庭共同参与的规则体系，同时懂得让步，不把问题个人化，及时放手。

以下列出了几条对青少年有效的具体技巧。

1. 期望和惩罚的标准应该前后一致、清楚明确。
2. 当青少年的不当行为只是一些无害的抱怨和口头攻击时，顺其自然即可。要记住，这就是一些年轻人彼此交流的方式。对严重而危险的反抗加以控制，放过那些微小的叛逆行为。
3. 对恶意的不尊重不能视而不见或是听之任之。与此同时，只要有机会，就应采用玩笑打趣等方式对这种不尊重的行为做出反击。
4. 让教育方式最有效的那位管教者拥有最大的发言权。母亲通常会把管教青少年的大部分权力交给父亲。在这种情况下，母亲必须和父亲站在一条战线上。例如，如果她背地里把父亲拒绝给予的奖励偷偷给了男孩，这时的规则教育就不再是一个体系，而是一团乱麻。
5. 通过与青少年的交谈来构建大部分期望。有些期望没有讨论的余地，但还有很多期望是可以探讨的，数量比我们原本所能允许的更多。尽可能多和青少年商量。
6. 把取消某项权利作为家庭规则教育的主要手段。
7. 只要有可能，让青少年自己选择接受哪种惩罚。让他自行衡量。
8. 永远不要动手打人。
9. 在孩子进入青春期的早期，尽最大的努力多和他相处，一起做些他喜欢的事情。通常来说，你也会喜欢这些活动的。这样一来，当他进入青春期的后半程时，仍然会愿意和你在一起消磨时光。
10. 帮助青少年找到合适的游戏、运动、任务和其他系统性的秩序结构，从而建立起他自己的规则体系。武术就是一个明显的例子。如果男孩能够在家庭和学校之外接触到其他秩序结构或体系，从中学到新的自律方法，那么他在家庭和学校中的表现也会变得更好。

11. 遵循规则教育的各个环节，特别是当惩罚结束后，要记得重新对男孩表示接纳。
12. 始终保持一致。
13. 给予年轻人的每一份自由，都要伴随着同等分量的责任。
14. 让他知道，你会永远在他身边，给他支持。

如何教导那些“问题男孩”

下面是从美国的各种统计、调查以及政府报告中摘取的一些关于青少年暴力的数据。

- 40% 的青少年报告称，在自己认识的同龄人中，有人曾在过去 5 年里遭到过枪击；
- 13% 的人报告，自己的学校中至少有一半学生随身携带枪支或刀具；
- 接近一半的人声称，父母“有时或经常性地无暇顾及他们”；
- 经济困难的父母分手的概率是有钱父母的两倍。一旦父母分开，男孩犯罪的风险就会升高，女孩在 18 岁之前怀孕的概率也会显著增加；
- 超过 3/4 的案件是由在单亲家庭长大或父母离婚的男孩犯下的，其中既包括暴力犯罪也包括非暴力犯罪；
- 超过一半的青少年报告说，自己和父母一起吃晚饭的时候会开着电视；
- 在 35 岁以下的监狱服刑人员中，有 90% 的人出生时母亲未满 18 岁；
- 在所有暴力犯罪中，有大约 20% 是由未满 18 岁的青少年实施的；
- 无论是否被判入狱，这些未成年犯罪者中的大多数还会再次犯罪；
- 这些未成年犯罪者中有 90% 是男孩。

这些条目让人头疼，不是吗？它就像一扇窗户，我们躲在一个小房间里，透过这扇窗户谈论着青少年和他们的暴力行为。我们不断地探讨这一小撮可怕的青少年为什么会犯罪，为什么如此暴力。但我们其实早就听过所有的理由了。我们只是坐在房间里，透过窗户向外张望，反复讨论男孩与暴力的话题，精疲力竭，忧心忡忡。

在事实清单上还有最后一条，正是这一条令我们感到精疲力竭：越来越多暴力和犯罪的男性被源源不断地关进监狱，我们却感到世界变得越来越不安全了。短短 10 年间，联邦监狱和州立监狱关押的囚犯人数翻了一番，已接近 100 万。地方看守所羁押的犯人数量增加了近三倍，总数接近 50 万。在华盛顿州，监狱关押人数增长了 79%，监狱容量扩张了 86%，而整个州的总人口只增长了 18%！州长迈克·劳里（Mike Lowry）评论道："按照这种速度，再过 60 年，华盛顿州的每个人都会待在监狱里，要么为监狱工作，要么被监狱关押！"

男性天生就具有更强的攻击性，尤其是受到激素驱使的青少年。人类文明从发源之初就知道这一点。部落文化会确保青春期的男孩得到持续的启蒙和年长男性的关注。甚至西方的古老文化也知道，一个社会最艰巨、最重要的任务就是对男性的攻击性进行训练，让它更好地为社会服务，而不是造成破坏。对其他灵长类动物的研究表明，动物社会也有着类似的策略。

情况已经发生了改变。《青春期》（*Adolescence*）一书的作者米勒·牛顿（Miller Newton）写道："对少数青少年来说，青春期已经变得越来越危险了，而且这些青少年的人数还在不断增长。原始社会的仪式是一种考验，对年轻人提出挑战，让他们有机会证明自己，并由此步入成年社会。但今天的仪式已经大不相同了，变得漫无目的，充满了危险和各种威胁。"

年轻男性需要训练和引导。如果得不到这些，他们中的相当一部分人会通过反社会的攻击行为来自我训练、自我引导。美国和加拿大的研究人员曾经测量了男性暴力犯罪者的睾酮水平，结果发现，与无犯罪记录的普通人相比，暴力犯罪者的平均睾酮水平更高。

曾几何时，战争是一种被社会普遍接纳的宣泄男性攻击性的渠道。战争训练“约束着男人们”，“引导他们将与生俱来的攻击性对准敌方”。但如今，大多数男孩子都不会上战场，甚至也不会参军。

在当今的男性文化中，体育运动无疑是宣泄攻击性最明显的一条途径。事实上有研究表明，参加有组织的体育运动的男孩吸食毒品和暴力犯罪的频率都要低于没有参加运动的男孩。对男孩来说，武术提供了丰富的机遇，可以让他们从生理、心理、情感和精神上全面体验少年时代的种种挑战。然而许多男孩由于缺乏自信、资源、鼓励或兴趣，并没有参加有组织的体育运动或学习武术。此外，还有少数参加体育运动或学习武术的男孩会变得更具攻击性，更加冷酷无情，表现出更强的暴力倾向。尽管如此，在我读到过的所有研究中，没有一项能够让我相信在市中心打更多午夜篮球、踢更多足球、进行更多武术训练所带来的风险大于收益。我们越是帮助处境危险的年轻人利用体育运动来获得同伴情谊、自律、自我形象、亲密关系、个人挑战以及第二重家庭和第三重家庭，就可以越顺利地把攻击性引导到能够促进他们发展的活动中去。

无论过去还是将来，许多男孩都会以做出攻击性行为的方式来表现出养育他们的文化的阴暗面。他们把成年生活中感到的尴尬、习得的暴力以及整个成人文化的自我毁灭性，都反映在了自己那充满暴力和破坏性的消瘦身体上。这就是今天少数令人恐惧的青少年在帮派里、在随机发生的暴力事件中、在犯罪时所做的事情。男性文化中一些有组织的活动会通过关爱、教养和训练，教给男孩如何进退自如地合理发泄自己的攻击性。假如男孩没有获得这种机会，他就更有可能把这个缺口、把他因为这个缺口而感到的悲伤和愤怒，统统发泄到周围的世界中。

正如我在本章中反复提到的，我相信制止男性暴力的关键在于重新思考规则的含义，把它看作一种体系。我们对家庭进行反思，建立起了稳定的第一重家庭、积极的第二重家庭和温暖的第三重家庭；我们也需要继续对规则体系进行反思，通过三重家庭之间持续的讨论，来实现和贯彻规则体系的一致性。我们为这种解决方案做好准备了吗？

我认为，同几年前相比，我们已经准备得更加充分了。有孩子的人会慎重考虑离婚的问题；越来越多的青少年开始拒绝混乱和无保护措施的性行为；“导师”这个词又回到了全美人民的视野中，特别是在男性暴力高发的内陆城市；甚至连媒体也在倾听“节目要对孩子负责”的呼吁。

我们生活在一个美好而充满挑战的时代。匹诺曹已经醒来，他的睾酮水平正在不断升高，但是我们有办法训练和培养他，让他成长为我们所期望的男子汉。

帮助男孩走向自律

总有人会提出这样的疑问：“男孩比女孩需要更多的管教吗？”我们也经常会听到人们这样回答道：“当然了，他需要严加管教，他比他的姐妹更需要管教，这是肯定的。”当听到这种说法时，我们可以听出其中的批评意味，不是吗？我们听到的全是负面的评价，好像一个男孩需要管教，就意味着他有缺陷、不够完美，而且这种缺陷不仅仅是他自己的，也是我们的。

当然，并非所有男孩都需要比女孩更多地受到规则教育。然而很多男孩的确需要。男孩想要试探自己的极限，为此不惜受到伤害，并会通过这些创伤来学习。女孩也会做同样的事情，但一般来说男孩做得更多，因为睾酮会刺激他们进行更多身体活动，从事各种各样的冒险。

如果说某个特定的男孩比某个特定的女孩更需要管教，这种评价不一定是对男孩的批评。实际上正好相反：这个男孩正在以他所知的最佳方式来探索世界，测试自己的极限，即使这意味着很多的痛苦、压力以及管教约束。

无论如何努力，我们的规则体系总会难以避免地伤害到男孩。在实施管教时不可能做到尽善尽美。有时我们会把自己糟糕的情绪发泄到孩子身上，在男孩生命中的各个时刻，我们会突然醒悟，承认“我伤害了那个孩子，这些伤害是不必要的，我很抱歉”。处于人际关系中就意味着有可能伤害对方，在一个孩子的人生中担任权威角色就意味着会不时地伤害到他。在对男孩进行规则教育时，我们的眼睛所注视的目标通常比双手和语言所能触及的目标更为高远。谈论规则教育时，我们谈论的通常是理想的标准；而实施规则教育时，就必须走下云端，脚踏实地，有时狼狈不堪，有时一头雾水。

然而即便如此，我们仍然需要把规则教育置于精神性的背景中进行思考。因为在孩子度过青春期、进入成年的过程中，我们必须做出选择：要如何处理我们在这一路上给他留下的看不见的伤口。我们可以任由自己的种种过错慢慢地侵蚀他，让他在自责和负疚感中度过成年生活；或者也可以告诉他：“我认为我在你身上犯了这些错误。我想和你谈谈你的看法。让我帮助你，或者让别的什么人帮助你，现在就来看一下在你即将开始的成年英雄之旅中，父母、导师和教育者所犯的错误都成了怎样的关键因素。”

如果规则已经成为男孩生活中系统化的一部分，那么这个体系就不会是有限的，也不会在他 18 岁就宣告结束。相反，它更像是一个无限的循环。我们对男孩实施的规则教育，无论是“积极的”还是“消极的”，都会成为他成年旅途中的能量源泉。当我们让这个迈入成年的男性走上自律的道路时，最后的工作就是帮助他获得成年人的视角，让他得以认识到我们在其命运中扮演的角色。正如卡尔·荣格（Carl Jung）曾经说过的：“如果一个人的内心世界没有得到充分的认识，当它显露于外的时候，就会被称为命运。”当男孩长大成人，我们就成了他的内心世界，是他在工作、人际关系和精神实践中经常听到的内心的声音。

哲学家山姆·基恩（Sam Keen）曾写道："当我们告别童年时，身上都带着伤痕。但假以时日，我们可以把这些负累变成馈赠。不论男人还是女人，给心灵留下瘢痕的错误都将变成美丽的源泉。我们受过的伤害会促使我们担负起人类所有使命中最具人性化的那一个：治愈自己和他人。"

可敬而值得信赖的权威是父母能够给予孩子最为宝贵的礼物，这说的不仅仅是年幼的子女，已经成年的子女也同样如此。当成年子女对父母"消极"的规则教育感到愤怒时，双方的深入交谈能极大地提升彼此的尊重和信任。在子女倾诉之后，父母应该做出道歉和解释："我是因为某某理由才那么做的，但无论如何，我的确犯了错，很抱歉。"但仅仅发泄愤怒和道歉是不够的。在这一过程中，父母、导师或教育者应当鼓励这个长大了的孩子、这个正在走向成熟的年轻男人，回顾我们在他成长时所犯下的"错误"。这不是为了让他自我"修复"，而是帮他寻找自我；不是让他结束旅程，而是让他能继续前行；不是责备父母，而是帮他理解自己的灵魂。年长的权威永远都不应停止对年轻人的教导。

有时，伤害过儿子的父母会认为，卸下自己的权威是有益的。因此当儿子长大成人后，他们会忍受他的辱骂，不断向他道歉。然而这样做不会减轻痛苦，只会造成更多痛苦。当男孩回顾过去时，是可以找回部分失去的自我的。当他经历人生的这个阶段时，最想要的不是纵容和超出必要的道歉，而是希望父母能够担负起责任，希望父母始终拥有威严和力量，一直做他的榜样。

THE WONDER OF BOYS 08

如何塑造男孩的价值观

年轻的时候，我相信这个世界上的善良和美好，相信正义终将胜利。即使我曾经遭受重创，即使我曾经跌倒，但当我爬起来的时候，我发现这些让我变得更加坚强了。

——马克·赫尔普林（Mark Helprin），

《一战中的士兵》（*A Soldier of the Great War*）

在印度南部流传着这样一个故事。

故事的主人公是个男孩，当他成长为青少年时，父母把他送到了一位睿智的婆罗门身边接受教导。他在那里度过了一段时日，然后婆罗门对他说道："到外面的大千世界中去吧，向你遇到的每一个人询问这个问题：什么是最有价值的事情？当你回来的时候，把他们的答案带给我。不要回来得太早，也不要太迟。"

男孩带着任务出发了。离开婆罗门的住所后不久，他遇见了一位带着孩子的母亲。他问道："什么是最有价值的事情？"母亲回答："好好抚养你的孩子，将来他们就会尽心尽力地赡养你。”

接下来，他遇见了一头山羊。他问山羊：“什么是最有价值的事情？”山羊回答：“像照顾你的子女一样，照顾好你的牲畜。”

然后他遇见了一帮在沟渠中干活的男人。“什么是最有价值的事情？”他询问道。其中一个男人答复他：“埋头工作，但不要迷失自我。”

在这之后，他遇见了一对亲密依偎的恋人。他们对这个问题的回答是：“坠入爱河，忘掉一切工作，忘掉你自己。”

就这样，男孩在四处游历的过程中逐渐长成了一个青年。他在旅途中收集到了许许多多的答案。有些让他颇受启发，有些则彼此矛盾。每个回答看起来都像是拼图中的一小块，但他无法将这些答案拼在一起。

终于有一天，他疲惫不堪地回到了婆罗门的住处。他说：“我完全糊涂了。有太多的答案，太多的真理。我应该怎么做？”

“或许，”婆罗门回答道，“我交给你的问题已经变得不恰当了。”

“那么什么才是恰当的问题呢？”这个年轻人热切地追问。

“如何才能认识自己？这才是恰当的问题。因为认识自己是最有价值的事情。”

“为什么从未有人这样回答我呢？”年轻人疑惑道，“为什么没有人告诉我，认识自己是最有价值的事情？”

“因为这个答案有很多种表述方式，”婆罗门解释道，“回到大路上去吧，继续你的旅途，这次你要向人们询问‘如何才能认识自己’，然后用心聆听他们的回答。”

作为父母、导师和教育者，我们正试图在真空中教导孩子认识这个婆罗门提出的问题：没有具体的、被人们广泛接受的神圣经典，也没有指导性的神话；无论成年人还是青年人，都被裹挟在愤世嫉俗的社会风气之中；没有精心打造、具有凝聚力的三重家庭体系，没有对儿童道德发展阶段的清晰理解。我们在物质至上的大潮中苦苦挣扎，连最微小的精神目标都无暇顾及，更缺少私下的、亲密的亲子时光；我们所处的西方社会已经变得高度政治化，对价值观的解释不再取决于自己的良心，而取决于政治立场。所有这些困难，都是部落文化以及我们的祖先未曾面对过的。

下面，我将针对这些问题给出一些建议，这些建议与政治立场无关。最近，价值观的政治化以及各个阵营为了推行其价值观而展开的大张旗鼓的宣传运动，几乎摧毁了孩子们对真理的追求和好奇心。我将试着重塑这种追求，希望我的建议能够帮助男孩在价值观、道德观方面得到更好的教育。

向孩子传授价值观之前，先了解自己的价值观

每隔几个月，电视上就会播放一则构思巧妙的禁毒广告。一个 13 岁左右的男孩正待在自己的房间里，这时，他的父亲怒气冲冲地走了进来，手里拿着一副吸毒用具，这是早些时候在男孩的卧室里找到的。

“你跟谁学会了这些玩意儿？”他质问自己的儿子。

儿子回答道：“跟你啊，爸爸。”

什么是正直、诚实、荣誉、责任和对心灵的守护？对这些问题的理解不仅指引着每个成年人的生活，也决定了我们向孩子传授价值观的能力。只有身体力行或者了若指掌的事物，才能更好地教给别人。在那些自己也不甚了了的问题上，我们很难对孩子有所帮助。因此，为了教育身边的孩子，必须先弄清自己的价值观。

你的“价值观”是什么样子的？时至今日，“价值观”这个词已经变得像“咖啡”一样平平无奇，但请你先暂时忘记媒体宣扬的陈词滥调，忘记政客口中的侃侃而谈。那么，什么是“你的”价值观？根据最简单的定义：价值观是一种生活原则，除了其自身的价值之外，价值观还是自我、家庭、社会、文化乃至整个地球能够不断发展的必要和基本条件。从语义上说，任何人都可以根据自己的判断标准，把价

值赋予任何一样自己认为有价值的事物。因此，这条定义具有很大的解释空间。但我们可以从微观和宏观两个角度来评估某条价值观的实用性，看看它是否在两个角度下都能成立。

例如，一部分人的观点是："对于每个人来说，生命都是最珍贵的。"从微观的角度来说，如果主要关心个人和家族的生存，这个观点是很有道理的。如果一个人不把生命置于其他一切事物之上，就不会保护自己和家族，很可能伤害自己，伤害家人，甚至伤害周围的世界。然而，如果从宏观的角度来看，"生命"从来都不是人类最看重的价值，生命的质量才是最重要的。为了人类的生存、社会的进步以及社会生活的品质，我们种植植物、蓄养动物，然后又杀死它们。我们甚至也会杀死同类。因此，"生命"这个微观意义上最重要的价值，在宏观意义上并不一定具有同等的分量。这样的例子比比皆是，因为"价值"是高度复杂的逻辑辩证。"生命的质量"则是一个在宏观和微观角度都有意义的价值。我们在任何情况下，都应当努力确保自己拥有高质量的生命。

无论是探索自己的价值观，还是思考其他人关于价值观的滔滔雄辩，如果能够仔细地探寻它们在微观和宏观方面都蕴含了哪些真理，就能够更好地帮助孩子。他们正在探索这两方面的真理，即使这种探索常常是无意识的。

在进行更深入的讨论之前，请先拿出一叠纸，写下自己的价值观。我仅在此列出了几个重要的类别。

- 作为一个人，你有哪些必须承担的责任？
- 正直对你来说意味着什么？
- 在你看来，当面对难题或是身处困境时，是什么给了你应对的勇气？
- 你对哪些人抱有同情，又是如何表达这种感情的？

如果把你一生中遇到的所有人物、事件以及需求全部考虑在内，那么对以上任何一个问题的回答都可能要写满整整一个笔记本。下面还列出了一些其他问题：

- 你是如何为自己负责的？
- 你是如何为家庭负责的？
- 你是如何为朋友负责的？
- 你在社会和文化中扮演了什么样的角色？
- 你是如何为保护地球负责的？
- 在什么情况下，说谎是可以接受的？
- 对你来说，哪些真理是相对正确的，哪些是绝对正确的？
- 在回答关于真理的问题时，你把谁奉为榜样？也许这是无意识的选择。你看重的是哪位先知、预言家或者思想家？你对他们的答案满意吗？
- 哪些真理值得为之付出生命？
- 什么是懦弱的行为？
- 你在什么情况下曾表现得像个胆小鬼？
- 你在什么情况下曾表现得很勇敢？
- 你认为自己做了一件非常勇敢的事情，但大多数人都嘲笑你是个胆小鬼。这时，你会向谁寻求帮助？
- 你身边有哪些穷困的人？
- 你知道如何关爱自己吗？特别是遭遇失败的时候？
- 当有人要求你平静下来，或者要你去安抚他人时，你知道应该怎么做吗？
- 总体而言，你最看重的价值观是什么？

如果你无法对这些问题做出充分、翔实、具体的回答，那么，当你想要教导身边的男孩什么是同情、勇气、正直、责任，以及它们所包含的次级价值观时，就会遇到很多困难。

道德发展的6个阶段

20世纪中后期，心理学家让·皮亚杰（Jean Piaget）和劳伦斯·科尔伯格（Lawrence Kohlberg）各自在道德发展领域展开了独立的研究工作，结果发现，同认知发展一样，儿童的道德发展也具有阶段性。最初，皮亚杰划分了两个阶段：客观阶段和主观阶段。在很小的时候，儿童对“不道德”的行为，比如冲自己弟弟脸上打一拳的理解，主要基于这件事所引起的“客观”结果，如父母的怒火。这种令人不快的后果是他判断某项行为是否道德的主要依据。进入第二阶段后，儿童开始懂得主观意图在道德判断中也具有重要的地位：无意中打到了自己的弟弟并不是不道德的，故意打人则不然。在皮亚杰模型的第二阶段，儿童的认知发展水平已经足够支持他们做出一定的“道德推理”。

科尔伯格进一步发展了皮亚杰的道德发展阶段理论，向父母、导师和教育者提供了一个道德发展的六阶段模型。在这个模型中，他总结出了3个“水平”和6个“阶段”。

水平Ⅰ：前习俗水平（Preconventional Level）。处于该发展水平的儿童开始学习社会文化对好坏、对错的判断标准和规则，并根据其引发的后果是痛苦的还是愉快的，来遵守这些规则。痛苦与愉快，或者说惩罚与奖励的轻重程度和一致性，取决于对行为后果有控制权的人。这一水平包括以下两个阶段。

- **阶段1. 惩罚与服从倾向（Punishment and Obedience Orientation）。**这个阶段的儿童对潜在的道德秩序和道德意图还缺乏意识。他知道的只是“如果我打了乔伊，妈妈就会生气，甚至会打我，因此我最好别去打乔伊”。他不懂得打人这种行为不仅在自己父母眼中是错误的，在整个社会中也同样如此。他会避免招来权威人物的惩罚，并争取他们的奖励。这些是他的首要目标。
- **阶段2. 相对功利倾向（Instrumental Relativist Orientation）。**这个阶段

的儿童将人际关系看作一种交换。他的主要目标是满足自己的需求。他开始思考公平、互惠和分享，但带有强烈的实用主义倾向："你给我一辆小汽车，我就给你一个悠悠球。"他的认知发展水平还不足以支持他清晰地理解感恩的本质是什么，或者公平不仅仅是"你拿了我的东西，我也要拿你的"。

当然，孩子的发展速度不会完全一致，因此给这些阶段划定年龄范围会面临出错的风险。但我们可以把更早的发展阶段同更年幼的孩子联系起来，大致认为 1 ～ 3 岁的孩子处于阶段 1，3 ～ 6 岁的孩子则处于阶段 2。我们应当引导孩子度过这些阶段，并在他们有能力进行更高级的推理时指引他们进入下一个阶段。

水平 II：习俗水平（Conventional Level）。儿童的认知发展让他们开始认识到，对家庭、团体乃至国家的意志进行维护，哪怕导致了糟糕的结果，但其行为本身是有价值的。儿童开始忠于家庭或某个团体，积极地服从和支持其社会规则，甚至会为之辩护。他会认可团体的目标和权威，学习其道德规范。习俗水平也包含两个发展阶段。

- **阶段 3. 人际和谐倾向（Interpersonal Concordance Orientation）。**儿童学着去做一个"好孩子""善良的孩子""举止恰当的孩子"。他意识到群体会给他贴上各种各样的标签，而他会为了得到好的标签而调整自己的行为。他想要获得赞同，而且知道哪些行为不仅能够获得某个人的赞同，还能获得群体的赞同。他懂得了"如果我偷东西，大家就不会喜欢我；如果我是个诚实的孩子，大家就会喜欢我"。当然，在某些同伴群体中，他学到的也可能是"如果我去偷东西，大家就会喜欢我"。在这种情况下，他接受的道德准则是相互矛盾的，必须做出取舍，而选择的过程就决定了他的道德发展轨迹。

在这个阶段，男孩的行为通常会符合社会刻板印象。在他看来，穿特定的衣服、用特定的方式讲话、喝某种特定的饮料是“自然而然的”，是符合大部分人期望的行为。

不过，即使是这些迎合刻板印象的行为，男孩也会努力挖掘其中的意图。当某人做了某件事情时，他会猜测那人的目的。当他自己做了某件事情时，会用良好的意图来为自己的行为辩护。因此，虽然他是在寻求群体的认同，但他个人的良知也在逐渐地发展成形。

- **阶段 4. 法律与秩序取向（Law and Order Orientation）**。进入青春期之后，一个人开始意识到社会秩序是个庞大甚至有些神秘的系统，应该受到人们的尊重。他在这个阶段会严格遵守各种公认的社会规则，但这并不意味着他不会反抗。“我们家的人会为妈妈打开车门。”一位父亲可能这样教导儿子，而儿子会遵守这条固定的规则。对他来说，所谓“正确的行为”就是履行自己的职责、尊重权威人物、维持社会秩序。“在课堂上，如果有人正在发言，就不应该随便插嘴。”这个阶段的男孩需要了解规则，对制定规则的人表示尊重。他们通过遵守规则、尊重权威来维持社会秩序，并获得道德上的满足感。

阶段 3 和阶段 4 主要出现在儿童晚期到青春期中期。在进入青春期晚期以及成年期之际，孩子很可能已经学会了以下东西：根据因道德行为受到的奖励和不道德行为受到的惩罚，逐渐建立起自己的道德观；通过一些实用的方法，在道德允许的范围内满足自己的需要；通过调整自己的行为来获得某些个人或团体的认同，以满足自己的情感需要；在社会秩序的框架下履行道德义务。在道德发展的每个阶段，我们都获得了将前几个阶段的要素融会贯通的能力，可以在必要的时候使用它们。

如果三重家庭对孩子进行了良好的教育，那么孩子对父母和其他人的逆反将主要是情感上的，而不是道德方面的。他们会在某个特定的情境下不听从父母的吩咐，这是他们反抗的手段，但他们不会打破道德秩序，或是攻击家庭、团体、社会的权威性。

水平Ⅲ：后习俗水平，又称自律水平或原则水平（Postcoventional, Autonomous, or Principled Level）。处于这个水平时，个体不仅会听从权威和团体的意见，满足自己同大众保持一致的需要，还会对道德的原则和价值定义做出自己的判断。通常情况下，他最后还是会接受团体或传统奉行的道德准则，但在此之前会对其进行独立的检验。

- **阶段 5. 社会契约倾向（Social Contract Orientation）**。这个阶段的个体会探索自己的个人权利。一方面，他会思考社会赋予自己的权利，如"宪法赋予的权利"；另一方面，他会进行一些独立的深入思考，虽然这些思考可能不够周全，例如："社会宣称我拥有这些权利，但我认为个人也应当拥有其他权利。"

当美国卷入了同越南之间的战争，而一个美国人认为自己不应当为之奋战的时候，他所做的道德推理中就含有阶段 5 的因素。他能看到社会 - 道德之间的结构是多么复杂，既赋予了他反对战争的权利，同时又期望他加入战争。在这种社会和文化的冲突中，他必须做出自己的选择，决定哪项标准具有最高的优先级。

正是这一道德推理阶段的存在，常常促使法律获得修订，战争得以平息，弱势群体的生活得到关注和照顾。处于这一阶段的年轻人迫切地想要改进规则或者法律，但又不愿打破社会公认的程序步骤，因此内心会产生极大的压力。

在家庭中，当一个青少年试图说服我们改变某项规矩，宣称自己拥有新的个人权利时，他的行为反映的就是这一阶段的特征。假设 16 岁的儿子没有经过同意就开走了家里的汽车，因为他认为有紧急情况需要处理。他已经证明了自己能够负起责任，但我们并没有及时对规则进行更改。当他不经询问就开走汽车时，我们大发雷霆，仍然以阶段 2 或阶段 4 的标准要求他。他已经进入了阶段 5，但我们还落在后面。他知道自己有能力识别紧急情况并做出正确、谨慎的应对。我们因为他的叛逆行为而怒气冲冲，却没有意识到在前一个发展阶段停滞不前的恰恰是我们自己，而不是他。

当发现孩子出现叛逆之举时，确定他正处在哪个阶段是非常重要的。通常情况下，他们都走在了我们前面。如果我们能像孩子们那样顺畅地发展，他们就不会做出那么多的道德反抗。他们通常更希望在维持家庭秩序的前提下改变规则，而不是公然地、痛苦地挑战我们的道德权威。

- **阶段 6. 普遍的伦理原则倾向（Universal Ethical Principle Orientation）。** 这个阶段的个体会基于一套全面的内在逻辑、一种普遍的社会价值观来选择道德原则，并尽力贯彻它们。这类原则跟具体的、由更高权威制定的道德规范有着本质的不同，举例而言，“道德黄金律”[①] 应划归为前者，而“摩西十诫”则属于后者。

如果我决心遵从“己所不欲，勿施于人”的原则行事，就是在学习一整套生活方式，它的力量和价值取决于当我与个人、家庭、团体、社会以及自然互动时，能够在多大程度上贯彻它。如果我赞同“良心所向，在所不惜”，那么我会发现自己变得乐于助人，而不怀有为己谋利的隐秘动机。我会资助穷人而不求回报；我将成为一个精神宽广的人；我能够在他人的怨恨和白眼中做一些不受欢迎的事情，而不觉得自我价值受到了贬损，恰恰相反，打击会让我变得更加强大。

当我们对正义、互惠、人权平等、相互尊重、个人尊严有了深刻的理解之后，才能真正认识到原则的“普遍性”和“道德性”。

---

① 即“你希望他人如何待你，就应该如何对待他人”。很多文化中都包含这条道德原则，如儒家的“己所不欲，勿施于人”。——译者注

很多年轻人始终没有真正到达阶段 6。很多人到了四五十岁，乃至六十多岁时也没能到达这个水平，他们送出的每一件礼物都希望得到回报，他们的人生永远停留在“给予－回报”的阶段 2，或是遵守社会传统规则的阶段 4。

这就是科尔伯格最初划分的 6 个阶段。从那时起，很多人对它进行了修订。有些人新增了几个阶段。随着价值理论学家在道德思维领域的深入研究，我们将会看到这些发展阶段得到更多修订。然而，无论某位父母、导师或教育者认为具体的发展次序和阶段都包括哪些，仍会把儿童学习道德推理的过程看作阶段式的。如果想要帮助男孩学习价值观和道德观，首先必须对他所处的发展阶段做出准确的判断。

善用“+1”法

对科尔伯格模型最有价值的应用之一是所谓的“+1”法。它的流程如下：如果我发现 7 岁的儿子约翰尼正处于阶段 2，那么我不会使用阶段 6 的思考方式来帮助他发展，因为他的大脑还无法处理阶段 6 的认知任务，但我会借助阶段 3 的思考方式。阶段 3 是阶段 2“+1”的结果。他的大脑可能已经有能力分析一些阶段 3 的问题了，因此我会使用这个阶段的问题来对他进行挑战。

仍然以约翰尼为例。在他更小一点的时候，喜欢抢弟弟的玩具。我通过说教、发火、实施惩罚等方法来让他停手。这些方法是有效的，因为他正处于阶段 1，不想受到惩罚，因此至少在短时间内学会了不要做出这种欺负人的行为。然而一旦他忘记了受过的教训，就会故态复萌，而我又会重复阶段 1 的惩罚手段，这也是理所当然的。

然后，在他长到 4 岁的时候，我发现互惠策略开始有效果了，于是使用了“+1”的方法。我向他示范如何用自己的玩具来交换弟弟手中的玩具，并告诉他要一直这样做。通过这种方法，我帮助他从阶段 1 进步到了阶段 2。这下我不必再频繁地惩罚他了，因为他学会了通过交换达到目的，甚至开始教弟弟如何做交换。

然而现在，在他快要 7 岁的时候，偷玩具的老毛病又犯了。这种行为的根源可能在于我们刚刚有了第三个孩子，让他产生了不安全感。我可以回到阶段 1，对他进行惩罚；或者停留在阶段 2，向他重申交换的方法，但我选择再次尝试“+1”。

我向社群中的一些人，如约翰尼的祖父母、他最喜欢的叔叔，还有他好朋友的父母请求帮助，和这些人商量说：“我打算让约翰尼知道，偷玩具是一种错误的原因，不仅在于这会让他受到惩罚，也不仅在于通过交换更容易取得令人满意的结果，而是因为如果他继续这么做的话，大家不但会谴责他的行为，还会谴责他的意图。所以，当约翰尼再次出现这种行为时，请试着跟他谈谈意图的问题：‘你为什么要偷马克的玩具？’并且告诉他，他需要认真对待自己的意图。”

让社群参与进来之后，对价值观的解释权就不再属于我一个人，而是属于整个团体的。这对于阶段 3 的道德学习来说必不可少。此外，团体能够让男孩关注自己的意图，这也是阶段 3 的一个关键。很快，约翰尼就不再想去偷玩具了，因为这么做会让他在团体中感觉很糟糕，他发育中的大脑会因此意识到这是一种错误的行为，换言之，这种行为是由错误的意图引发的。

当我们把道德发展阶段的心理学理论付诸实践，并认真思考其实用价值时，就会发现，作为向孩子解释价值观的权威，我们在教导道德思辨时应该更加深思熟虑。把价值观一股脑儿地灌输给孩子是行不通的，因为他们对道德观和价值观的学习存在不同的阶段，每个阶段都需要不同的工具和刺激。

如果忽视了男孩所处的发展阶段，我们可能会因为他不理解我们教导的东西而发火。然而，他的发展水平可能还不足以让他理解这些内容，或者家庭系统中的某些创伤，如新生儿的降生、家人的去世、父母离异、遭受虐待或忽视等，让他的发展水平发生了退行，因而无法理解我们的教导。父母的虐待是导致儿童道德发展出现问题的最常见原因之一。这会迫使孩子一直处于道德推理的早期阶段。举例来说，他可能在身体上早就成了成年人，甚至在社会意义上也已成人，或许已经娶妻生子，然而他的大部分道德推理还停留在奖惩思维上，因为在童年时期，无论他的认知能力已经发展到了哪个阶段，负责向他解释价值观的人只知道用惩罚的方式对待他，这对于道德推理能力的成熟几乎毫无帮助。

在使用道德工具教育孩子时，关注道德发展阶段可以帮助我们发展出更加健康的策略，这些策略既包括父母的，也包括社群的。很少有人会使用被我称为“手术式内疚”的策略，这常常是因为我们没有意识到孩子的发展阶段；或者因为当我们自己也是孩子时，对遭到羞辱充满痛恨，不希望孩子有类似的体验；又或者因为我们害怕如果“对孩子太苛刻”，就会失去他们的爱。但“手术式内疚”并非羞辱，它不会攻击男孩的人格。“手术”的动刀对象是他的意图。以阶段 3 为例，我们曾经借助偷玩具的男孩这个示例说明，外科手术式的内疚感是必不可少的，也是恰当的。在这个阶段，社群可以对一个男孩的意图加以评判，并帮助他自己完成这个过程，最终使他不仅可以评价自己的意图，还会因为不好的意图而感到内疚。

在这种情况下，让男孩产生内疚感并不是在羞辱他，因为我们并没有说“你很糟糕”，或“你的自我和人格是有缺陷的”。我们说的是：“你因为某个当时自认为很正当的理由而去偷东西，但事实上这个理由根本不成立，而且这种行为伤害了你的弟弟。”这时，遭到严格审视的不是他的人格，而是他的理由或者意图。有时，当孩子受到这样的对待时，他们仍然分不清什么是内疚，什么是羞辱。因此，成年人应该学会说：“我会无条件地爱你，但你做的这件事情不值得我尊重。”这一点非常重要。

在讨论和利用这些阶段时，我们必须记住，当一个成年人进入阶段 6 之后，仍然保留着一些早期阶段的思维。例如，他会避免做某些事情，仅仅是因为它们会招致惩罚。不管我们在什么时候对哪个人进行观察，都可能看到许多不同阶段的元素在发挥作用。然而我们也应该认识到，一个人的道德行为是由一个特定阶段，也就是他所处的发展阶段的要素所主导的。因此，在帮助成年人和儿童分析价值观、学习道德推理时，应当关注主导阶段，但对于早期阶段的残留也不要过于苛责。

用故事测定道德发展阶段

在界定发展阶段时，科尔伯格选用了道德两难故事作为评估和培养儿童道德推理能力的主要工具。下面就是一个这样的故事，它是东华盛顿大学应用心理学系的阿明·阿伦特（Armin Arendt）教授讲给我的。

> 乔是个14岁的男孩，他想要参加野营旅行。乔的父亲允诺，如果他能够靠自己攒到足够的钱，就可以去。听了这话，乔勤奋地送报纸，终于攒下了野营所需的40美元，甚至还有一点剩余。然而就在他出发之前，父亲突然改变了主意。父亲的几个朋友决定组织一次特别的钓鱼旅行，而乔的父亲没有足够的钱。因此，他要求乔把送报纸赚的钱交给他。乔不想放弃野营的机会，打算拒绝父亲的要求。

当父母、导师和教育者使用这些故事时，会用到所谓的“探针”。探针也就是问题，是一些被用来对特定的道德领域进行测量的特殊问题。下面是阿伦特教授使用的一些标准探针。

- 乔应该拒绝把钱交给父亲吗？为什么？
- 乔的父亲是否有权利要求乔把钱交给自己？
- 乔是否把钱交给父亲和他是不是个好儿子之间有关系吗？
- 下面哪个更糟？父亲打破对儿子的承诺，还是儿子打破对父亲的承诺？
- 我们为什么要信守承诺？

在和有足够理解能力的男孩展开讨论时，不能对他说：“我是正确的，答案就是这样。”讨论的目的是从实践的角度帮助我们确定男孩的道德发展水平，并引导他迈向更高级的阶段。如果他对第2个探针给出了这样的回答：“父亲可以拿走儿子的钱，这没问题。”我们就可以判断他很可能处在阶段4，或者如果他的理由是惧怕父亲，那么他正处在阶段1。同理，如果男孩回答：“要是儿子能得到某些补偿，比如由父亲支付来年野营的钱，那就没问题。”我们就能够判断他可能处在阶段 2。男孩的道德发展阶段不是只靠一个故事就能确定的。在完成这一步之后，我们就可以据此选择应该采取哪种“+1”训练了。让男孩参与到对类似故事的讨论中，会产生非常神奇的效果。它使得父母、导师和教育者同男孩及其道德世界更加贴近，还能帮助男孩成长，并将他的注意力集中到如何做出道德推理上。

参照一些标准公式，我们可以编写出许多与这个故事类似的道德故事来。它们通常包含对立的两方：有钱有势的人和一无所有的人，父母和孩子，政府和公民，团体和个人。故事中通常还会出现一个需要人们应对的危机。此外，几乎每个故事中的主角都必须做出选择，这个选择会对个人、家庭，通常还包括整个文化都造成影响。

一个最著名的道德两难故事是关于琼斯夫妇的。

> 琼斯夫妇的地下室里有一个防空洞，只备有两人份的食物。一颗炸弹马上就要落下，他们的邻居正在敲门。该不该让邻居进来呢？让邻居进来，他们很可能因此死于食物不足；不让邻居进来，保全自己，则几乎可以肯定邻居会在轰炸中丧生。

显然，我们想要的不是一个“客观”的答案。之所以讲这个故事，是要为年轻人搭建一个精巧的道德发展框架。

当我阅读科尔伯格的道德两难故事时，总是会惊叹于他的工作和很多部落文化中道德推理的方式几乎不谋而合。无论是看向印度、非洲、美洲印第安部落，还是环顾世界上的任何地方，在所有的部落神话中都有“进退两难的故事”。这些故事通常以一个道德两难困境结尾，孩子和父母、导师、教育者组成的教育团体必须将其解决。如今的教育者正在尝试的，是和部落文化同样的事情。

借助神话触及男孩心灵

在这个世界上，故事是最早被用来教授价值观和道德观的工具。我相信，直到今天，它仍然是最有力的工具之一。在我们身边，可以用于教育的故事俯拾皆是。不管我走到哪里，都会使用故事，如格林童话中的《杰克与魔豆》、阿拉伯故事中的《阿拉丁》以及迪士尼故事片《狮子王》《风中奇缘》等。所有年龄段的孩子，甚至成年人，都可以从这些循循善诱的故事中学到很多。它们比父母、导师或者教育者的长篇大论更为有效。故事能够以一种独一无二的方式“与心灵对话”。这些故事中的英雄以及其他角色的声音可以直达想象世界，也就是男孩内心世界的核心部分。当孩子们的眼睛紧盯着恐龙班尼时，他们的耳朵也在聆听这位故事中的英雄讲给他们的道理。他们学会了要保持清洁卫生，关爱他人和地球等。这个过程不是通过课程，而是通过故事完成的。

在所有的故事中，我最常讲的故事属于“神话”这个类别。它们是所谓的“原始故事”。这些故事复杂而深刻，哪怕只是讲述个人的日常生活，好比今天我生活的街区这个有限的世界里所发生的事情，也能对人类的道德生活，即社会价值观、不断演化的伦理观以及道德责任有所启迪，甚至会进一步激发人们的精神能量，勾起人与无限世界的共鸣。

原始故事不会直接给出答案，也不会挑选听众。每个男孩都能够听懂原始故事。世界上的每一个人都能理解这些基本的故事，原因在于其中充满了各式各样的原型人物。这些形象丰满、个性分明的人物包括英雄、恋人、战士、老妪、天使、先知、国王、巫师、巨人、少女、女强人，不管在世界上的哪个地方，他们的形象都是类似的。卡尔·荣格是第一个注意到这种现象的人，不久后，神话学家约瑟夫·坎贝尔也对此进行了深入研究。①

① 坎贝尔著作的中文简体字版由湛庐文化策划引进，包括《千面英雄》《英雄之旅》《追随直觉之路》《神话的力量》《指引生命的神话》《坎贝尔生活美学》等。——编者注

原型并非刻板印象。刻板印象只是从原型中提取了一部分内容，使其膨胀成一具巨大的空壳，然后在这个空壳上刻上当代社会的烙印。例如，查克·诺里斯（Chuck Norris）的银幕形象只截取了战士原型的一个侧面："维护正常秩序，拯救被困少女"，然后把这个侧面塑造成了主角，这是一个只会按照社会教导的方式行事的单薄角色。克林特·伊斯特伍德（Clint Eastwood）在意式西部片中塑造的角色也存在同样的问题。史泰龙的第一部兰博电影是一部有力地反映社会现实的反战影片，然而接下来的两部作品都只描绘了战士原型的一个侧面："强者拯救领袖和弱者"，这一单薄的形象贯穿了整个系列。

每个人类原型都是由很多辐条辏合而成的车轮，而不是像电影角色那样，只关注一种社会责任。以战士原型为例，根据不完全的列举，它的轮子中包括的辐条就有以下多种：保护者、救援者、守卫者、地球拯救者、民众代言人、忠诚的下属、可敬的斗士、世界保护者、边境守望者、国王和女王的侍从，或者保卫社会的其他力量来源。

在每个原型和其他所有原型之间都存在着相互关联。原型就像是一张地图或一份记录，记载了个人和社会的内在生活；它是千千万万个相互联系的个体所编织成的网络。当我们为男孩讲述原始故事时，他们会从一些原型人物中获得感想与智慧，并视其为榜样。以下只是这些原型中的一部分：

- **国王：**服务社会、领导力、与神圣力量之间的联系、自信、良知；
- **战士：**忠诚、纪律、独立自主、保护他人和社会；
- **探险家：**实验探索、孜孜不倦、新的想法、新的挑战；
- **恋人：**真挚的情感、性欲之爱、浪漫、脆弱、快乐、付出的喜悦；
- **巫师：**远见卓识、培养工作技艺的魔法、创造性、变化或转变的能力、致力于未知的事物。

在给男孩讲故事的时候，可以引导他去认识其中的原型要素："为什么英雄要这样做？”“这位战士所做的不仅仅是战斗，他还知道自己的一举一动必须忠诚于世俗的权力，也就是国王，你注意到这一点了吗？”“你和那位恋人有某些相似之处，不是吗？当你看到美丽的日落时，心中不是也生出了一种完全而纯粹的喜悦吗？”通过这种方式，男孩把自己的幻想和原型要素联系起来，使自身的存在也添上了故事的色彩。

由于美国文化中极度缺乏原型故事，男孩只好在刻板形象中寻觅智慧。然而他们或许能够从中汲取知识，却绝不可能获得智慧。智慧的产生依赖于原型化的想象，这是一种深入的思考和想象过程，会指引男孩踏上一段不断延伸的旅程。它不会直接给出答案，而是提供很多正面的榜样，不断地强调勇气和恻隐之心，向男孩指出富有道德性和价值的目标。

故事对任何年龄的儿童和青少年来说都是适用的。不仅如此，近来人们对成人故事的兴趣也开始复苏，像约瑟夫·坎贝尔的《神话的力量》（*The Power of Myth*）、克拉利萨·品卡罗·埃斯蒂斯（Clarissa Pinkola Estés）的《与狼共奔的女人》（*Women Who Run With the Wolves*），以及罗伯特·布莱（Robert Bly）的《上帝之肋》（*Iron Jonh*）等书都受到了广泛的欢迎。这非常清楚地表明，不管年龄多大，我们都对那些定义生命的故事充满渴望。

至于如何给孩子讲故事，蔡斯·科林斯（Chase Collins）认为，可以按照一个通用公式来编写你自己的启迪故事：“在某个缘故的驱使下，英雄开始了一段旅程，然后他遇到了种种困难。克服这些困难的力量来自英雄自身，一旦他认识到这一点，就能够摆脱危机。在故事的最后，他回到家乡，迎来了幸福圆满的大结局。”

埃莉莎·皮尔曼（Elisa Pearmain）是一位专业的故事创作者，她在波士顿的学校里用讲故事的方法来提高孩子们的语言能力，还在莱斯利学院（Lesley College）训练教师如何讲故事。她说，故事给课堂带来的变化常常令教师们感到惊讶。“一位老师告诉我，她以前从未引起过孩子们这么多的注意，甚至那些一刻也坐不住的孩子都被吸引了。”对于听众来说，故事，尤其是那些充满原型人物的故事，具有神奇的魔力。

心理学家杰尔姆·布鲁纳（Jerome Bruner）建议每个成年人都应该尝试给自己的孩子讲故事。“不懂得利用故事的成年人不啻错失了一个强大的盟友。”确实如此。我发现即使对于那些油盐难进的青少年，甚至那些被拘留、蹲看守所或监狱的男孩和男人来说，布鲁纳的建议都是正确的。

一个关于天堂和地狱的故事

当我讲述这个故事的时候，经常看到再坚强的人也忍不住流泪。这个故事是这样的。

从前有一个年轻人，他曾经遍访名师。他学会了如何做一名战士，如何做一个爱人，他能修好任何一件物品，他的足迹踏过了很多地方。

有一天，他回到了自己的村子，去寻找那个在他父母去世后一直照顾他的男人。他找到自己的导师时，发现导师正在门廊里削木头。年轻人说道：“叔叔，我见识了很多事情，已经学有所成，也已经结了婚，有了自己的孩子。但我仍然想知道：何为天堂，何为地狱？”

老人嘲笑他。“真是个愚蠢的问题。”他忽而咯咯轻笑，忽而捧腹大笑，尽其所能地羞辱这个年轻人。年轻人感到一股可怕的怒火在自己的体内升起。

年轻人努力让自己冷静下来，接着问道：“叔叔，这么多年过去了，你为什么要这样对待我？我只是问了一个简单的问题：何为天堂，何为地狱？至今也没有人能帮我解答这个问题，而你永远是我最睿智的老师。”

老人又开始大笑。“这是我听过的最最傻瓜的问题。我对你的期待可不止如此。经过这么长时间的历练，如果你就只能提出这种问题，那你可真是一无是处。”

这样的对话发生了一次又一次。年轻人的怒火越烧越旺，而老人又是讥讽又是嘲笑，手里还不停地削着木头。年轻人感觉自己的胳膊举了起来，拳头也攥紧了，他发现自己正在殴打老人，把老人对他的伤害，甚至是其他人曾经对他造成的所有伤害，都一股脑儿地发泄出来。他发现自己抓住了老人的脖子，渐渐扼紧，把生命的气息一点一滴地挤出老人的身体。而老人自始至终还是在不停地大笑。

然后，愤怒的幻象突然消散了，年轻人开始哭泣。他把脸埋在手掌中，不停地抹着眼泪。这眼泪是从他的内心深处流淌出来的，这是他以前从未触及，甚至当双亲去世时也未曾去过的悲伤之地。老人的笑声停止了。

当年轻人终于止住眼泪时，他看向自己的导师，又看到了那张睿智而温和的面孔，那张脸上没有讥笑，没有羞辱。

导师说："你想要杀死我。"

年轻人回答说："是的，我很抱歉。"

导师说："你不必为此道歉。你问我什么是地狱，我把它展示给你了。"

年轻人明白了导师想要告诉他的道理。在他的人生中，从未体验过如此强烈的恐惧和愤怒。"那么什么是天堂呢？"他追问道。

老人走上前去，拥抱了他。他们拥抱着彼此，就好像以前从未这么做过一样。

"这，"老人说道，"就是天堂。"

一个故事，不管是像上面的故事一样简单，还是像第6章所讲的《杰克与魔豆》一样更长、更复杂，都具有难以估量的力量。这股力量任何人都能够驾驭。在每一个家庭、每一间教室、每一个院子里都有许许多多潜在的原型人物。一扇普通的大门可以是通往其他世界的入口，一个常见的壁橱可以变身为时间机器，毛巾可以开口讲话，动物也可能是魔法师的化身。把孩子害怕的事物编成故事讲给他们听，他们的恐惧就减轻了；用有趣的故事来唤起孩子对其他事物的兴趣，他们就不会过度执着于一件事情；把孩子塑造成故事中的英雄，他们的自我怀疑就会烟消云散。

每个孩子都需要故事，而我认为，男孩在某种意义上更是极度渴望故事。随着年龄增长，男孩会觉得自己在情感领域越来越缺乏竞争力。他们渐渐意识到自己的情感不像女孩那样敏锐和成熟。天性和社会化过程都会促使男孩远离情感方面的投入和思考，而对于女孩来说，这股力量的方向则恰恰相反。

> 男孩需要通过故事和原型来获得一种内在的、反思性的语言，借助这种语言，他们才能更好地理解自己的情感体验。他们需要借助故事来触及自己的感受。

男孩常常无法谈论自己的感受，但他可以借助类比、比喻和故事来表达："我觉得自己就像故事中那个受到老人嘲笑的年轻人一样，很多时候我都有类似的感受。"

教男孩学习价值观和道德观时也存在同样的情况。想要让男孩具备责任心，苦口婆心的劝说通常没什么用处。相反，向他展示一个不负责任的英雄会得到什么样的下场则能够给予他力量，教育他，引导他。他会认同这个英雄，并从英雄的旅程中获得力量。在故事中向男孩展示行为的后果，要比单纯地说"某某事情是错误的"有效得多。对一个男孩说教"你要改变"，很少能真的改变他，而在故事中向他示范如何改变自己，效果会好得多。

如何使用故事

当你在日常生活中给孩子们讲故事时，要牢记以下几个要点。**首先，把故事背景设置在另外的时间。**对一个故事来说，"很久很久以前"是个完美的开始，因为它把孩子的意识引入了隐蔽的潜意识世界。由此，孩子得以去往那个世界，并在那里获得智慧和经验的馈赠。而当他回来时，会意识到那个世界与他自己的世界，即意识表层的"普通世界"是不同的。

当你讲述一个有关你自己人生的故事时，也就是说，当这个故事不是你虚构的，也不是书上的童话时，这一点也同样适用。这些以“当我像你这么大的时候”开头的故事可以和童话故事同样有力。对孩子来说，你的过去就是一个神话。很多时候，你在他们眼中不啻一个神话人物。在讲述自己的故事时，你可以用“在你还没有出生的时候……”或者“在威斯康星州，一个阳光明媚的春日，那时战争还没有开始……”等句子作为开头。尽管我们有些人实际上非常无趣，但所有人都能够很自然地把自己的故事讲得娓娓动听，并在其中穿插各种神话和原型要素，即使并没有使用“恋人”“战士”“巫师”等字眼。

最好不要在故事中填充太多的人物。让孩子对其中某一个角色产生认同，并从这个人与其他少数角色的互动中获得智慧和经验。错误的讲述方式会掩盖掉故事中的智慧，其中一种错误就是插入了太多无谓的细节，离题万里。例如：“约翰尼是杰克的第一个堂兄弟，他又是……”童话故事也是如此。那些深入人心，能够真正教给人们价值观和道德观的故事，通常更像是简单的戏剧，至少表面上看起来如此。

故事中需要包含容易辨认的感官信息。有时，一种气味或一种味道就能够诱发孩子的想象力。颜色、材质、声音等细节可以让故事更加丰满。故事行文应当足够简单，但同时也要加入足够多的细节用以描绘和渲染，使整个场景变得充实、奇妙、重要，而且易于理解。

讲完一个故事后，要求男孩说说自己的理解会很有帮助。但如果他不愿意，也不必坚持。可以不时地给出你的解释，但不要总是如此。有时，你必须把一个故事讲上好几遍，男孩才会说出自己的看法，而它可能会非常令人吃惊。如果男孩自己参与到了故事中，会让故事变得更加真实。让他成为宇航员、骑士、通往另一个世界的入口，让他为自己编写台词。

故事中的原型要素应当是平衡有度的。如果故事“太黑暗”，只是很多人在互相残杀，而没有解决问题，那么战士原型就偏向了一个极端，男孩学到的价值观将是失衡的。保持故事平衡的最古老的方法之一就是设置一个快乐圆满的结局。在一段艰难的旅程之后，众人欢庆英雄归来，或者两个人物紧紧相拥，或者缔结一段婚姻，它代表着新的联盟和平衡。

如果能设法把讨论变成一种游戏，男孩可能会更愿意谈论自己的情感关系。“我知道我们不是在说你，”你可以用类似的话打开局面，“我们说的是一个叫吉姆的小伙子，对吧？那么，吉姆想要同那个人做些什么呢？”

无论孩子的道德推理能力处于哪个发展阶段，故事都能够帮助他继续进步。无论我们想要传授什么样的价值观，故事都将赋予它们生命。在教导男孩构建价值观和道德观时，最大的盟友是男孩自己的想象力。绝大多数科幻作品都是男孩在看，从《蝙蝠侠》《宇宙的巨人希曼》（*He-Man*）等漫画书，《双截龙》（*Double Dragon*）等电子游戏，《霍比特人》《星际迷航》等小说，一直到《龙与地下城》之类的游戏，他们都不陌生。很多父母使用科幻故事教育孩子，其中有些故事是他们自己创作的，有些是从漫画书和小说中借鉴来的。还有一些父母喜欢借助童话故事或历史人物。无论对于哪种家庭，在我们的身边、书架上、头脑中，到处都是可供利用的故事。帮助男孩通过故事来理解自己的经历是非常有益的做法，我们在这件事上付出的时间越多，需要花在规劝、谴责和教训上的时间就越少，孩子们也会越清晰地学到我们想要教给他们的价值观和道德观。

通过媒体给予男孩借鉴

对于绝大多数男孩来说，媒体，特别是电视、电影和电子游戏，已经成了第三重家庭中的一部分。美国孩子平均每年在校时间是 900 个小时，而花在电视上的时间则足足有 1 500 个小时。如果男孩放学回家之后，只能在电视前消磨时间，却没有来自长辈的交流和教导，那么电视甚至会升格为他的第二重家庭，而且是其中不受控制的部分。当媒体摇身一变，成为一个举足轻重的家庭成员时，我们要如何监控它呢？或者我们应该如何顺势而为，好让那些大大小小的屏幕、漫画书、电子游戏以及故事变成造福孩子的工具呢?

如果父母、导师和教育者对媒体的影响毫无认识，甚至抱有乐观的态度，认为“不需要过分担心媒体”，我就要提醒他们注意了。我们知道儿童的大脑还处在发育的过程中，这意味着它接收的所有输入都有重要的意义；常识也告诉我们，每个家庭成员，不论其年龄、性别、种族，也不论有什么样的兴趣爱好，都会对孩子造成影响。哪怕他只是一个电视机里的角色，这一点也不会改变。

如何才能争取到这位第三重家庭成员的帮助，让他成为教育男孩价值观时的助力呢?常识告诉我们，当男孩看电视时，可以借助电视里的这些故事，教给他一些我们希望他了解的普遍性道理；此外，我们也应该听听男孩自己从中学到了什么。在同男孩讨论他的观点时，切记不要反应过度。可以把这些观点作为一个入口，来观察男孩学习价值观时的内心过程。当他习得了一种糟糕的价值观时，应该把这一点直白地告诉他，向他指出其他选择，甚至剥夺他看这类电视节目的权利；而在这个过程中，必须始终抱着尊重的态度，让他不必为自己学到的东西感到羞愧。

有时，媒体中的故事可以帮助男孩进行道德推理的“+1”练习。有一次我把兰博系列电影中的第一部[①]放给一群青少年看。在稍后谈论它时，有些孩子显然理解了其中所表达的反战信息。一个 17 岁的少年说道：“战争真的把他弄得一团糟。我去年就看过这部电影了，但直到今天，我们对它做了些分析之后，我才知道他心中有多么害怕。”

下面是一个适合孩子做的练习。在要求他们完成这个练习时，我们自己也应当做一做，在双方都做完之后，还要同孩子讨论一下答案。针对不同类别的媒体以及男孩特别沉迷的特定媒体，如游戏、动画片、电影、电脑程序等，这项练习需要多次进行。

---

① 即《第一滴血》(*First Blood*)，约翰·兰博是该系列电影中的男主角。——译者注

当男孩同自己的主要照料者，即第一重家庭的成员一起做这个练习时，取得的效果相对是最好的。导师和教育者可以对此练习做出一定程度的调整，但一定要与第一重家庭进行充分的沟通，确保父母、导师和教育者在媒体这个问题上试图传达的核心价值是一致的。

买一个男孩喜欢的笔记本，和他讨论媒体的不同类别及子类别。例如，“电影”就是一个媒体类别，而“惊悚片”则是它下属的子类别。男孩可能想要进一步分类，根据电影明星划分，如“阿诺德·施瓦辛格主演的电影”，或者把惊悚片再细分成不同的种类，如“间谍惊悚片”“都市街头犯罪惊悚片”。对于电子游戏，他可能会根据制作公司和游戏内容两个维度进行分类。同男孩一起，尽可能深入地进行分类。这个过程会非常愉快，甚至很有启发性。有时我们根本意识不到到底有多少种媒体。要求男孩在笔记本上列出所有的类别和子类别，把这变成一个他喜欢的游戏。除了最初的示范过程以外，不要替他完成这个练习。

当男孩做了足够多的分类，无论是因为他开始感到厌倦，还是因为已经完成了分类任务，下一步工作是要求他列出自己最喜欢的节目、电影、电子游戏等。和男孩一起把这些“最爱”归入合适的类别及子类别中去。其中很多应当已经在前面的分类过程中出现过了。要求男孩做的列表应当在他力所能及的范围之内，比如要求他举出两部最爱的电影、两部电子游戏、两个电视节目、两个电视广告，等等。如果他做起来觉得太难，那么可以暂停一下，先来帮他分析已经列举出的内容。

当他确定了自己的最爱之后，从中随机选出一个，或者由他自己选择想从哪个开始。做出决定之后，让他复述这个选定的故事。注意仔细听他的讲述。你从这个故事中看到的和他所看到的并不会完全相同。你需要听听他的理解，这一点非常重要。

然后，把男孩讲的故事再复述给他。“所以说施瓦辛格的电影《真实的谎言》（*True Lies*）讲的是一个男人……”复述完毕之后，询问男孩你的理解是否正确。

他会详细地补足你漏掉的内容。

接下来，问问他从这个故事中学到了什么。如果他答不上来，那么试着把问题变得更加具体一些。在准备进行这个环节之前，你需要参考自己的分类习惯。你可能会提出以下问题："你有没有学到，什么是男人该做的事？""你有没有学到，什么是女人该做的事？""你有没有学到，如何利用科技来解决生活中的问题？"尽可能多地对故事的方方面面进行提问，但不要超出男孩的能力范围，或是给他造成太重的负担。

这样的练习可以帮助男孩清楚地认识到，他从那些深刻影响自己人生的故事中学到了哪些价值观、道德观、人生角色、人生目标。尽量鼓励孩子身边的所有父母、导师和教育者都来做一做这样的解读练习。这个练习需要大量、频繁地进行，并坚持很多年。在男孩迈向成年的启蒙过程中，这种对于媒体故事的解读发挥着非常关键的作用。

教导男孩关爱自己的内心

托马斯·摩尔在《心灵地图》一书的开头写下了这样一段话：

> 20世纪有一大弊病，社会和每个个体遇到的所有麻烦都与其有关，那就是"心灵的沦丧"。如果心灵遭到了忽视，它不会默默地走开，而是表现为种种症状：无可救药的沉迷、成瘾、暴力、意义的丧失……我们无法对心灵做出确切的定义……当你仔细观察那些充满感情的瞬间，就会发现心灵的方方面面都和生活紧密相连：可口的食物、令人愉快的谈话、真诚的朋友，还有那些打动人心、难以忘怀的经历。心灵会在依恋、爱和归属感中显露自己的身影，也存在于内心的沉吟和私密的情感之中。

从某种意义上说，到目前为止，你在本书中读到的所有内容都和关怀男性心灵有关。本节给出的建议，同如何管教男孩或者如何教导男孩性、爱和承诺等其他章节中的建议一样，都是对于心灵的关怀。不过，接下来的内容将主要侧重于具体的精神原则和精神实践，男孩将以此为基础，得以和自己的核心自我和谐相处，并因此受益匪浅。请记住，当说到“精神性”的时候，我们讨论的是普遍而广泛的联系，是超脱性的经验，是对于世界深刻的“归属感”。富有精神性的人会对自己身处之地具有归属感。

精神原则

你相信哪些精神原则？你在生活中遵循着哪些精神原则？有哪些精神原则是你想要教给身边的男孩的？在帮助人们解决精神原则的问题时，我发现了一个行之有效的方法，那就是把这些问题划分为几个基本的类别：成分、地点、时间、方式、原因。我将展示一个基本框架，向读者们说明可以利用这些分类教会男孩哪些东西。这个框架是总结了世界上各种各样的神话后得出的。

在向孩子灌输精神原则之前，我们必须先厘清自己的立场。我希望接下来的内容不仅在你教导下一代的时候具有启发意义，还能帮助你更好地认识自己借以立身的精神基础。

“成分”是指教会男孩生命是由什么构成的。男孩需要参与一些活动和讨论，来学习如何发现生命的基本要素。在历史上，很多文化认为生命的要素包括火、水、气、土。先人预设了这些元素，创造了庞大而系统性的占星学说、化学，甚至中世纪阐释人类内部情绪的人体“体液”学说，这一切都表明，人们希望了解生命的构成。

时至今日，男孩对这类基本知识的渴望仍然丝毫没有减弱，甚至成年人也是如此。我们每个人都必须从科学领域吸取有关生命构成的知识和智慧。无论是夸克、分子，还是所有这些元素的组合，乃至更多其他观点，都应当有所涉猎，并据此来引导男孩，让他们对自己生活的世界能够抱有一种科学的精神。这段话和我的印度朋友在海法所说的“生物性即精神性”有着相同的含义。

另一个稍微抽象点的例子来自马龙·白兰度和约翰尼·德普主演的电影《天生爱情狂》（*Don Juan DeMarco*）。在影片中，德普扮演的年轻恋人发出了疑问：“什么是神圣？有什么值得为之生，为之死？”紧接着，他自己做出了回答：“是爱。”对他来说，爱是存在的首要因素。爱既是他的科学，也是他的精神。

男孩希望把自身的能量倾注到他们存在的本质中去。他们需要学习自身的存在在生理、心理、情感和精神等方面具有哪些基本要素。在他们认识自己的构成时，应该教给他们什么呢？我们要教他们大脑如何工作，大自然如何运作，人类社会如何运转，所有这些都能够活跃他们的精神。

“地点”指的是引导男孩去认识每个地方具有的神圣意义。男孩的生活是围绕着家庭、街道、社区和自然环境展开的。当我们教男孩关注周遭的一草一木，教他倾听鸟儿的歌唱，教他留心人们的喜怒哀乐，教他欣赏身边的建筑，教他眺望远处的地平线时；当我们询问他正身处何地，周围有什么引起了他的兴致时；当我们把自己对某地的偏爱分享给他时，所有这些事情都是在帮助这个男孩获得更加深厚的归属感。

对几乎所有男孩来说，由森林、溪流、树木等组成的自然世界是一座伟大的圣殿。我们越是深入而广泛地向他展示这个世界，他的精神体验就会越加丰富多彩。

“时间”指的是教育男孩要活在当下。在这一点上，小孩子似乎比成年人做得更好，他们生活在此时此地，时刻体验着当下的感觉。然而随着大脑的发育成熟，他们开始有能力进行更加复杂的思考。我们可以注意到在孩子的生活中，“当下”会多么迅速地退居幕后，取而代之的是对未来的希望和野心、过去受到的伤害和忽视、为了获得长久认可而对当前感受的压抑。当然，这些行为和品质也是孩子应该具备的，但是当他们树立远大的目标、受困于过去的创伤、压抑自己的感情时，我们必须不断提醒他们去关注当下。

和成年人一样，孩子们的生活节奏也正在变得越来越快。没有什么比此时此刻更加重要，然而我们忘记了这一点，于是孩子们也忘记了这一点。我们忘记了休憩和放松，忘记了寻求精神上的独处，忘记了对过去释怀、平息自己的野心，忘记了草莓的甜美、玫瑰的芳香和抚摸脸颊时的触感。因此，这些也被孩子们统统遗忘了。

“方式”是关于创造性的教育。在每一种文化中，编故事都是文化的根基所在。有些文化，甚至包括一些欧美的亚文化，对自己的创世神话都十分热衷，这正说明了人们对探索未知的渴望：每个人都希望知道自己的起源和存在的方式。

对于父母、导师和教育者来说，“培养孩子创造性”的迫切愿望是一种精神上的本能。我们必须帮助男孩感受创造性，培养他们的创造力，教育他们尊重他人的创造性，还要告诉他们，创造是一个未解之谜也无妨。无论是通过男孩对自然的热爱、对性的好奇心，或是通过他们自创的想象世界，我们总能找到方法让他们明白，创造和创造力是一种可以融入更广阔图景中的个人行为。

“原因”指的是要引导男孩去寻找意义。正如男孩单纯地需要进行创造一样，他们也必须学会设定目标，并找到实现目标的途径。具有深刻精神价值的目标能够帮助男孩充分地体验到自己融入了生活的一部分，我们和男孩本人应该从这些目标中获取生命的意义。

男孩必须学会自我提问：

- 我为什么来到这里？

- 我为什么要做某事？
- 我为什么会产生某种感受？
- 世界上为什么会发生这样的事情？

男孩通常不是靠直接获得答案，而是靠自己探索答案来进行学习的，尤其是在他们长大之后，这一点会变得更加明显。男孩需要的是故事，他们可以从故事中找到回答。

把“答案”直接告诉一个男孩，实际上限制了他对这个答案含义的挖掘。如果给男孩讲一个故事，他就可以从中找到很多回答，并产生阅读更多故事的兴趣，那么他对意义的探索就将不断地进行下去。作为父母、导师和教育者，我们可以在自己已经获得的经验基础上引导孩子去寻找意义。然而我们的探索总是有限的，在我们无法提供指引的地方，必须允许孩子自己去开拓。当男孩逐渐长大时，我们可以向他提供更多故事，减少过于简化的答案，以此来更好地武装他，让他能够怀着勇敢的精神，开始自己的人生之旅。

精神练习

如果只说不做，我所讲的精神原则就失去了价值。下面是一些具体的练习项目。如果一个男孩的生活没有经过我们刚才谈到的原则的指导，那么其中的一些练习看上去会是几乎不可能完成的。

尝试同男孩一起，创立一些家庭传统，如睡前故事、晚餐时的谈话、野营旅行等。让这些传统成为一种惯例、一种仪式性的活动，这样男孩就会期待它们的发生、尊重它们的连续性，在这些活动构建的秩序中成长会让男孩感到安全。

男孩也可以在日记中记录自己的生活经历。他们越是把自己的生活编写成故事，能够从中学到的就越丰富。帮一个男孩养成写日记的习惯是一件美妙的事情。

有些男孩会在日记中讲述自己的梦想，并从中获得很多东西。父母或其他年长者的日记可以为男孩提供示范，所以有时父母会给孩子看自己的日记。我们必须帮助男孩把他们的生活编写成故事，其中既包括隐秘的内心生活，也包括外在的生活。男孩常常对内心世界缺乏认识，除非他们在日记中看到了自己的表述；而对于外部生活的记录则能够帮助他们脚踏实地，着眼当下。

男孩需要懂得精神独处的价值。心灵需要一些不受干扰、清醒而平静的时刻才能获得成长。由于我们成年人常常没有拿出足够的时间独处，总是有事要“忙”，因此我们也常常忽略了要教育男孩体验独处。

如何才能让男孩对精神独处抱有持续的兴趣呢？最好的一种方法就是把这种体验和某个属于他自己的地方联系起来。这可以是他在大自然中的秘密基地，他建造的一座“堡垒”，或者家中属于他的某个角落。大自然通常是个不错的选择，因为它不像男孩的房间里那样，布满电话、随身听、电视等容易让人分心的物品。

帮助男孩培养广泛的兴趣爱好会很有帮助。培养男孩对飞机模型的兴趣可以让他本来就很发达的空间能力再上一个台阶。学习音乐可以让男孩大脑中沉睡的某些部分变得活跃起来，有些负责处理声音刺激的脑区同时也与创造性及抽象能力有关。对于男孩来说，音乐还是一种无与伦比的释放感情的途径，也是一处学习深度自律的场所。兴趣爱好、个人的创造性活动以及象棋俱乐部或辩论会之类的学校活动，更不用说还有体育运动，这些都是一个男孩获得对世界的归属感的最佳方式，他会感到自己正在完成一些美好的事情。

我们在兴趣爱好中填充越多精神方面的内容，或者说，我们越多地利用爱好来传授智慧、强调精神的核心地位、进行规则训练、引导男孩认识情感生活，它们就越有可能成为男孩的精神益友，陪伴他，帮助他在整个人生中获得脚踏实地的坚实感。顶级的武术教师和篮球教练都知道这一点。他们知道，自己的工作不仅仅是传授技能，还要塑造男子汉。如果爱好、音乐或其他活动对男孩敞开了大门，当他长大成人后，可能会这样说："在我 7 岁时，父母送给我一把吉他。现在，当我需要找个地方深入内心世界时，我仍然会拨动这位老伙计的琴弦。那种感觉就像是回到了家里。"

我把这样的活动以及我们谈到的许多其他实践活动，称为男孩的"泉眼"，他可以在这些地方充实和更新自己。

很少有事物能够像人际关系那样，让一个人获得深刻的精神体验。如果从小就把有效的沟通和化解冲突的技巧教给孩子，我们就给他打下了坚实的精神基础。这意味着和孩子交流时必须尽可能地讲究技巧，提升效率、化解冲突。通过我们的示范和教学，无论孩子将来去往何方，都可以凭借娴熟的技巧快速建立起人际关系，保持合适的人际边界，而且不会把不顺心的事情看作有人故意针对自己。

> 有个 14 岁的男孩曾经对我说："我想做正确的事，想要人们都喜欢我，但我有时并不知道如何才能做到这些。我觉得每个人都知道正确的规则，每个人都清楚自己是谁，只有我不知道。"
>
> 我问这个男孩："如果我能证明你的同龄人对自己的了解并不比你强多少，你会感觉好一点吗？"
>
> 他回答道："这不会有什么帮助。我知道自己的感受。和他们待在一起的时候，我觉得自己像个陌生人。甚至和家人在一起的时候，我也有同样的感觉。我不想感觉自己像个外来者，但这就是我的感受。"

有太多的年轻人明明身处自己的世界中，却觉得自己像个外来者。在某种程度上，这种感受是成长过程中的一种正常现象。大多数成年人在童年或青少年时代都经历过这样一个阶段，觉得没有人理解自己，没有人关心自己，也没有人重视自己。

然而这种"正常"可能已经超出了人们乐于见到的程度。我们对于正常的标准可能早就被西方文化中根深蒂固的个人主义引上了歧途。在美国，太多的男孩和男性青少年多年以来一直摆脱不了外来者的感觉。这根本不“正常”，只是西方文化对此已经习以为常罢了，就好像只有当一种文化不再探索如何指导青少年，任由他们依靠叛逆来获得成长时，“好吧，他就是会变得叛逆”这种说法才是“正常”的一样。

想要在青少年中推行道德观，必须先了解有多少年轻人感觉自己像个陌生人，像个外来者，并着手解决这一问题。怎样才能做到这一点呢？答案是，重建三重家庭体系。

如果我们试图在单一家庭中教导孩子，他听不到来自其他家庭的合奏，或者第二重家庭和第三重家庭发出的声音与第一重家庭相互冲突，那么本章讨论的目标就会变得非常困难，甚至不可能完成。我可以把正直、负责和尊重他人等价值观教给我的儿子，但前提是第二重家庭和第三重家庭也必须这样做。三重家庭可能在某些价值观上存在分歧，这种分歧往往是有益的。但是，如果把这些分歧政治化，或者反应过激，那么孩子在每一重家庭中都会感到格格不入：在核心家庭里，他尊重长辈，但在必要的时候也能主动质疑；在同伴群体中，他换了个样子，对遇见的每个年长者都不屑一顾；而到了学校里，他又对长辈说的每句话都言听计从。就好像他是三个完全不同的男孩。

三重家庭体系不可能在一夜之间构建完成。在美国的很多地方，无论走到哪儿，我都看到有人正鼓足精神，向着削弱个人主义和增加公共参与的方向一步步迈进。然而作为一个整体，西方社会仍然不清楚应该做些什么。当涉及价值观、道德观以及精神方面的教育问题时，每位家长都必须发挥主导作用。最早的价值观训练体系必须由父母搭建。父母必须有意识地同几位自己认可的第二重家庭和第三重家庭的成员建立关系，并进行口头上的沟通，这些成员可以是亲戚、导师、教育者，也可以是邻居或者朋友。父母必须经常同他们交流：你在传授哪些价值观，我们来交换一下意见，谈谈孩子的现状。

当父母、导师和教育者以这种方式走到一起时，他们就创建了一个我称为“社区委员会”的组织。这类委员会能够促进三重家庭之间有意识的对话，使孩子生活中的价值观和道德观教育变得更加系统化。

当父母和公共教育工作者聚集在委员会中时，常常能听到一些人发出反对的声音，他们担心自己的孩子学到自己不认可的价值观。这些声音越是歇斯底里，价值就越低。如果一位自觉受到冒犯的家长大叫大嚷，说学习性知识会给自己的孩子带来可怕的伤害，或者过度执着于某种特定的价值观，我们通常要让这个人另请高明。这是一个很难开口的要求，但有时必须说出来。如果社区不得不花费大把的时间，来应付一个或几个成员的过度反应，那么它就不能很好地为孩子服务了。

社区委员会通常会促使更多成年人加入教养孩子的行列，为孩子们的各种项目提供帮助。它可以经常把父母们聚在一起，共同探讨某些关键问题，比如孩子们都流行听什么唱片、看哪些电视节目。最后，委员会可能会达成一个共识，缩减孩子们看电视的时间。这样一来，孩子就不会在自家只看一个小时的电视，然后跑去朋友比利家再看三个小时。当我们以父母、导师和教育者的身份聚在一起，仅仅就价值观和规则进行一些交流，就可以在邻居、新朋友、父母和教师之间建立起出人意料的美好关系。

随着成年人之间变得越来越熟悉，男孩们“外来者”的感觉也会变得不那么强烈。在所有努力中，拉近彼此的距离、更加紧密地合作，或许是成年人在帮助男孩塑造价值观、道德观和精神世界时所能做到的最为重要的一步。

THE WONDER OF BOYS 09

如何让男孩理解爱与承诺

什么是爱与承诺，
那是以后的事。

——阿诺尔多，16 岁

那是一个星期六的上午，我和父亲正在观看一场网球比赛的电视转播，由比约恩·博格（Bjorn Borg）对阵吉米·康纳斯（Jimmy Connors）。就在这时，我的父亲谈起了“小鸟和蜜蜂”① 这个话题。当时我 15 岁。

父亲说道：“迈克，你知道性是怎么回事，对吧？你上过青春期启蒙教育课程。”

“嗯。”我咕哝着回答，看来今天是躲不过这个让人羞耻的话题了。

“你和朋友们把课上没提到的事情也都弄明白了吧？”父亲继续说道。他察觉到了我的尴尬，而他自己也没好到哪里去。

① 在西方文化中，“小鸟和蜜蜂”意指性启蒙教育，其中鸟类产卵隐喻女性排卵，蜜蜂传播花粉隐喻男性射精。人们认为用这种方式向孩子解释性行为更加直观易懂。——译者注

“嗯。”

“如果有任何问题，你都可以来找我。你知道的，对吧？”

“嗯。”

“那就好。记得小心一点，男人是不可以随意乱来的。”

接下来是一阵沉默。

“哇！你看见那个发球了吗？”

父亲坚持认为这个故事只是我的臆想，但在我的记忆中，它真实存在。那时的我还是一个颇为情绪化的男孩，经常在悲观忧虑和欢欣鼓舞之间摇摆不定，因此我不敢保证这段记忆的准确性，但我和父亲都同意这个故事颇具象征意味。他和那个时代的大多数父亲、导师和教育者一样，不会引导身边的男孩深入了解成年男性的情感生活。在我成长的年代，主流的看法是："那些必要的知识嘛，男孩会自己鼓捣明白的。”在如何去爱这类关键问题上，父母们选择了袖手旁观。如今，人们略微开始转变观念，认为父母和长辈应该更多地参与进来，但这种变化主要还是停留在思想层面。从可行性上来说，即使今天的父母想要对男孩多加教导，帮助他们理解成人的爱、尊重与承诺，也没有足够的时间去做这件事。

1994 年，艾伦·古特马赫研究所（Alan Guttmacher Institute）进行了一项名为“美国青少年的性行为”的调查研究，主要调研的是美国的青少年男性第一次发生性行为时的年龄，但没有涉及男孩们对于爱情和浪漫关系的看法，而这些行为和情感恰恰是他们在人生前 20 年中最大的困惑。

无论调查结果是好是坏，我们都清楚，在教导男孩认识爱、尊重与承诺方面，我们必须做得更好。那么，应该做些什么呢？

解开青春期男孩的最大困惑

在我和父亲边观看网球比赛，边进行那次谈话的差不多同时，我的母亲在非洲拍摄了一部关于部落文化的纪录片。我在前文中已经介绍过，她是一位人类学家。我看了那部影片，发现在部落里的男孩即将进入青春期时，人们会以一种非同寻常的方式引导他们开始理解性生活。

如今多年过去了，我在研究中发现，很多部落都会采用某种类似的示范来完成对男孩的青春期启蒙。这种教学通常会持续数年的时间，并可能伴随着一系列对男孩身体的创伤性仪式。年长者会教给男孩爱情、性别差异、性别角色、对伴侣的承诺等方面的知识。这些课程不仅仅是教学活动，同时也是欢乐的庆典。这种教授方式和西方人那种沉默的、清教徒式的方式之间无疑有着天壤之别。

部落文化想要确保男孩知道如何使用自己的身体，既包括如何控制身体，也包括如何让身体完成自然的使命。这些文化了解男性身体的使命，把身体看作一种神圣的力量，不认为快乐的经历和神圣的承诺之间有什么矛盾之处。很多对男孩进行爱的启蒙的部落也是采取一夫一妻婚姻制度的，在这方面，他们甚至做得更好。

西方文化只是想要确保男孩知道如何控制自己的身体，却很少教他们深入了解身体所担负的神圣使命。因此男孩会走出家门，同女孩一起随心所欲地探索，结果导致一些女孩受到伤害。除了谴责那些男孩，我们并没有真正行动起来，仅仅是上一堂青春期启蒙教育课，或是在观看网球比赛的间隙来一次谈话，却没有让男孩懂得，他掌握着神圣的自然力量，这种力量就是他的身体。如果我们不把身体看作神圣的，男孩又怎么会把它当作神圣的事物来对待呢?

西方文化告诉男孩，在这个年纪，贪图身体享乐会让他走上歧途，想要通过这种方法来敦促男孩对自己的生理冲动进行控制，阻止爱情的萌芽。我们教育男孩认识自己的另外一种方法则是告诉他，他的种种体验都是不好的："在你这个年纪，体验身体的快感是错误的。只有达到一定年纪之后，这么做才是正常的。”如果生活在一个乌托邦式的世界中，这些话或许是金玉良言，然而男孩早就在某种程度上看穿了我们的恐惧。他会想：“等等，我的身体感受到了一些东西，可是那些胆小的大人硬说什么也不会发生。我还是自己去验证一下吧。”然后他就真的去尝试了。

因此，我们很少花时间对男孩进行启蒙，帮助他成长为懂得爱与承诺的生物，真的着手行动时，反而是在努力说服他相信，他正在经历的事情是不好的。在这种教学中，男孩感觉不到自己是神圣的。恰恰相反，他会觉得自己是污秽的。我们的教导让他感到，爱情不是自我与灵魂的美妙交响，而是危险的道德犯罪。

这并不是说我们不应该教育男孩节制，我和大多数人一样支持禁欲。然而我想指出，在教导男孩认识性行为的道德规范以及人类爱情心理学时，我们所采用的方法存在重大的缺陷。这些方法扎根于恐惧，而非神圣感。有太多的男孩在长大后仍然不理解自己，甚至惧怕自己，他们也许从来没有让女孩受到伤害，但也一直没有学会如何去爱。对这些男孩来说，我们的方法是无效的。

男孩需要明白爱与承诺的统一

在一项调查中，研究者向3 432名18～59岁的成年受访者询问了一个问题：“你初次发生性行为的原因是什么？”

51% 的男性受访者的回答是“对性行为感到好奇或已经做好了尝试爱情的准备”，只有 24% 的女性给出了同样的回答。在相反的答案上，统计数字也出现了类似的性别差异。有 48% 的女性的回答是“对伴侣的爱”，而选择这个答案的男性只有 25%，约为女性的一半。

不同的激素模式和大脑结构造就了男孩和女孩之间的鸿沟，当我们想要搞清楚如何才能更好地教导男孩认识爱与承诺时，就必须把性别差异考虑在内，找到真正对男孩有效的方法。

正如芭芭拉·达福·怀特黑德（Barbara Dafoe Whitehead）在某期《大西洋月刊》（*Atlantic Monthly*）的封面文章《失败的性教育》（*The Failure of Sex Education*）中所写的那样："尽管青少年的行为发生了变化，但男孩和女孩对爱情和关系的看法仍然存在不同。女孩想要安全感，男孩追求冒险。女孩喜欢亲密，男孩喜欢变化。城市研究院（Urban Institute）的弗雷娅·索南斯泰因（Freya Sonenstein）和她的同事指出，'一个典型的青春期男孩在一年的时间里，会和两位对象发展出两段独立的关系，每段关系都只持续几个月。'"

男孩主要受睾酮的控制，这与女孩明显不同。除了这种基本的激素模式上的不同，菲尔莱狄更斯大学的生物学家罗伯特·弗朗克尔（Robert Francoeur）还指出，两性的大脑结构中也隐藏着非常关键的差别。女性大脑能够以更快的速度对更多的感觉和情绪信息进行整合，它需要同时获得多方面的刺激，包括各种感觉刺激以及复合的情绪交流等，由此才能得到更好的体验以及身体和情绪上的亲密感。

男性大脑则有着不同的结构，它通常不需要同时得到全身以及情绪上的刺激。在生理因素和男性大脑的共同影响下，男人对生理刺激的需要远远超过了对感觉和情绪刺激的需要。很多男孩还不够成熟，不知道如何维系一段成功婚姻所必需的情感上的依恋关系。姑且抛开道德问题不谈，那些寻花问柳的男孩的行为实际上反映了男性生理和大脑的构造特征。他们只是把生理冲动当作一种身体行为，没有投入太多的感情。然而，男人在情感生活中同样渴望爱人的关注，他们对感情的需求并不逊于任何生灵。而且像女性一样，男性的社会生活中也存在着种种因素，敦促他们信守爱的承诺。

男孩教育的一个要点就在于教导他们如何把爱、尊重与承诺统一起来，让这三个要素在成年男性的生活中能够和谐共存，并占有同等重要的地位。

很多部落文明在这方面做得非常出色。这些文化会教育男孩，爱与热情意味着同他人缔结神秘的情感联系，它可能令人紧张不安，但最终会带来美好的结果；而承诺是符合社会要求的行为，它是男性享受快乐、收获爱的前提，让男人得以关爱妻子、养育儿女、参与伟大的生命循环。

教导男孩如何去爱，并不意味着同时教会了他如何遵守承诺。反之，如果男孩接受的教育只强调承诺，而不告诉他如何去爱，往往会塑造出极度负责但心怀怨憎的成年男性。最后，假如我们只告诉男孩如何随心所欲地享受快乐，那么他不可能无师自通地学会爱、尊重与承诺。

因此，应当同时教导男孩认识这三个要素，并在此过程中尊重它们独特的力量和神奇之处。这种教学会帮助男孩厘清原本混乱纠缠的情感和生理冲动，教会男孩用一种新的语言来解释自身。这样对要素进行分类教学的方式不仅对男孩有用，对女孩也会有所帮助。但是**当我们想要让孩子关注第三个要素“承诺”时，对男孩进行这种分类教学显得尤为关键。**

女孩的生理基础在很大程度上决定了她们会非常重视承诺。她们的身体要孕育胎儿。在怀孕的那一刻，女性就已经做出了承诺，而社会教育又进一步强化了这种倾向。男性的生理构造则缺少类似的机制，他们对承诺的关注天生就不像女性那么强烈。美国和其他所有实行一夫一妻制度的社会都会对男孩进行大量的教化工作。我们抓住每个机会，不断地对男孩进行敲打，力求把神圣的第三个要素“承诺”刻到他们的脑子里去，却忽视了还应当教导他们了解“爱”与“尊重”的复杂性，这是一个严重的失误。有那么多男孩在导致女孩怀孕后一走了之，正是我们正在犯错的有力证明。除非在爱、尊重与承诺这三个要素上都对男孩进行充分的启蒙，否则，男孩在任何一方面的表现都不可能让人满意。部落文明一直都清楚这一点，而西方人正在开始重新认识这一点。

教导男孩认识生理冲动的三要素

当我询问男孩们想要在家庭和学校开展的青春期启蒙教育中学习哪些方面的知识时，他们的第一反应是嘲讽、紧张，甚至回避。但在克服了最初这阵情绪反应之后，我发现，有几个特定的主题会被反复提及：

- 我应该如何控制自己？
- 为什么我在女孩身边会感到特别紧张？每个人都是如此吗？
- 为什么别人的毛发比我多？
- 为什么我这么容易受到女孩的摆布？
- 为什么我会为自己感到羞耻？

男孩们提出了一些具体的问题，想要获得具体的答案。他们尤其需要年长的男性来倾听他们的焦虑。当每个人的身体都有了青春期的变化，而自己还毫无动静的时候，需要有人告诉他们如何应对这种感觉。他们需要同我们交流控制生理冲动的技巧：如何通过调整呼吸、暂时离开来缓解，如何知道自己对身体刺激的忍耐极限。

一位父亲告诉我，他教导自己的儿子要在性行为中坚持“三 P”原则。

> “三 P”原则是指，当一个青年人感觉到生理冲动的时候，应当考虑三个以 P 开头的单词：隐私（Privacy）、他人（Person）、过程（Process）。

“三 P”是指，当你的儿子懂得了如何维护隐私，懂得了这种冲动是一种生理反应，懂得了不应该把他人只看作性对象之后，还应该教他注意情感过程是如何发生的，这会促使他去探索自己在情感过程中的意图：他能够得到什么、付出什么，通过这种情感进程，他会在生命循环中占据怎样的位置。

我总是听到这样的感叹："如果我能说服那个小伙子，更重要的是爱与承诺就好了。除非他已经对女孩产生了深刻的感情，否则就不应该有非分之想。"对男孩的心理视而不见，只是希望他的生理本能会有所改变，这种做法只能对男孩本人和整体文化造成损害。男孩的生理冲动有很大一部分都与爱情无关，我们明知如此，但在跟男孩打交道时却总是回避这一事实。

学校应如何对男孩进行青春期启蒙教育

父母和教育者一致默认，在关于性和爱的启蒙这方面，深刻的智慧和价值观教育应该由男孩的核心家庭、扩展家庭以及社会共同负责。而对男孩来说，这类智慧的主要来源最好是父亲或其他关系亲密的男性，其次才是男性教师以及学校和社区中的其他男性。

有大量研究对各种青春期启蒙教育的效果进行了比较。人们逐渐得出一个共识，即很多教育并没有起到什么效果。当然这也取决于判断标准为何。能否减少青少年性行为当然是一条有价值的标准，但并不是唯一的标准。对于很多教育者来说，减少性传播疾病的传播也是一条重要的标准。还有一些人认为，帮助孩子建立自尊也同样重要。

我小时候曾经经历过两种形式的启蒙教育。五年级时，男生和女生在一起上启蒙教育课。升上六年级后，我家搬到了另外一座城市，那里的启蒙教育课是男女分班进行的。第二种教学方式给我的影响更大。回顾那段经历，我并不认为这是因为我长大了一岁，而仅仅是因为全是男性的环境让我感到更放松、更自在。但第一种教学方式也有自己的优势。它提供了少有的能够畅所欲言的机会，在这种情况下，男孩和女孩都必须听一听对方的观点。

哪些"内容"才是有用的？在未来的很多年里，政治家、教育工作者以及父母仍然会对这个问题见解不一。然而对于以下原则，哪怕从最简单的常识出发，也不应该存在任何分歧。

1. 孩子们需要更多开诚布公的青春期启蒙教育。
2. 有些教学活动适合分性别进行，有些则适合男女一起参加。
3. 启蒙教育课应当邀请男性家长加入，他们可以和男孩分享经历和故事，回答男孩的问题，进一步强调老师或教练的教导，协助对男孩进行启蒙工作。

最后一项活动意味着年长的男性必须团结起来，教导男孩理解亲密关系这一关于心灵的规则。无论身在何处，无论过去还是现在，这始终都是他们的工作。

教男孩懂得爱是一种心灵规则

对成年人来说，最好把爱当作一种心灵规则、一个依恋的过程，其中包含行为准则、关于激情和亲密关系的约定以及修补破裂关系的工具。然而，成年人很少这样看待自己的爱，于是也很难教会孩子这样做。而男孩恰恰渴望那些经历过青春期困惑的成年人能告诉他们：有一些规则可以帮助他们穿越这片既黑暗又快乐的混乱水域，就像他们生活中的许多其他东西一样，男孩需要明确身边存在规则和秩序。

通常，如果男孩找不到可以模仿或学习的规则和秩序，就会将一种已知的秩序套用到爱上面，这种秩序往往是体育运动。他会通过把爱变成一种运动，来为令人困惑的爱创建秩序。他和女性的关系就好像扣篮一样：得分前孜孜以求，得分后洋洋自得，却很少去关心球、球篮或球场。

又或者，在寻求规则和秩序时，男孩会模糊地复制父母或其他长辈的方式，像自己的父母一样，做出虐待或是消极的行为。如果长辈不怎么谈论自己生活在怎样的规则和秩序中，男孩就会自以为是，照猫画虎，往往并不真的理解其中的含义。

同样经常发生的是，如果男孩找不到可以理解的规则和秩序，就会简单地认为自己无法去爱，他的自尊会被摧毁，未来多年都无法复原。

> 成年人所寻求的、孩子从成人那里学到的有规则的爱，包含着内心的三个方面：自我、心灵、技巧。

自我是指个人身份认同。为了能带着快乐、同情和质疑去爱，一个人必须发展出成熟的自我，也就是一种个人身份认同，以此为基础，他才能表达和接受感情。如果缺乏自我价值感，就无法好好地去爱，因为一个人只有懂得爱自己，才有可能去爱别人。要想学会好好去爱，男孩必须经历自我的启蒙。接下来就是我们在第6章讲到的过程了。在男孩成为男人的旅程中，我们一路启迪着他。如果不这样做，他就无法感到自己像个男人，像个完整的人。如果没有这种感觉，他就无法有规则地去爱。

心灵是指配偶双方要寻求与内心奥秘的联结，以一些特定的仪式和故事来支持对彼此、对孩子、对社会以及对地球的爱。对自身心灵深深的爱会引出对伴侣、家庭和他人的更深的爱。如果男孩缺乏精神生活，不知道仪式、典礼和内心的感受，规则生活中这部分的缺失会让他无法爱上另一个“心灵”，也就是另一个人的核心本质。他将永远无法完整地看到自己的爱人是多么有价值、多么神圣，因为他并没有学到过何为神圣。

技巧是指在细节层面，配偶之间如何努力去更好地沟通、解决冲突、避免直接下判断、倾听彼此、加强亲密关系。如果想教会男孩完整的爱，就要告诉他：“这些是你必须学会的技巧。”男孩喜欢任务，喜欢有目标，也喜欢学习技巧。如果把亲密关系当作一种可以学习的技巧展现给他，就能更成功地把他变成懂爱的男人。

否则，他会告诉自己："爱就是某种自然发生的东西。"而我们希望他说："爱是一种心灵规则，与其他种类的规则一样，比如尊敬长辈，比如武术和体育中的规则，而且从某种意义上讲，爱是所有其他规则的精髓。"

作为成年人的我们，可能会忘记爱是一种心灵规则，有着规范、准则、技巧、深厚的责任和对于整个社会的职责，因此我们也忽视了这样教育孩子。于是他们变得不守规则：害女孩受伤，欺骗，甚至做出违法行为。我们为此指责他们。但这正是由于我们自己没有教会他们如何培养自我、心灵和技巧，没有让他们成为合格的爱人。

媒体对男孩的影响

对很多男孩来说，媒体已经成为他们的第二重家庭和第三重家庭。无数人从这里学到了"不守规则"的爱。媒体和其他孩子对亲密关系的表达常常是扭曲的，而大多数青少年在学习亲密关系的规则上每花费一秒钟，都已经在媒体上接受了几百个小时这类错误的耳濡目染。

以《风月俏佳人》（*Pretty Woman*）为代表的好莱坞爱情电影可以很好地说明这一点。它只描写了爱情的第一个阶段，即坠入爱河的浪漫经历。在情侣确立关系之后，电影就戛然而止了。我们看过的电影、故事、书籍有99%都是这样的。在这类虚幻的模型中，爱情显得太过容易了，它不是一种规则，而仅仅是一系列对话和小小的口角，这之后就是顺理成章的性爱和婚姻。

在有经验的成年人眼里，《风月俏佳人》只是一次不错的娱乐。但对男孩来说，这部电影教给他的并不是规则，而是幻想。在男孩的想象世界中应当存在一个用于幻想的安全基地，在那里，他可以想象任何事情而不必受到规则的束缚，这种需求和成年人是一样的。正是在这个幻想世界中，男孩扩展了新的视野，检验了新的方法，迅速体验了一幕幕场景。这样一来，当他“回归现实”的时候，就能够在强调规则的世界中追寻真正渴望的目标。幻想世界必不可少。

但是，如果第二重家庭和第三重家庭，甚至第一重家庭，给予男孩的只有幻想，或者绝大部分都是幻想，那么他就会把幻想当作人生中首要的指导者，自律反而后退到很不起眼的位置。在幻想的支配下，男孩会寻求即时的满足，因为这正是男性幻想的基石。在幻想的支配下，男孩还会寻求虚幻的对象，把感情轻率地投注在这些爱情对象身上，试图通过转瞬即逝的浪漫体验和她们建立关系，再迅速地把她们抛诸脑后。男孩的生理基础以及他们受到的某些社会影响，都让他们倾向于追求即时满足，把女性当成物品，缺乏长期的情感投入。然而生理和社会因素也同样让男孩做好了爱和承诺的准备。

> 规则有助于维护爱和承诺，幻想则会让男孩更多地沉湎于即时满足、物化女性以及短期关系。一个完整的男孩应当同时具备这两方面的特质，但是，如果想要跟其他人建立稳定的情感关系，他就需要更多地借助规则的力量，而不是幻想。

很不幸，媒体给予男孩的幻想远远多于规则。

在政策方面，我们对于应当做些什么也存在分歧。应该对媒体进行审查吗？考虑到孩子的利益，当然应该这么做。除了一些高质量的儿童节目，媒体的主要目标是为成人的大脑提供满足和娱乐。孩子与成人不同。他们大脑中神经化学物质水平的稳定性、激素水平的稳定性以及情绪活动，都还没有像成年人那样发育成熟。人们普遍承认，为孩子制作的媒体节目应当与成人的有所不同。但是，审查的责任应该由谁担负呢？父母，还是媒体？

在这个问题上，简单的常识又一次胜过了华丽的雄辩。答案就是，父母和媒体都必须负起责任。父母必须对男孩接触到的媒体节目有所控制；媒体也必须意识到在社会中，自己已经成为第二重家庭和第三重家庭的一部分，担负着很多曾经属于部落长老的角色，因此必须成为一个负责任的家庭成员。它必须专门制作一些节目，向青少年传授规则。在很多专门面向青年人的小说中，都对成熟的规则和秩序做出了展示和教导。同样，好莱坞也应当开始行动，开创一种类似的电影体裁：有益的青年电影。媒体应当聘请相关专家作为顾问，例如发展心理学家、经验丰富的父母、青少年导师和教育者等。

当我在全美各地“鼓吹”这一观点时，常常听到这样的回应：“嗯，说得不错，就好像媒体真的会这么做似的。”这让我非常震惊，因为它表明人们毫不在意地放弃了自己手中的权利。媒体生产的内容需要有人付费和支持，需要迎合人们的要求。如果能够向媒体制作人证明，专门创作一类面向青少年的节目不仅对大众有所帮助，是道义上正确的行动，能够培养孩子的精神，而且有利可图，那么他们自然就会创作这样的节目。在一个大多数媒体制作人自己也要养育孩子的时代，在一个青少年书籍和其他面向青少年的生意都获利颇丰的时代，要向媒体证明这一点其实并不困难。

有些人盼望媒体有一天会消失，或者想让它严守清规戒律，砍掉所有不良内容。但现代媒体很大程度上是男性化大脑的产物，包含着众多的视觉刺激，打造的影像世界令人目眩神迷，投放在屏幕上的形象总是不知疲倦地动来动去。很明显，它永远都不会消失。恰恰相反，它只会在男性的生活中占据越来越大的比重。如今，电脑和网络正在以惊人的速度走入家庭和学校，在这种情况下，应该学会如何根据男孩的需要对媒体进行改造，而不是一味地试图摆脱它。

政策制定者要做的是尽量全面地收集大量信息，深入研究，然后以此为基础制定更加严格的条例，对孩子能够接触到的媒体内容做出规范。例如：强制执行更严格的电影分级制度；对影院售票员进行培训，要求他们不得向年龄限制以下的儿童售票，执行不严者将受到处罚；限制青少年不宜的内容在网络中的讨论和传播等。与此同时，父母、导师和教育者也必须行动起来，共同宣传和支持这类行动。有线电视台必须建立儿童限制机制。父母应当加强彼此之间的沟通，建立起观看媒体内容的规矩，并请求其他父母在各自的家中也坚守同样的规矩。

媒体向男孩灌输了过量的不良内容，但社会在应对这一切对孩子造成的伤害时，也会带来意想不到的好处。那就是，成年人必须因此加强交流，发起更多的社区活动，联合起来向媒体传达诉求。在合作的过程中，学校、邻里以及网络中的第二重家庭和第三重家庭也会稍稍得到一点扩充。

保护男孩远离性虐待

在美国，遭受过性虐待的男孩比例为 1/6 ～ 1/4。在 90% 以上的案件中，侵害者是受害者认识的人。在已报道的性虐待案件中，大部分侵害者是男性，且几乎所有这些侵害者都是异性恋。每个侵害者也几乎都曾经是受害者。

应该如何界定对于男性的性虐待呢？这是一个经常让男性文化的研究者深感困惑的问题。对此，我曾经读过一本很有帮助的书，名为《保护你的孩子远离性虐待》（*Protect Your Child From Sexual Abuse*）。在这本书中，作者贾妮·哈特－罗西（Janie Hart-Rossi）给出了儿童性虐待的定义：“……成年人通过引诱、哄骗、威胁、强制等手段，把儿童当成满足性欲的工具。举例而言，引诱指的是‘如果你脱掉衣服和我玩个游戏，我就给你吃两块点心’，哄骗是‘这是我表达对你的爱的一种方式’，而威胁是指‘如果你不和我玩这个游戏，我就会……’”

在哈特－罗西的定义中，构成儿童性虐待的一个首要因素是要有做出侵犯行为的成年人，不过，“如果把儿童当作性欲对象的是未满 18 岁的未成年人，而他暂时充当了儿童家长的角色，如保姆，那么这种情况也应判定为性虐待。”

另外，我们需要更加警惕切实发生的性虐待。三重家庭体系崩塌得越是严重，性虐待的容身空间就会变得越大。不仅性侵害案件的发生概率会提高，还会有越来越多的案件得不到报告，无法被察觉。父母和导师跟男孩相处的时间越短，男孩就会越孤独，越容易受到错误的“家长”或“导师”的影响。

如何判断你认识的男孩是否遭受过性虐待呢？可以参考以下几个问题。

1. 他是否对所有带有性意味的事物都表现出一种异乎寻常的兴趣，或是采取完全回避的态度？
2. 他是否有睡眠障碍，经常做噩梦？
3. 他是否明显地回避自己的朋友和家人？
4. 他在学校中的成绩和出勤率是否出现了问题，是否拒绝去学校？
5. 他是否表现出了抑郁症状？
6. 他的行为举止是否带有引诱的意味？
7. 他是否说过自己的身体是肮脏的或者损坏了？
8. 他是否有自杀的倾向？
9. 他是否变得守口如瓶，什么都不愿意说？
10. 他是否对一些不常见的性知识有所了解？

如果一个男孩的行为表现符合其中的某一项，并不代表他一定遭受过性虐待。然而，如果他的表现与不止一项相符，或者符合第 1、第 6、第 7、第 10 项中的一项，那么发生过性虐待的可能性就非常高了，请立刻寻求帮助。

没有亲身经历过的人很难想象，性虐待会给受害者造成多么深重而持久的痛苦。不仅如此，童年时期的性虐待创伤还会给社会造成极为严重的影响：很多经受过性虐待的男孩长大后转而去虐待他人，或者变成了反社会者。

在这些人中，有的转而去侵害他人，登上了新闻焦点；而大多数人挣扎于应对自己的痛苦、恐惧以及破碎的自尊。哪怕他们忘记了童年时曾经遭受过的虐待，创伤仍然会以一种难以察觉的方式，给他们造成深远的影响。纽约州立大学石溪分校的约翰·加尼翁（John Gagnon）访谈了 3 000 多名成年被试，结果发现，无论男性还是女性，童年时期曾经遭受过成年人性侵害的人，在成年后更有可能过着混乱的生活，幸福水平往往也更低。

男孩青春期启蒙教育的 12 条实用建议

在教导男孩学习如何去爱这件事情上，我们可以从常识经验中归纳出很多条建议。以下列出了 12 条实用建议，希望能够对读者有所帮助。

1. 教男孩和女孩认识性别差异，这样一来，他们在同对方交流的时候就可以保持清晰的自我意识，充满自信。

我们应该引导男孩和女孩认识到彼此的感知会有多么巨大的差异，且双方并没有对错之分。这种教导会让每个人都受益终生。

2. 从即将进入青春期开始，一直到青春期中后期，父亲或第一重家庭中关系密切的其他男性长辈必须常常同男孩讨论爱、尊重与承诺等方面的问题。一次谈话是远远不够的。对这些问题的讨论必须贯穿男孩的整个青春期。

3. 第三重家庭的参与非常关键。年长者应当经常在跨代际的男性聚会中和孩子交流。最好有一群值得信任的男性长辈对男孩进行指导，向他讲述自己对于爱、尊重与承诺都有什么样的恐惧。这些谈话可以发生在家庭聚会中、狩猎旅行的篝火旁、某个男性团体内、更衣室、学校，或者男人们的扑克之夜中。我们应当抓住一切偶然的和常规活动中的机会来进行教学，成年人表现得越自然，男孩感到的尴尬不安就会越低。

4. 为了个人的健康和社会的稳定，尽量教导男孩自我约束和控制。

5. 教导男孩认识安全与负责任的必要性。教授他们什么是安全和负责任。成年人必须成为男孩的好榜样。这一条和上一条看起来似乎是相互冲突的，事实上也的确如此。但只强调两条中的任何一条都意味着数百万男孩的问题遭到了忽视。

6. 和男孩讨论怀孕是怎么回事，会带来哪些后果。不要担心这会导致男孩对意外怀孕的恐惧。男孩必须清楚，作为父亲需要承担起什么样的责任。

7. 教育男孩把身体当作神圣的事物加以尊重。帮助男孩审视自己的身体和生理，引导他把自身看作永不停息的伟大生命循环中的一部分。

8. 帮助男孩读懂自己的心理和行为。例如，教导男孩认识其生理冲动中的三个要素：本能、功能、情感。男孩需要找到一种语言，来解释自己身体内部种种令人困惑的变化，把这些知识教给男孩，他就可以认识自己，从而更好地控制自己。为了将这些知识组织成语言，他的大脑中会产生一些化学反应，促进大脑的发育，进一步帮助他走向成熟。

9. 告诉男孩，他的首要责任就是对自己的意图保持诚实。进入青春期之后，男孩每天都要经历许多次睾酮分泌高峰，攻击性变得远远高于普通女孩。相关研究已经反复证实，青春期的男孩通常会变得更加坚决果断，女孩则变得更加羞涩谦和。男性必须在年长者的帮助下，对这种天生的攻击倾向加以约束。

10. 教导男孩和男性文化，并不是有了女孩，男孩的人生才是完整的。因为在西方文化中，浪漫的爱情受到了过度追捧，认为一个人必须狂热地爱着自己的伴侣，才能了解自己。我们应教导男孩，改变这种文化。

11. 教导男孩如何应对他人的拒绝和自己的缺陷感，这些拒绝和感受可能来自其他男孩，也可能来自女孩。在青少年时期，当男孩面对遭到拒绝的情况时，将会从中学到如何成长为一个成熟的男人，这是他人生中最重要的一课。这个年纪的男孩可能在表面上推开我们，但他的内心深处仍然想要获得我们的帮助，需要年长者教导他如何应对拒绝。

12. 教给男孩交往的原则和技巧。“当你接近一个女孩时，你应该……”“当你同女孩这样讲话时，她可能理解成……”“如果你在女孩面前做出这样的举动，她可能会认为……”这种教学应当成为男性青少年日常生活中的一种常规活动。

最重要的是，在爱、尊重与承诺的问题上，我们同男孩之间的交流必须变得更频繁、更充分，还可以更多地借助媒体的力量。

事实表明，人们正越来越多地意识到同青少年交流爱、尊重与承诺的必要性，而且意识到这种讨论本应是非常普通的日常行为。希望我们能够从一些行动中获得鼓舞，每个人都行动起来，多帮助男孩，多跟他们沟通。采取这些行动，就是在参与一项神圣的工作。

THE WONDER OF BOYS 10

从男孩到男人的蜕变

在这个时代，世界正召唤我们完成一项重要的使命；它发出急切的邀请，要求我们重新将日常生活和伟大的事业联系起来。

——马修·福克斯（Matthew Fox），
《工作的再定义》（*The Re-invention of Work*）

对居住在巴西东部的沙万提人来说，生活在很大程度上是受大地节律、传统智慧以及男女分工引导的。男人和女人都要工作，都要分担照顾孩子的责任，都对生命的意义、人类对地球的义务、人生角色等问题有着清楚的认识。

每个人在生活中扮演的角色都不轻松，但对于沙万提人以及绝大多数部落民族来说，每个男人和女人所担负的角色还为个人及其社会生活赋予了不可磨灭的意义。通过自己扮演的角色，一个人得以跟自我、家庭、社会以及整个世界联系起来。如果没有这样一个角色，他就只能随波逐流，漫无目的地度过一生。

几百万年以来，西方文化中的男性一直都很清楚自己的人生角色：供养者、保护者和孩子的养育者。对于婴儿期的子女，他通常不会很积极地扮演最后一个角色，因为照料婴儿主要是女性的职责。但一旦孩子长大一点，男人就会给予他们特别的关注：保护脆弱的女儿，指引她的人生之路；指导和管教儿子，防止他走上歧途。当面临战斗时，男人会将其视作自己的神圣职责，战斗到最后一刻，来保护女性、儿童、部族和整个价值体系。当餐桌上没有食物时，男人会把它看作自己的失败。与生俱来的对神圣男性角色的意识，长久以来深深地流淌在每一个男人的血液中，印刻在他们的基因里。这些男人就是我们的祖辈甚至父辈。

然而到了今天，种种状况清楚地表明，西方社会必须做出巨大的改变，因为人类社群往常所具有的三重家庭体系已经被个人主义取代，男性角色和男性惯常从事的工作迫使父亲们远离家庭，而女性角色和女性惯常从事的工作则沦为很多人眼中的二流事业。很多重大的社会变革已经发生，还有很多正在发生。这些变革主要是通过破坏旧的社会体系得以实现的，社会思想家认为这些体系限制了人类的进步。

在进入新千年之际，这种破坏的能量正逐渐转变为重建的能量，因为我们已经注意到，在混乱的变化中丢掉的很多东西，给社会和灵魂留下了空洞。因此我们回顾过去，不是为了抛弃过去几十年所取得的成果，而是为了重新找回丢失的文化精华，并把它们融入先进的观念和体系中去。

对健康男性角色的探索需要这种反思。新千年到来之际，男孩、男青年以及成年男性都在呼吁我们塑造清晰的男性角色。在身边的很多人看来，谈论“男性角色”是非常危险的；还有很多人认为这个话题令人厌恶，而且毫无必要。然而，一旦了解了男孩是如何被塑造、如何社会化的，就不得不承认：在男孩成长为男人的过程中，如果没有一个重要的人生角色作为成长目标，他就更可能加入帮派、殴打爱人、遗弃子女、情感孤僻、沉迷毒品、贪图享乐、生活孤独、无法获得幸福。

男孩需要在学习秩序和规则的过程中认识自己，需要在人生旅途中设置清晰的责任和目标，需要找到自己的人生角色。

如果没有这些，没有角色训练来帮助他获得这些，他就无从知道自己的人生具有神圣而重要的目的，只能暗中疑惑。他只能依靠其他人来告诉自己，他的情感目标是什么，这个“其他人”往往是女性。然而在将来的某一天，当他觉得自己受到了他人的操纵时，就会对这些目标产生反感。他不知道如何实现自己的目标，也不知道如何脚踏实地地探索人生意义。他可能会零散地吸取一些经验，但永远不能确信自己是否走在正确的人生道路上。

没有秩序体系的支撑，男孩就不会懂得为什么自己的目标是至关重要的。例如，当他养育儿女时，可能会在某个瞬间短暂地意识到自己的重要性，但是当他看见孩子同母亲的感情更为深厚时，当他发觉自己同妻子的冲突造成了子女的困扰时，往往会选择离开妻子和孩子，因为他认为自己不仅不重要，而且就是问题的根源。如果没有一个规则的角色定位，男孩在成功时也不知道如何衡量自己的胜利。特别是在那些需要担负起特定责任的人际关系中，他始终都不会清楚地知道自己是否完成了那些神圣的任务：去爱，去信守承诺，去关怀他人。

因此，本章的大前提，实际上也是这本书的倒数第二个前提，就是全社会必须联合起来，为男性定义一个神圣的角色。下面就是我个人的尝试。这仅仅是一种可能的模型，但我希望它能够对你有所启发，帮你打造出自己心目中的男性角色。

10 项原则，打造健康的男性角色

在我看来，对男性角色的诠释应当以“耕牧”（husbandry）一词为基础来加以引申。男性不只是被动地成为耕牧者，他们本身也渴望担任这样的角色：成为家庭的顶梁柱、社会的中坚、文化的耕耘者、人类和地球的守护者，以及自己人生之旅的掌舵人。拥有这样一个角色，男性才能获得最好的发展。哪怕帮派中的男孩也想要保护和照顾某些事物、某个人、某种力量、某些精神以及某个神圣的目标。

“耕牧”一词来源于古英语中的 husbonda 和古代北欧词汇 bua，意为居住。在这些古代文化中，耕牧者是家庭中的一类成员，他以男性化的方式同自己的家庭、土地紧紧地联系在一起。“耕牧”意味着建立并维系一个人同自我、家庭、社群、文化以及大地之间的稳固关系。

想要定义耕牧者的角色，我建议从以下 10 项原则入手。这 10 项原则是我查阅对部落文化的研究成果、回溯历史记载中先民对男性角色的定义、整理当代关于价值观的对话，从中归纳和提取出来的。在男孩迈向成年的旅程中，类似耕牧者这样的角色将发挥重要的作用，定义和丰富男孩的人生。从男孩很小的时候开始，就必须有意识地引导他去了解、学习这样的角色。要让这个角色的诸多原则在男孩的心灵中扎根，这些原则就必须成为男孩的规则体系和社会化秩序结构中不可缺少的一部分，必须和他的三重家庭交织在一起。在男孩四五岁的时候，我们就要开始引导他认识这些原则，即使他此时尚不能完全理解它们。

原则 1：寻求合适的生活方式、社群环境和人生伴侣，它们会帮助你在个人精神发展、家庭责任以及赖以为生的工作之间取得平衡。

个体生存的首要目标就是在各项责任之间取得平衡，其中包括关注自己的精神生活、担负起对三重家庭的义务以及做好天赋、技能和机会交付给我们的工作。每天工作 10 小时、每周工作 7 天，把家庭和精神成长都抛诸脑后，这种生活方式远远称不上平衡。反之同理，懈怠的生活方式虽然便于人们亲近家庭，但它很快就会变成羞耻感和自我怀疑的源泉。如果客观情况常常导致人们在工作、家庭和自由的个人生活之间顾此失彼，那么就必须对社会结构加以改进，以保证人们能够获取平衡的生活状态。

原则 2：供养、保护、养育那些你应当关爱的人。

一个男人应该竭尽所能，为他应当照顾的人提供生活必需品，包括食物、住所、衣服，还要提供人身及情感上的保护、无条件的爱、尊重、手把手的教导，并为他们指明探索的道路，这是男人的神圣职责。想要为他人提供供养、保护和养育，男人不仅要成为一名战士，也要是一位爱人。当男人有了孩子之后，对他来说，这个孩子就成了世界上最重要的责任。

原则 3：积极参与到三重家庭中去，而不是只关心自己的小家。

男人对于人类社会的责任并不只局限于自己的血缘亲属。每个男人都处于三个同心圆的圆心。其中距离最近的圆是核心家庭，中间的圆是扩展家庭，包括了非血缘亲属，距离最远的圆则是社群。想要做到完全投入生活，就必须在每一重家庭中都至少有一个自己所关注的焦点。男人不仅要抚养自己的孩子，也要教导其他人的孩子。如果他还没有家室，就应该把原本要投注到第一个圆中的精力分配给其他两个圆，好让其他有妻儿的男性可以有更多的精力来挑起家庭的重担。

原则 4：与自然和谐共处。

每个人都生活在自然世界之中，男人应当尽可能履行对自然的责任，哪怕不得不降低自己的物质需求。他是这个相互依存的网络中的一部分。是否称得上是一个完整的男人，不仅要看与其他人类之间形成了怎样的社会关系，还要看与大自然如何相处。归根结底，远在人际关系萌发之前，大自然就已经在孕育着人们的生命；而在人际关系消亡很久之后，大自然才是人们最终的归处。男人应当怀着感恩之心，同自然和谐相处。

原则 5：努力同女性及女性文化建立平等的伙伴关系。

男人对某位女性的尊重应当基于她本人。男人不会任由女性支配自己，也不会试图去支配女性。他清楚自己具有一种与生俱来的倾向，想要满足女性的一切愿望，并从女性那里攫取一切自己想要的东西。这种支配和服从的双重冲动其实是一枚硬币的两面。对于女性和女性文化，男性也许会选择远离、控制、卷入其中或是屈从，所有这些男人都有义务去寻找一种全新的更加平衡的两性关系。当男人同自己的伴侣建立关系时，最好的做法是把爱情当作一种成熟的心灵规则来看待，它包含了行为规范和守则、达到心灵互通的途径以及一些安全的界线，只有这样，他才能收获真切而牢固的爱情。

原则 6：构建男性亲友体系。

在第一、第二和第三重家庭中，男人可以找到一个男性团体。在这里，他可以获得支持，也可以支持他人；可以取得成就，也可以帮助他人取得成就；可以收获敬佩，也可以找到敬佩的对象；可以关怀他人，也可以学会如何更好地关怀他人。在这个充满情感和精神活力的男性团体中，虽然无法确切定义，但他会感到自己是某个重要事物的一部分，由此觉得自己既谦卑又强大。在社群中，男性通过潜移默化、耳濡目染获得了成长，其重要性完全不下于有意识的教学计划。

原则 7：积极参与社会服务和社会讨论，并在必要的时候投身社会变革。

一个男人必须参与到社会的发展进步中去，必须服务他人。如果对弱势群体没有同情心，就称不上是一个完整的男人。如果不能理解身边正在进行的社会讨论，就需要更多地收集信息、增长智慧。自以为无所不知的人是非常危险的。真正的英雄主义是勇敢地服务社会。

原则 8：了解自己正在谱写的人生故事。

男人应当时刻对自己的人生旅程保持清醒的认识。他必须拿出一部分精力，来关注自己的人生目前正处于哪一个阶段，自己的旅途前进到了哪个地方，生活会在此时对他提出哪些要求，又将给他怎样的回报。男人需要了解自己的血脉源流和家族传统，哪怕他跟大部分亲戚都没什么往来。如果不清楚自己是谁，个人自由很快就会转变为情感上的孤独。在人生中，男人应当不断地寻找可以作为镜鉴和智慧源泉的导师，寻找可以帮助自己保持清醒和自我认知的人和场所。

原则 9：享受劳动的果实。

不能纵情欢乐的男人称不上是完整的男人。如果只会埋头工作，而不懂得享受劳动的成果，就不可能充分拥抱生活。男性角色应该充满欢笑和舞蹈、放松和兴奋、戏谑和乐趣。

原则 10：以开放的态度对待变化，特别是价值观的变化。

能够适时改变，才能成为完整的男人。如果坚定不移可以增进勇敢，那么男人会恪守规则；但是当固执导致了愚忠、危险的人际关系以及不必要的争权夺利时，他就必须重新采取开放和探索的态度，努力开拓新道路、新方法、新的人生目标。他是一个成年人，对自己的人生负责，知道在实现人生价值的过程中，最终一切都要取决于自己。改变不会妨碍人生价值的实现。恰恰相反，它会带来全新的挑战和收获。

我们能够把耕牧者的角色引入到男孩的生活中去吗，特别是当他们还很小的时候？沙万提人从男孩 4 岁时就开始对他们进行特定的角色训练了。这些男孩被带到草地中间，对这种做法，一位沙万提父亲解释说："在这里他们会受到教导，要变得像树一样。"我们之所以没有早早地开始对男孩进行角色训练，甚至自始至终都忽视了这类教育，很大一部分原因在于我们对理想中的男性角色缺乏确切的定义。我希望耕牧者模型能为你对男性角色的探索打下一个基础，你可以对这个模型进行调整和改进，然后把它教给你身边的男孩。

职场是进行角色教学的主要场所之一。**在某种意义上，所有关于给男孩提供人生角色的讨论都基于我们如何看待工作在男孩、男人以及耕牧者生活中所扮演的角色。**

把重要的工作交给男孩

对男性来说，快乐童年和幸福人生的要诀之一在于对工作的热爱。并非所有工作都有这样的魔力，只有通过那些独特而重要的工作，男性才能学会如何与他人亲密相处，获得身体和精神上的成长，增强自信，懂得世间的种种道理。男性的生理和心理都要求他们专注于任务，达成既定的目标，并通过努力完成任务来提升自我形象。如果没有富于建设性的工作，男人就会感到非常迷茫。虽然这一点在女性身上同样成立，但这并不会降低工作对男性的重要意义。在很多男性心中，工作甚至和呼吸一样重要。

通过工作，男孩得以把自己和其他人区分开来；同样也是通过工作，他和其他人联系在了一起。他对于独立和归属的矛盾需求往往可以在工作中得到解决。在工作时，他可以专注于自己的事情，同时又感到自己正在和众人一道，为了集体的目标而共同努力。他找到了一种方法，能够在自由和责任之间的钢丝上游刃有余地行走。

“你在向人们传播消息。”在我送出人生第一份报纸的时候，我的父亲这样教导我，“这些新闻、广告、电影放映时刻表，所有这些东西把人们聚集到了一起，帮助人们决定投票的立场，在他们受到伤害的时候，让他们有地方可以倾诉。你投递的不仅仅是报纸，更是‘消息’。”

听他这么说，别人会以为我做的是什么“传播福音”的伟大工作。不过，我的确在以自己的方式做一些了不起的事情，不是吗？作为一个孩子，我确实要借助长辈的指导才能意识到，对这个世界来说，我正在从事的单调无聊的工作也具有某种伟大的意义。

> 从蹒跚学步的时候开始，男孩就需要获得重要的工作。这让他有了关注的焦点，塑造了他的自信心，引导他找到立足之地，帮助他成为合格的耕牧者。

当一个 2 岁孩子手里的叉子掉到地上时，我们可以弯腰替他捡起来，但更好的做法是让他自己去捡。当一个 3 岁孩子把自己的三轮车忘在外面时，我们可以在下班回家时帮他顺路推回来，但更好的做法是让他自己去推。当一个 7 岁的孩子在写作业和出去找朋友玩之间犹豫不定时，我们有时出于溺爱，会替他完成作业，但更好的做法是教他如何管理时间。当一个 12 岁的孩子想要在一天之内参加三个不同的活动时，我们会去接送他，因为我们想让他开心，想让他的生活丰富多彩，但更好的做法是帮他做出取舍，教导他如何在活动中获得更深入的体验。

男孩不仅需要工作，还需要重要的工作。这意味着我们要适时地加入，给他带去智慧和鼓励。他需要我们向他展示，工作是一条通往深切喜悦的道路，是获得友谊和支持的桥梁，其意义绝不局限于工作本身。他需要我们把工作对于他自身、家庭、社群乃至整个社会的重要性一一解释清楚。他需要我们做出示范，为何工作在男性扮演耕牧者等角色时发挥着关键作用。当工作繁重又无聊时，我们必须帮助他挖掘其中的意义。很多男孩正在从事前途暗淡、报酬低下、单调沉闷的工作，因此这一点更显得尤为重要。我们必须采取某些方法，帮助男孩发现工作的神圣之处。

不应该让男孩免于工作，而应该教导他积极地迎向工作。如果他喜欢运动，那么体育比赛就可以作为他的工作，操作电脑、送报纸、打扫房间、参观父母的工作场所、做家庭作业，所有这些都可以是他的“工作”，都具有潜在的重要价值。

如果男孩在父母、导师和教育者的引导下过着充实的生活，既勤于工作，又能够畅快地玩乐，那么此时，他还需要掌握一种语言，来作为“内心工作”的工具。从男孩很小的时候开始，我们就要教导他，对自己的负面情绪，如恐惧、痛苦、悲伤、愤怒等进行管理和抚慰是“身为人类必须要做的工作，是男孩内心的工作，在长大成人、成家立业之后依然如此”。如果男孩身边的大人问他：“在你做某某工作的时候，对自己、朋友和社群有了哪些新认识？”这对男孩来说会是一件非常美好的事。通过不断和长辈交流讨论，男孩才能意识到自己的工作中所蕴含的重要性。

14 岁那年，我曾在一个灰狗巴士车站打工，负责里里外外的清洁，还要打扫厕所。那时我家里很穷，因此我是“为生计所迫”才出来工作的。但哪怕当时家境优渥，我仍然希望父母能够鼓励我从事这份工作。我和那里的一位职员成了棋友。他经常和我谈到我的为人、我的所作所为、我的理想。有一次他甚至说了这样一番话：“迈克尔，你曾经在一个车站扫厕所。如果你能忍受这份工作，那就没有什么是你做不到的了。”

在西方文化中，男性对工作的需要并没有得到充分的理解，造成这种状况的一个重要原因在于性别迷思，人们常常认为男性在职场中如鱼得水，而女性则举步维艰。为了重新获得对健康男性角色的理解，必须破除这一迷思。在职场中，男性和女性一样，都会面临种种困难。

实际上，在即将迈进新千年之际，社会正在为女性提供越来越多的机会和尊重：今天的女性不仅抚养了绝大多数的孩子，还占据了半数以上的工作岗位；而男性的机会则不断缩减。在职场中，那些顶尖的职位通常被最具竞争性的高睾酮水平的男士获得，有时他们的成功确实得益于性别。但除了这些顶尖职位之外，女性的收入在过去几十年间一直在提升，而男性收入则有所下降。

经济学家斯蒂芬·罗斯（Stephen Rose）曾经为美国就业政策委员会开展了一项为期 22 年的研究，他发现：

> 20世纪70年代，24%的男性收入相对有所下降。进入80年代后，这个数字变为36%。而在此期间，女性的收入水平一直在增长。白人男性的平均收入水平呈下降趋势，黑人男性的收入下跌幅度则更加明显。在70年代，3/4的黑人男性能够找到一份持续一整年的全职工作。而在80年代，只有半数的人能够做到这一点。在70年代，22～26岁的青年男性中只有9%的人经历过收入下滑；而在80年代，这个数字增长到了26%。在同龄的女性中，经历过收入下滑的人数占比则由40%下降为30%。

尽管有些职业领域的公平性还有待进一步提升，但男性和女性在经济方面的差距已经大大缩小了。作为一个家庭女性主义者（family feminist），我一直在为实现工作领域的平等而努力。“实现职场平等”是很多女性主义者的执念，然而这个单一的目标只是人类社会诸多重要目标中的一个。当我们一门心思地为女性提升经济地位时，常常忽略了这也会影响男性的收入，从而给整个社会带来危险。数百万的男人丢掉了工作或是收入大幅下滑，但他们并没有因此获得更多接触子女的机会，在绝大多数的离婚案件中，抚养权都被判给了母亲。这些收入受损的男性在健康保障和其他社会福利方面也没有得到任何补偿。在无家可归的流浪者中，90%是男性，而享受社会救济的绝大部分人都是女性。从总体上看，医疗机构每天为女性提供的服务接近男性的两倍。

我们如此执着于为女性提升各种职业上的保障，却忽略了男性在工作中的角色，这种做法无疑是在告诉大多数男孩，他们的主要任务是确保女性找到通向自尊的道路，而他们自己则不再拥有一套清晰的构建自尊的方法。这是一个颇为苦涩的讽刺。在所有的文化中，男性都知道自己的主要工作是牺牲自己来保护女性的安全。过去数十年的女权运动取得了丰硕的成果，但它没有意识到，当女权要求男权文化认识到女人遭受的欺压和伤害，要求女性得到必要的照顾时，它只不过是在重申一条古老的信条。数千年来，男权文化无论是在生理意义上，还是社会意义上，都是在这条原则的基础上构建起来的。

帮男孩找到属于自己的人生角色

戴维·索耶（David Sawyer）是美国青少年服务领域的顶级专家之一，他主管着伯里亚学院的阿巴拉契亚学生志愿项目（Students for Appalachia），这个社区服务项目曾荣获亮点奖（Thousand Points of Light award）。索耶还曾在美国白宫和国会委员会为全国性青少年服务提供证言。说起《国家与社区服务法案》（National and Community Service Act），他曾经表示："此前成百上千的基层服务项目最终促成了这个法案，它们不仅为青少年提供了服务的机会，为有需要的人提供了福利，也带来了一些更加关键的改变。《国家与社区服务法案》创建了一种关于角色和意义的新秩序，为寻求英雄主义的青少年提供了一种合法且健康的表达方式。"

我相信，耕牧的作用已在全美广泛传播。很多项目随处可见，有些是在法案的支持下创办的，还有些在本书中已经讨论到了，这些项目牵涉到与青少年的生活密切相关的父母、导师和教育者。

怎样才能让每一个人都参与进来呢？教导男孩找到一个人生角色的方法有很多。在此，我的建议是建立一个实施和传授耕牧的模型。这样的模型可以有无数种，很多实践策略并不新颖，只是常识而已。

现在拿出一张纸和一支笔，跟我一起做个练习。我列出了前文描述的原则中的几种类别，请在纸上写出你会怎么做。

- **人物：**当你想要教导某个男孩一些东西时，你会向谁寻求帮助？
- **主题：**你想要传授哪些信条？请做出确切的表述。
- **地点：**教导这些信条的最佳地点在哪里？在哪些地方你可以获得三重家庭的帮助？
- **时间：**进行教学的最佳时机是什么时候？
- **方式：**应当如何进行教学？

- **意义：**为什么教授这些信条很重要？

这个练习可以帮助你集中精力，去寻找特定的地点、原则以及协助者来教导男孩找到某种人生角色。它不仅对父母有用，导师、教育者、祖父母、街坊邻居以及所有对教养孩子感兴趣的人都可以从中获得帮助。只要你愿意，你可以以任意一个男孩为对象重复这项练习，所需要的工具仅仅是一张纸。我将以第一个类别为例，详细说明该练习的具体操作方法。在之后的类别中，我将只列出时间、地点、人物、主题、方式、意义这 6 个问题。

教导男孩关爱自己

如何帮助男孩尊重自己、认识自己、获得人格和精神上的成长呢？选择一个男孩，然后针对他的情况回答以下问题，请在空白处写下你的答案。

- **人物：**在你帮助这个男孩达成上述目标时，谁能够提供协助？__________
- **主题：**考虑到这个男孩所处的人生阶段，在这方面有哪些原则是他现在需要深入学习的？__________
- **地点：**教导这些原则的最佳地点在哪里？在大自然中、学校里，还是需要在家庭中花更多的时间？__________
- **时间：**哪些仪式性的场合以及偶然出现的场合可以作为教授这些内容的最佳时机？在共进晚餐时，野营旅行途中，还是在祖父的农场里？__________
- **方式：**你和你所在的社群应当如何教授这些内容？可以利用哪些经历、游戏、体育运动以及工具？应该采取怎样的教学形式和奖惩办法？__________
- **意义：**为什么必须把这些内容教给这个男孩？他的哪些行为让你意识到他并没有照顾好自己？__________

在回答完所有问题以后，你不仅把自己的精力以及同伴的力量都集中到了一个目标之上，同时还获得了可以同男孩讨论的话题，当然，如果你打算采取行动的话。

教导男孩关爱第一重家庭

无论你的第一重家庭体系具有什么样的结构，现在，你都要全力以赴地教导男孩关爱这个家庭中的每一个人，如果这个家庭中有重组家庭的成员，他们也应该被包含在内。

- **人物：** 谁会提供帮助？________________________________
- **主题：** 你需要教导哪些内容？____________________________
- **地点：** 在哪里进行教学最为合适？__________________________
- **时间：** 什么时候是最好的教育时机？________________________
- **方式：** 应该如何进行教学？______________________________
- **意义：** 为什么现在必须教导男孩？__________________________

教导男孩关爱家族和社群

从很小的时候开始，男孩就意识到自己对第二重家庭中的血亲和非血缘亲属，以及作为第三重家庭的社群负有责任。来自父母以外的人的关注和赞赏会让他非常得意。他想要获得更多这样的关注，并且愿意为之竭尽所能。

请集中注意力，想一想你的第二重家庭和第三重家庭中包括哪些成员和团体。谁是你现在想要引导男孩接近的？他们能教给男孩哪些东西？你想要男孩在哪里接受这些教导？最佳的教学时机是什么时候？在教学过程中，你应当如何提供帮助？为什么这种教学至关重要？

教导男孩关爱地球

如果想要教育男孩关爱地球，那么在你身边，到处都有适合的场所。你可以带他去看看名山大川，让他体验大自然的宏伟。你可以带他去踏访田野，或者来一次周末的郊游。照例考虑一下时间、地点、人物、主题、方式、意义这六大问题。

教导男孩关爱男性群体

我们通常认为，同为男性，男孩可以自然而然地学会如何关照其他男性。然而如果他们真的不需要帮助，就能够很好地同其他男性相处吗？男孩常常会对男性群体深感困惑。想想儿子曾经请教过你的某个问题，或者近来他在男性世界中经历的烦心事甚至担忧，单独拿出一张纸，写出在这方面你对上述六大问题的回答。

教导男孩关爱女性群体

即使并没有同某位特定的女孩“相爱”，男孩周围的女性群体所辐射出的强大力量仍然对他提出了严峻的挑战。对他来说，这一群体如同被众人竞相追逐的圣杯，又像是灾祸之源。有些时候，他想要加入其中；有些时候，他又想将其摧毁。

你应当拿出必要的精力，为这样一项教学工作寻找协助者：引导男孩构建一个健康的角色，让他能够自然地同女性群体相处，这个角色既能保护他免于牺牲自尊，也可以让他敞开心胸，接纳来自女性的能量。另外，你还需要考虑哪些场合适合进行这样的教导。也许一年之前，最合适的地点是家中；而眼下这个男孩又长大了一些，你就要在其他地方多花一点时间。接下来，请思考这种教学的适当时间、方式以及教育的原因。当你回答最后一个问题时，尝试从男孩而不是你自己的角度看世界。为什么他必须学会如何关爱女性群体？这会在哪些方面让他成为一个更好的人？

教导男孩关爱人生伴侣

对男孩的这部分生活，父母、导师和教育者不应该做太多的干涉。不过对于其中的某些方面，我们可以做出比当前更加充分的指导。很多时候我们没有向适当的人寻求帮助，没有寻找合适的教育场合，也没有借助已有的智慧，因此男孩并没有学到我们想要教授的东西：如何亲密地去爱。恰恰相反，他们学会了如何支配，如何操控，如何逃避，如何在爱情中感到自己像是个失败者，如何透过恋人的眼睛来定义自己，甚至是如何完全逃避爱情。当你探索这方面的教育中的时间、地点、人物、主题、方式、意义问题时，最后或许会发现，主要的教育者正是你自己，因为可能正是你为男孩提供了最需要的榜样，可能也是你，正在做出一些会危害到男孩的示范。

教导男孩关爱下一代

关于如何扮演父亲的角色，需要向男孩传授哪些要素呢？从很小的时候开始，男孩就想学习如何教导和自己没有血缘关系的亲友了。你有没有指导过其他人，好让你的孩子以你为榜样，也学会当导师呢？这里的时间、地点、人物、主题、方式、意义都是什么？

这些只是我们可以在练习中探索的几种人生角色的类型。我希望你能针对你所想到的每个类型，比如工作、学校、混合家庭等，都做一做练习，问一问其中的“时间、地点、人物、主题、方式、意义”。在做完之后，我还希望你会把其中一部分付诸行动。这是一种在孩子生命的各个阶段都可以使用的工具。你可以反复利用它，作为一种寻找关注点的方法，作为产生新的教养、指导和教育力量的基础。

THE WONDER OF BOYS

后记

当我还是一个小男孩，坐在那里观看电影《木偶奇遇记》的时候，并不知道自己将会经历怎样的童年旅程。我不知道，生物学的天性将会推动我从一个笨拙呆板的小男孩成长为真正的男性，发现自己作为男子汉的血肉和精神。我也不知道，学习变得勇敢、真诚、善良会是多么艰难，我会需要父母、导师、教育者多少帮助，才能真正学会如何生活。我只知道，在那个时候，我像匹诺曹一样，觉得自己是个木头小人儿，渴望着能够感受到真实。

我希望本书能够给你带来一些启示，让你感受到作为男孩的第一、第二或第三重家庭成员，你为他们所做的一切是多么意义重大。无论你是谁，你已经肩负起照顾男孩的使命。你就是他们的教母蓝仙女，你就是他们的老木匠杰佩托，有时候，你甚至是“玩儿国”的那个坏班主。你爱他们，你向他们提出挑战，你让他们失望，他们也让你失望。总而言之，无论如何，你都是在帮助他们感受真实。

我可以坦白地承认，尽管在童年时代有过种种多彩的经历，但直到 30 多岁之后，我才真正觉得自己是个男人了。我还记得曾对一个男性团体说："我不知道自己算不算是个男人。"那是 20 世纪 80 年代中期的事情。承认了这件事之后，我才发现，那个男性团体里的其他人，以及更多的人，都和我有着相同的感受。年复一年，我发现数以百万计的成年男性也是一样。我们已经是成年人了，却依然觉得自己像是木头人。我们不知道自己是谁，不知道男人是什么样的，不知道男孩应该学习些什么，也不知道我们作为男人应该教他们什么。虽然我们已经是"成年男性"了，却仍有一只脚留在匹诺曹的旅程里，始终没有踏出来。

我希望本书不仅可以帮助我们更好地养育男孩，也不仅可以帮助人类社会更紧密地团结起来，扮演好自己在这一任务中的重要角色。我同时也为每一个这样的成年男女感到欢欣鼓舞：他们在某天睁开眼睛，向自己的心灵追问"我是谁"；为了寻求答案，他们转向了身边的男孩和女孩，这些孩子正比以往任何时候更需要我们的帮助。

THE
WONDER OF
BOYS
注释及参考文献

扫码下载“湛庐阅读”App，
搜索“男孩的思维方式大不同”，
获取全书注释及参考文献。

THE
WONDER OF
BOYS

致谢

如果我的童年是另一种样子，那么这本书一定会和现在截然不同。因此，我首先要感谢我的父母杰伊·古里安（Jay P. Gurian）和朱莉娅·古里安（Julia M. Gurian），感谢他们带着我环游世界，让我体验到了多种文化下的男孩生活。在这些文化中，我对很多人都心存感激，包括印度的艾娅和马哈茂德，还有南尤特印第安保留地的人们。作为一个男人，也作为一名专业人士，我追随着父母的脚步，四处旅行，把在世界各地工作的家族传统继续发扬光大，在以色列人中间充实了自己，被多罗特集体农场（Kibbutz Dorot）的生活方式所启发，随后又被土耳其社会热情接纳。艾库特·米希尔利吉尔（Aykut Misirligil）、优素福·埃拉达姆（Yusuf Eradam）、内吉拉·艾图尔（Necla Aytur）和奥德丽·乌兹曼（Audrey Uzmen）是我在土耳其进行研究工作时的同事，也是生活中非常要好的朋友。

在临床医学方面，也有很多人向我提供了洞见和帮助。感谢东华盛顿大学应用心理学系的阿明·阿伦特，以及特里·特鲁曼、沃伦·法雷尔（Warren Farrell）、杰夫·赫奇（Jeff Hedge）。赫奇是一位精神病学家，也是一个很好的朋友，他帮助我理解了原本被我漏掉的人类发展的几个要素。我还要感谢达勒·范德·林登（Darl Van der Linden）、为我提供遗传学基本信息的约翰·达沃伊（John D'Aboy）以及随时随地为我答疑解难的迈克尔·迈内尔（Michael Mainer）。

特别感谢赫尔佐克集团（Herzog clan），向我展示了在美国生活的核心之中，三重家庭生活会是什么样子的。

如果没有出版界一些关键人物的帮助，本书根本不可能出版。感谢劳里·福克斯（Laurie Fox）和琳达·切斯特（Linda Chester）帮助本书找到了一个家。感谢理查德·达尔克（Richard Dalke）无限的支持。至于艾伦·林兹勒（Alan Rinzler），能拥有这样一位最出色的编辑，而他同时又是一位卓有成就的临床医生和 4 个儿子的父亲，我真的是太幸运了。非常感谢艾琳·普罗科普（Irene Prokop）和她的团队。还要特别感谢杰里米·塔彻（Jeremy Tarcher）多年来对我的工作给予了宝贵的帮助。

在全美各地，大人和孩子们允许我同他们一起进行工作。感谢他们，让我在那些社区、学校、露营地、咨询室和家庭中学到了很多东西。

最后，照例还要对加布丽埃勒、达维塔以及我永远的伴侣盖尔的耐心深表感谢。

未来，属于终身学习者

我这辈子遇到的聪明人（来自各行各业的聪明人）没有不每天阅读的——没有，一个都没有。巴菲特读书之多，我读书之多，可能会让你感到吃惊。孩子们都笑话我。他们觉得我是一本长了两条腿的书。

——查理·芒格

互联网改变了信息连接的方式；指数型技术在迅速颠覆着现有的商业世界；人工智能已经开始抢占人类的工作岗位……

未来，到底需要什么样的人才？

改变命运唯一的策略是你要变成终身学习者。未来世界将不再需要单一的技能型人才，而是需要具备完善的知识结构、极强逻辑思考力和高感知力的复合型人才。优秀的人往往通过阅读建立足够强大的抽象思维能力，获得异于众人的思考和整合能力。未来，将属于终身学习者！而阅读必定和终身学习形影不离。

很多人读书，追求的是干货，寻求的是立刻行之有效的解决方案。其实这是一种留在舒适区的阅读方法。在这个充满不确定性的年代，答案不会简单地出现在书里，因为生活根本就没有标准确切的答案，你也不能期望过去的经验能解决未来的问题。

湛庐阅读App：与最聪明的人共同进化

有人常常把成本支出的焦点放在书价上，把读完一本书当作阅读的终结。其实不然。

时间是读者付出的最大阅读成本

怎么读是读者面临的最大阅读障碍

“读书破万卷”不仅仅在“万”，更重要的是在“破”！

现在，我们构建了全新的“湛庐阅读”App。它将成为你“破万卷”的新居所。在这里：

- 不用考虑读什么，你可以便捷找到纸书、有声书和各种声音产品；
- 你可以学会怎么读，你将发现集泛读、通读、精读于一体的阅读解决方案；
- 你会与作者、译者、专家、推荐人和阅读教练相遇，他们是优质思想的发源地；
- 你会与优秀的读者和终身学习者为伍，他们对阅读和学习有着持久的热情和源源不绝的内驱力。

从单一到复合，从知道到精通，从理解到创造，湛庐希望建立一个“与最聪明的人共同进化”的社区，成为人类先进思想交汇的聚集地，与你共同迎接未来。

与此同时，我们希望能够重新定义你的学习场景，让你随时随地收获有内容、有价值的思想，通过阅读实现终身学习。这是我们的使命和价值。

湛庐阅读App玩转指南

湛庐阅读App 结构图：

三步玩转湛庐阅读App：

读一读 ▼

湛庐纸书一站买，
全年好书打包订

听一听 ▼

泛读、通读、精读，
选取适合你的阅读方式

扫一扫 ▼

买书、听书、讲书、
拆书服务，一键获取

App获取方式：

安卓用户前往各大应用市场、苹果用户前往 App Store
直接下载“湛庐阅读”App，与最聪明的人共同进化！

使用App扫一扫功能，遇见书里书外更大的世界！

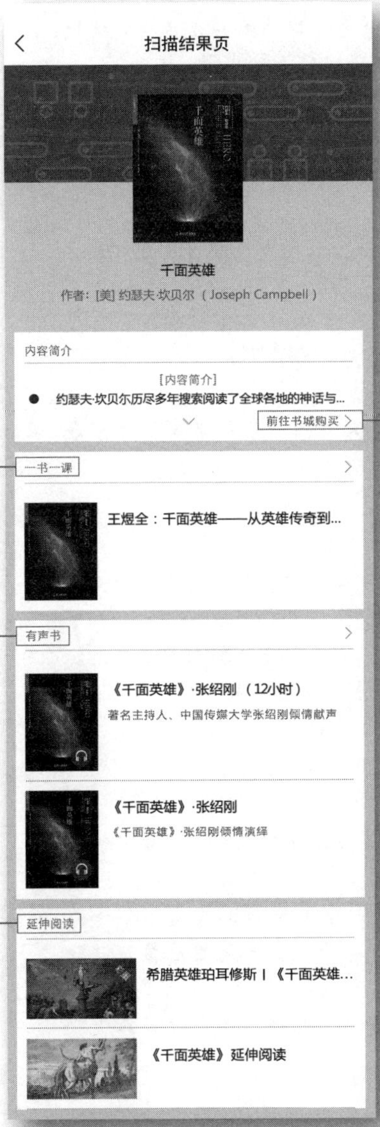

快速了解本书内容，
湛庐千册图书一键购买！

大咖优质课、
献声朗读全本一键了解，
为你读书、讲书、拆书！

你想知道的彩蛋
和本书更多知识、资讯，
尽在延伸阅读！

湛庐CHEERS

延伸阅读

《园丁与木匠》

◎ 国际儿童学习研究泰斗级专家艾莉森高普尼克“天生学习家系列”扛鼎之作。

◎ 汇集30年实证研究，带你走出传统教养误区，给你符合孩子学习与发展规律的科学育儿观。

◎ 引爆教育界，万维钢、罗振宇、苗炜等思想界大咖争相解读。

使用“湛庐阅读”App，
“扫一扫”获取本书更多精彩内容。
ISBN 978-7-213-09330-2

《孩子如何学习》

◎ 国际儿童学习研究泰斗级专家艾莉森高普尼克“天生学习家系列”奠基之作。

◎ 3位重磅儿童发展专家历经30年颠覆性发现，首度揭示孩子大脑学习机制，彻底改写成人对孩子学习能力的认识。

◎ 哈佛、斯坦福、北大等六大国内外知名高校专家鼎力推荐。

使用“湛庐阅读”App，
“扫一扫”获取本书更多精彩内容。
ISBN 978-7-213-09307-4

《孩子如何思考》

◎ 国际儿童学习研究泰斗级专家艾莉森高普尼克“天生学习家系列”经典之作。

◎ 儿童心理学革命性成果，揭开孩子思维与意识之谜。

◎ 美国认知发展学会年度最佳图书。教育学、心理学、哲学领域国内外大咖一致力荐。

使用“湛庐阅读”App，
“扫一扫”获取本书更多精彩内容。
ISBN 978-7-213-09391-3

《什么是最好的教育》

◎ 知名TED演讲人，全球知名教育家肯·罗宾逊教育创新五部曲之一！

◎ 给家长提供正确看待孩子教育问题的思考框架和路径，帮助大家厘清什么样的教育才是最应该帮助孩子去获得的。

◎ 新教育实验发起人朱永新、上海大学副校长汪小帆等人强力推荐。

使用“湛庐阅读”App，
“扫一扫”获取本书更多精彩内容。
ISBN 978-7-213-08943-5